QIDAI CHUANGBAN YISUO LIXIANG DE MINBAN XUEXIAO

期待创办一所理想的民办学校

——汉开书院成长录

王占宝 著

从大汉走来，向世界盛开。

教育使命：汉开教育，成人之美。

校训：明辨不惑，力行有品。

教育原则：有教无类，因材施教，善育英才。

明辨不惑 力行有品

汉开教育

Hankai Education

江苏人民出版社

图书在版编目（CIP）数据

期待创办一所理想的民办学校：汉开书院成长录 /
王占宝著. -- 南京：江苏人民出版社，2022.3
ISBN 978-7-214-26996-6

Ⅰ.①期… Ⅱ.①王… Ⅲ.①民办学校－中小学－校
史－南京 Ⅳ.①G639.285.31

中国版本图书馆CIP数据核字（2022）第005935号

书　　　名	期待创办一所理想的民办学校——汉开书院成长录	
著　　　者	王占宝	
责 任 编 辑	张蕴如	
责 任 监 制	王　娟	
出 版 发 行	江苏人民出版社	
地　　　址	南京市湖南路1号A楼，邮编：210009	
照　　　排	江苏凤凰制版有限公司	
印　　　刷	南京新洲印刷有限公司	
开　　　本	718毫米×1000毫米　1/16	
印　　　张	25.25　插页12	
字　　　数	450千字	
版　　　次	2022年3月第1版	
印　　　次	2022年3月第1次印刷	
标 准 书 号	ISBN 978-7-214-26996-6	
定　　　价	98.00元	

（江苏人民出版社图书凡印装错误可向承印厂调换）

序

成人之美——深圳汉开数理高中教师的独特之乐

——在深圳汉开数理高中欢庆教师节活动上的演讲

今天是第 37 个教师节，也是深圳汉开数理高中的第一个教师节。

我是 1982 年开始做老师的。还记得 1985 年的第一个教师节，到现在已经经历了 37 届，对教师这个职业的理解与设立教师节的价值已经有了基本的认知。

但是开校、开学以来，特别是在今天的欢庆会上，我从学生和老师的分享中，有了新的发现。

古人说，"师者，所以传道、受业、解惑也"，而我发现老师更重要的作用还有结果导向——成人之美，让人**成为**美好的自己。

开校、开学才十天时间，汉开数理高中的老师们却在短短十天内帮助学生实现了许多小目标，从朗诵、写作、限时作业、独立订正、英文听写与作文到跑步、礼貌、秩序等，更重要的是老师欣赏到了学生那种渐生的认同、友好与进步。尽管这才是起步，但今天的一小步，可能会是创造未来的伟大起步，因为汉开的老师们聚焦于同学们感受到了什么、得到了什么、解决了什么、实现了什么，并且从结构力上来构建系统且递进的教育设计。**教育要成人之美，成长要实现，成长要看得见，这是教育思维与策略的新探索，让人眼睛一亮！**

孔子说君子成人之美，但没有直接说怎样成人之美。汉开数理高中的老师是通过对学生热情、尊重、信任、引导、欣赏、帮助、合作来实现的。他们以美成美，让自己化为美好的火炬，去点燃更多的火炬……

我还发现了汉开数理高中老师独特的快乐。

孟子曰："君子有三乐，而王天下不与存焉。父母俱存，兄弟无故，一乐也；仰不愧于天，俯不怍于人，二乐也；得天下英才而教育之，三乐也。君子有三乐，而王天下不与存焉。"

"得天下英才而教育之"，其乐可以理解。名师出高徒，但高徒也出名师，这也司空见惯。

深圳汉开数理高中第一届生源基础有目共睹，而汉开老师——这些来自海内外的名师又是怎样对待的呢？（汉开老师简历与录取的比例是96.6 : 1）

从他们的眼神、表情、语言、出示的学生作业与作品中可以读到，从刚才英语组分享的"学生的点滴进步，就是我们老师快乐的源泉，也是我们教师节——汉开教育的每一天成就的体现"可以听到……

因为**汉开老师把"教育成人之美"作为信仰**，好老师应该能够创造适合学生的教育——帮助学生成为最好的自己，成为自己的英雄。让优秀者更优秀，让平常者不平常，这才是真正的教育力的体现，这才是教师这个职业的价值所在，因此这成了他们的独特之乐——有教无类，因材施教，善育英才。**"得天下之学生而教育为英才"，斯为汉开教师之乐，其乐何其盛哉！**

而且汉开老师目中有人，有每一个人，不仅仅有分数，更有健康与人格、希望与理想、勇气与理性、个性与优势；循序渐进，帮助学生实现一个一个小目标，他们的眼睛充满期待与鼓励……

在学校里工作的成人，都是学生的老师。汉开数理高中的图书馆、餐厅、运风场等等，我们随处都能感受到老师们的热情与专业，感受到同学们的喜爱与期盼。成就学生，乐在其中。

汉开老师，以美成美，以成美为美，则自己更美。

汉开数理高中第一个教师节的欢庆会有点特别：学生欣赏老师，老师欣赏学生，校长欣赏老师，真诚、真实、快乐又耐人寻味，意味深长……

对深圳汉开数理高中的第一批老师而言，**"传道、受业、解惑、成美"**，成人之美、成长看得见，可以成为我们的教育策略与方法；**"得天下之学生而教育为英才"**，可以成为我们的独特之乐。

这，表达出广东省第一所以"数理优长"为办学定位的特色高中——深圳汉开数理高中第一批教职工的共同约定：**我们不是历史剧的观众，而是历史的创造者。**

重要的不是两个新的发现，而是实现——成人之美，并且乐在其中。

我是汉开人，请看我可能……

王占宝

2021.9.10

目 录
CONTENT

汉开文化

书院校区

学校管理

教师风采

汉开文化

汉开教育的原点

"汉开之问"：

十三年以后，

初一的孩子硕士研究生毕业，

那时的中国与世界，

怎样的人可谓人才？

怎样的人生可谓幸福？

南京汉开，善育英才；引领学子，创造未来。

通过出色的学术教育与领导力培养，造就具有中国精神的世界公民与未来领袖。

请让我们一起推开这扇面向未来的大门……

一、校园文化

（一）使命、视野、价值观

汉开书院之使命：

教育，成人之美。

通过出色的学术教育与领导力培养，造就具有中国精神的世界公民与未来领袖。

南京汉开，善育英才。

她，从大汉走来，向世界盛开。教贯中西，学会理解，创造未来。

需要产生动机，动机引导行为。汉开激发创造未来的需要，并且将需要的层次持续提高——在这里，人的成长与超越是自觉主动并且能够积极保持的。英雄有大美，汉开竞风流。

思考力、领导力、学术力、创造力、教养力——这是汉开学子的特质。他们勇敢地追寻梦想，理性地坚持奋斗，谦逊地面对成功，豁达地从失败中学习。他们的每一个任务都是阶梯，每一天都是作品。

教育情怀选择生活方式，专业精神成就人生事业。使命和理想体现在行动，实力与魅力落实在育人质量——这是汉开老师的写照。他们对任教的学科有着虔诚的爱，洞悉学科的本质和思维，而且在学科前沿和学科审美方面有着独特的体验，因此能够引导学生进行深度学习、创造高峰体验。

书院是校园，也是家园。在完全寄宿的环境中，孩子的个性、群性和社会性得到和谐发展，品德与习惯在生活中养成。同学同伴兄弟姐妹，老师同学亦师亦友。

这是一个命运共同体，她有公正的制度，充满机会与挑战，这里的每个人都将责任和荣誉作为最高使命。

这是一个温暖的社区，她既有高度又有温度，老师、学生和家长互相理解、尊重，彼此信任，乐于分享。

这是一个追求卓越的学术精神的殿堂，她秉承质量立人、质量立校的传统，而且放眼世界、拥抱时代。

汉开书院，这是一所孩子们喜欢的学校，汉开特质使他们未来能够信步全球，他们终身以汉开书院为傲。

汉开书院之视野：

通过卓越的学术教育与领导力培养，使人生增值，让优秀者更优秀、平常者不平常，而且在国际比较的视野中具有实力和影响力。

汉开书院之价值观：

1. 诚实正直

2. 彼此尊重

3. 专业精神

4. 审美情趣

5. 全球视野

6. 合作共进

7. 贡献导向

（二）校歌

南京汉开书院之校歌
善哉，汉开

作词：香严闲禅师　李忱　王占宝　作曲：何亮

千岩万壑不辞劳	千岩万壑不辞劳
远看方知出处高	远看方知出处高
溪涧岂能留得住	溪涧岂能留得住
终归大海作波涛～	终归大海作波涛～
汉风，唐韵，龙脉	日月，星辰，襟怀
重关，雄心，未来	四海，五洲，天外
壮哉，壮哉	善哉，善哉
啊，汉开，汉开	啊，汉开，汉开
（好像）一道激流豪迈	（好像）一道激流豪迈
啊，汉开，汉开	啊，汉开，汉开
（好像）万顷碧波慷慨	（好像）万顷碧波慷慨

（三）校徽、校色、校服、校旗、校树

校徽：

设计方案：

标志释义：中国心，大世界。

内圈 选取瓦当常见格局，嵌入"汉开教育"四字的书法繁体（截取刘炳森书法作品），古朴雅致，象征中国传统文化。

外圈 是简洁的圆圈线型，置入"南京汉开书院"的中英文全称，造型饱满，象征放眼全球。

标志选用宝蓝色色调，彰显出成熟稳重的气质，代表智慧和优雅纯净。整体造型对称美观，并寓有"中国心，大世界""心怀祖国，放眼世界"之美好意义。

校色：

宝蓝色

代表神秘、梦想、自信、优雅和无限的向往
RGB（红绿蓝）蓝色值：R0，G47，B167

校服：

立天地，见未来。汉开的校服各学部对应不同的纹饰。

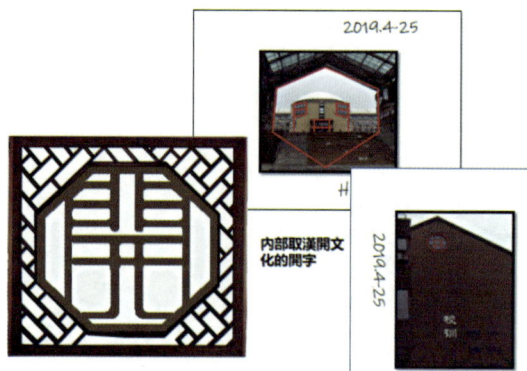

设计理念："开窗——开创"。南京，"一带一路"与长三角经济带的交汇点，是中国的经济之窗；南京，天下文枢，东南第一学（夫子庙），是中国的文学之窗。我们打开窗户，让中国文化看到世界，让世界文化看到中国。

INFINITE FUTURE
立天地 见未来

用于区分学部的纹饰

纹飾

开　開　閞　開
开心　开始　开拓　开创
幼儿园　小学　初中　高中

cre8te

小学部校服展：

中学部校服展：

校旗：

校树：

校树：槐树

寓意："槐"者，怀也；"不忘初心，方得始终"之谓也。

校园建设理念：学府　全人　有品

（四）云探校（校园景观）

汉开校园

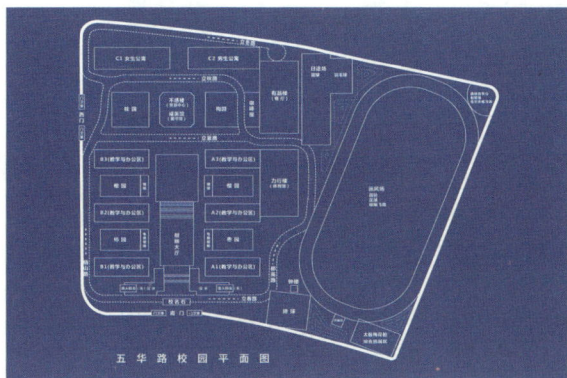

书院有四经四纬，四经由东向西，分别是都英路、力行楼（室内体育馆）和有品楼（智能化餐厅）、明辨大厅（公共活动空间）和不惑楼（资源中心）、随山路。四纬是指书院由南至北分别为立春路、立夏路、立秋路和立冬路，代表着春、夏、秋、冬四季。其意在提醒大家：一年四季，稍纵即逝；汉开学子，莫负青春少年。

校名石

古朴的校名石上面镌刻着中英文的校徽、校名和建校日期，寓意着从大汉走来，向世界盛开。

明辨大厅

明辨大厅是汉开师生的公共活动空间，近 3000 平方米。

汉开师生常常在此读书、下棋、小憩……这些不断向上进级的台阶，代表着汉开学子不断进取的美好寓意。

校门石雕（仰望与奋进）

"仰望""奋进"石雕，彰显汉开学子既能仰望星空，又能脚踏实地，明辨不惑，力行有品的风范。

运风场

"无体育，不汉开"，汉开的操场起名"运风场"，就是希望同学们"跑起来，我就是一股风"，要做"能长跑"的汉开人！

成美馆

成美馆，取自"君子成人之美"，也是汉开的图书馆、博物馆。大门的设计为我们汉开书院的"开"字，外形四周都是繁体"開"。她属于汉开，她也滋养着汉开；她面向汉开，她更面向着世界、面向着未来。

三羊双兔一犬

汉开校园有三景：三羊开泰，双兔傍地，一犬守院（已打疫苗），这一设计基于儿童的思维，关注儿童的情感，呵护儿童的童心。汉开是校园、乐园，也是家园，这里浸润着爱与责任。

都英路

路名石上镌刻着这样的文字："杜英树，2016级年级树"。每一个汉开人，都可以成为精英。每一个都重要，每一个都被需要。

随山路

路名石上镌刻着这样的文字："水杉树，2017级年级树"。何人不山峰，而可能的高度与实际的高度，其距离何其大也欤！我是汉开人，请看我可能！

六园

"榴园"，谐音"留"，汉开学子胸怀祖国，根植于中华文化。

"樱园"，谐音"英"，寓意汉开书院是培养英才的园地。

"梅园"，谐音"美"，教育成人之美，汉开有大美。

"枣园"，谐音"早"，枣园是汉开最早沐浴阳光的地方，汉开师生与太阳一同升起。

"柿园"，谐音"世"，汉开教贯中西，学子信步世界。

"桂园"，谐音"归"，老师们等候学子们的"归"来；也寓意桂冠，学子们通过在汉开的努力能够蟾宫折桂。

生态园校区

南京汉开书院为了实现培养目标，提供满足学生个性化发展以及升学的需要，在4A级风景区建设了特色课程中心，其中包含英语学习中心、STEAM课程中心、体育艺术中心、汉开先锋营地（水上运动中心、森林课程中心、素质拓展中心）。汉开建构了一个新的校园理念，让校园变得丰富、生动、灵动，让孩子们喜欢学校。因此汉开的校园不单是学园，也是乐园和家园。

英语学习中心

STEAM 课程中心

体育艺术中心

水上运动中心

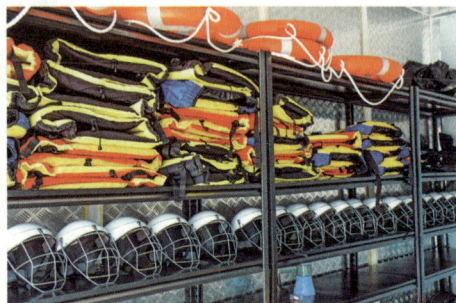

森林课程中心

二、教育理念

（一）校训

校训：明辨不惑　力行有品

道

（二）办学愿景

通过出色的学术教育与领导力培养，造就具有中国精神的世界公民与未来领袖。

汉开，是一所让校友们骄傲与欢笑的学校。

（三）教育原则

有教无类，因材施教，善育英才。

（四）教育策略

1. 汉开，从大汉走来，向世界盛开；教贯中西，学会理解；信步全球，创造未来。

2. 我是汉开人，请看我可能。

3. 成长看得见，为成长喝彩。

4. 实力与微笑，汉开一定做到。

5. 汉开书院，成长的家园：母校，像母亲一样的学校；学子，像孩子一样的学生；老师，亦师亦友；每一个都重要，每一个都被需要；这是一所孩子们喜欢的学校。

（五）汉开品质

7."世"级

6."华"级

5."苏"级

4."宁"级

3."北"级

2."浦"级

1."财"级

（六）汉开人之模型、关键行为

汉开人之模型——培养具有丰富生命力的汉开人

汉开人之关键行为——勇毅

GRIT

我想要

我一定要

我一定要做到最好！

虽千万人，吾注矣……

子曰："仁远乎哉？我欲仁，斯仁至矣。"——《论语·述而》

（七）办学资质

1. NCC 教育（英国国家计算中心）中国首家信息技术课程 (Digi) 授权中心；

2. ASDAN（英国素质教育发展认证中心）综合素质课程开设中心；

3. 西班牙语 DELE 等级考试中心；

4. LAMDA（伦敦音乐戏剧艺术学院）授权的戏剧等级考试中心；

5. 中国少年科学院科普教育示范基地；

6. 江苏省棋类特色学校；

7. 南京市青少年阳光体育攀岩联盟学校；

8. 中国国际标准舞艺术等级认证注册单位；

9. 香港国际武术节指定培训基地；

10. 全国足球特色学校；

11. 南京市篮球、武术、攀岩特色学校；

12. 美国睿乐生 Renaissance 英语分级阅读和测评体系授权中心。

三、内部机构设置

（一）小学部

汉开书院学校放眼于未来，整体设计 1 至 12 年级的课程体系。小学阶段以学生"喜欢学习，培养良习，发现美好，充满自信"为目标，融汇中西，贯通古今，具有独特的办学优势。

1. 学制 5.5+3.5

借鉴上海、浙江、成都等地的基础教育改革经验，2019 年秋学期入学的一年级新生执行小学课程学习 5.5 年、中小学衔接与预备课程及初中课程学习 3.5 年的"5.5+3.5"学制模式，其中 6 年级这一学年，除安排小学 6 个年级核心课程的综合复习外，春学期安排本校小学和初中教师共同上课，为核心课程的衔接做预备。

如此设计，旨在为小学毕业班学生适应初中学习培养良好的学习习惯、思维方法，为孩子们的成长与进阶提供充足的营养，完成小学与初中阶段课程与教学的贯通和整合，真正实现课程与教学的增值效能，让汉开学子成长看得见！

2. 课程

小学部提供中国国家课程体系和特色校本课程体系并行的双轨制课程，形成课程增值。

3. 导师制与小班化教学

小学部实行小班化教学，每个班级配备导师，教师能够关注到每一个孩子，让学生养成良好的学习习惯与生活习惯，培养正确有效的思维方法。

4. 直升汉开七年级

凡被书院正式录取的学生，小学毕业以后可以直升本校七年级，也可以选择其他学校。

（二）中学部

办学特色

（1）系统化育人模式

借助书院十二年一贯制的教育体制优势，系统化设计育人模式，打通课程体系结构，优化课程设计系统，形成汉开"系统进阶营养课程"。

（2）丰富性课程体系

① 国家中学课程体系

② 汉开文凭课程体系（高端学术课程、领导力课程、选修课程）

③ 汉开成长主题课程体系（汉开工具、汉开讲堂、学长课程、社团课程、项目制学习课程）

④ 数理特色课程

（3）书院式管理模式

① 寄宿制

② 导师制

③ 学分制

④ 积分制

⑤ 院舍制

（4）汉开心理学基础：积极心理学

（5）选择性成长方式

根据学生个体能力基础、学科基础与升学需求，提供适合学生个体成长的方式。学生可以按需选学（内容、进度、方式），也可以发起课程，书院按需施教。教育教学可以按需定制，提优补弱，精准滴灌，实现增值。书院可以供给学生选择性成长的国内教育、学术教育和艺术教育。

书院有全球认可的优质选修课程、跨行政班选科组合、跨年级院舍培养、单人个性定制课表、融合式项目制学习、多元 ASDAN 素质课程等，打通立体升学通道，为申请全球顶尖大学提供专业支持与逻辑保障。

提供升学指导：升学指导办公室为教师、学生、家长举办通识讲座和升学培训；组织学生参加升学所需的标准化考试、义工活动、学术竞赛及提升全面素质和组织领导能力的课外活动；协助制定个性化升学方案；准备个人文书、成绩单、推荐信等。

中学部海外升学数据：

截至 2022 年 1 月 11 日，目前收到以下 offer：

世界顶尖名校：剑桥大学 3 枚（面邀）；帝国理工 1 枚；伦敦大学学院 4 枚

世界名校 TOP20：爱丁堡大学 2 枚

世界名校 TOP30：多伦多大学 2 枚；香港大学 3 枚；曼彻斯特大学 6 枚

世界名校 TOP50：香港中文大学 1 枚（面邀）；香港科技大学 1 枚（全奖）；墨尔本大学 3 枚；悉尼大学 1 枚；新南威尔士大学 2 枚；昆士兰大学 3 枚

世界名校 TOP80：阿姆斯特丹大学 2 枚；莫纳什大学 1 枚；华威大学 3 枚；布里斯托大学 2 枚；格拉斯哥大学 2 枚；南安普顿大学 5 枚

世界名校 TOP100：杜伦大学 2 枚；利兹大学 3 枚；谢菲尔德大学 2 枚；诺丁汉大学 1 枚；伯明翰大学 1 枚；伊利诺伊大学厄巴纳－香槟分校 1 枚

世界顶尖专业

华威大学：数学，运筹，统计以及经济学（专业全球第一）

南安普顿大学：电子与电气工程（电子与电气工程专业全英第一）

华威大学：国际管理（商科管理类专业全英第二）

埃塞克斯大学：创意制作（戏剧与微电影）（戏剧专业全英前三）

1. 初中部

中考增值，汉开教育，成人之美！

"质量立校、质量立人"，这是汉开书院的治校之道。

南京市 2020 年初中毕业生约 5.59 万人，汉开学生 213 人，其中有 103 位学生达到南京市中考前 11021 名，实现了汉开 **"50% 的学生，进入全市前 20%"** 的教育品质。

汉开书院 2020 届中考均分 583.79 分，超市均 74.4 分；中考 586 分以上 129 位学生，市四星级高中达线率 87.8%。学科特长生（数学、物理、化学及生物）有 9 人。

汉开 2020 届学子体育考试均分 25.92 分，满分率为 96.1%。

汉开 2020 届学子听力口语考试均分 29.62 分，满分率 73%。

"我是汉开人，请看我可能"，孩子们做到了；成长看得见，老师们做到了；实现教育与人生的增值——让优秀者更优秀，让平常者不平常，汉开做到了。

汉开，增值！

2. 高中部

南京汉开书院学校高中部是江苏省第一所以"数理见长"为特色的高中，首届高一已于 2020 年 9 月正式开学。实行小班化教学、寄宿制管理，为学生私人订制课程。因材施教，实现学业增值，与深圳汉开数理高中资源共享，联动发展。

书院凝聚了一支学科能力强、人文素养高、教育教学能力突出的高素质教师团队。其中享受国务院特殊津贴专家 1 人，特级教师 1 人，正高级教师 2 人，大市级学科带头人、教学能手 8 人，区县级学科带头人、教学能手 13 人。主要学科教师均为教学经验丰富的骨干教师。

高考核心学科实行分层教学，精准滴灌，让能跑的跑，能飞的飞！

（三）教务部

教务部植根于部门结构（四梁八柱）的四大教学管理体系，立足"教""学""评"三个维度，紧紧围绕"学年目标"开展工作，深度探讨"怎么学、怎么教、怎么评"的有效路径及措施，通过对目标的管理与评价，实现"以评促学、以评助教"效能，最终达成教学评的一致性。

教务部核心任务：

① 完善好教学资源配备体系，制订教学计划，优化课程组织，科学安排课务，严谨考务组织，推广深度实验与阅读；

② 设计好教学流程管理体系，明确教学目标，开展教学督导，抓好教学常规，跟进教学预警，实行过程考核；

③ 建设好教学质量保障体系，丰富学科活动，提高工具使用效能，优化珠峰计划执行，推进小升初衔接项目；

④ 优化好教学质量评价体系，改革结果评价，强化过程评价，探索增值评价，健全综合评价。

教学管理是有目的、有计划、主动探索教学规律、原则及方法的科学研究活动。教务部实行基于教学评一致性的目标管理模式，既是 HK A 价值观与方法论的高度融合，也是与校训"力行有品"的高度统一。

（四）学术部

学术部负责教研组、备课组建设，教师专业化发展，课堂教学策略研究与实施。在建设教学资源库、培养青年教师、推广教研组成果等方面，学术部统筹引领、专业指导、结果导向，以科学有效的机制作为保障，实现有序、有力、有品的工作效能和团队影响力。

（五）学务部

学务部负责学生德育等工作。

具体包括汉开良习的培养、学生特质培养、学生管理制度的建设与实施、学生荣誉体系建设、活动课程设计与实施、生活区的管理等。

学务部目前建立了系统的学生管理制度，有了完善的活动课程设计，班级文化建设也已形成规范。学务部的荣誉系统建设突破传统，落实"每一个都重要，每一个都被需要"的学生观，关注每位同学的特长与潜能，让每一位孩子都能享受成功的喜悦。活动课程序列化，指向"思考力、领导力、学术力、创造力、教养力"的养成，注重汉开学子"坚毅"品质的培养，打造"有思想、有教养、能探讨、能长跑、不睡懒觉、不请家教"的优秀学子。

（六）设计与评审部

设计与评审部核心任务：

① 制度建设。

② 集团各项目发展效能、运营评估。

③ 集团各项目人力资源管理、财务管理、资产管理的评估。

④ 薪酬体系、绩效考核体系、激励体系的设计。

⑤ 事业发展。对外业务拓展，校区选址、谈判、筹建等。

（七）行政部

行政部核心任务：

① 书院对外接待和维护，与主管部门的工作衔接、文件转接、落实督办；

② 校园内部保障，校园内设施设备维护；来访审批、对接厚生物业；

③ 行政接待、招待费支出审核；设计制作的审批与质量把控；

④ 餐厅、超市、资产、车辆、文印、学校礼品库管理；

⑤ 校园活动的申请与审批；院级活动的后勤支持、教职工"汉开英雄"评比等活动组织；

⑥ 校园网络、电教管理；学校宣传、官微运营，牵头处理学校投诉和舆情管控。

⑦ 招生活动宣传、考核组织；

⑧ 学校办学资质审核、证照年检、换证等；

⑨ 院级会议组织、记录；校内文件的制作、周计划等行政事务；

⑩ 行政部人员的管理和院长交办的其他工作。

四、课程设置

课程理念：

教贯中西，学会理解，创造未来。

南京汉开书院学校基于校训与培养目标，将国家课程、汉开文凭课程以及国际文凭课程的精髓融会贯通，通过为学生提供丰富的、可选择的、具有学术挑战的课程，培养国际理解力、国际竞争力，帮助学生为未来的人生做好准备，引导学生创建一个更加美好的未来世界，并且乐在其中。

（一）课程体系

1. 小学课程体系

小学部提供国家课程体系、特色校本课程体系，形成课程增值。

课程丰富化，面向未来：

① 开齐开足国家课程。

② 开设校本特色课程：口语、STEAM、数学思维；同时常态开设有益于儿童思维发展的象棋、机器人等课程。

③ 必修"汉开文凭课程"：戏剧（Drama）、语言艺术（Language Arts）、儿童思维、项目学习。

④ 选修课程：艺术、体育、社团、汉开六艺、专题阅读与分享等。

国家课程选聘年富力强、对教育、儿童和学科教学有深度理解的老师执教，所有学科采用教师命制导学案的形式，融合美思教学法和尝试教学法，提高课堂效率，减轻学生学业负担。

特色口语课程由资深外教授课。

课程进阶化，让优秀成为习惯：

语文、数学、英语常态核心学科实行进阶达标制度，鼓励学生个性化发展，让学生能跑的跑、能飞的飞，允许学生跨年级、跨等级参与评估，满足学生之间发展水平不均衡的现实需求，培养优势，培育英才。

课程兴趣化，培养特长：

游泳社团、攀岩社团、English glee club、Spelling bee、主持人社团、篮球训练营、日语、水彩王国、象棋社团、国际跳棋、头脑奥林匹克、有趣的汉字、拼豆豆、足球社团、棒垒球技术、手球、击剑、武术、汉开合唱团、汉开拉丁舞社团、汉开民族舞社团、汉开健美操社团、汉开讲堂等。

课程延展化，提高思维能力：

演讲与辩论、最强大脑记忆法训练等。

2. 中学课程体系

初中阶段课程在保质保量落实必修国家课程的基础上，拓展汉开文凭课程、特需课程（学科支持课程、周末课程、社区课程）、生活课程（舍堂、途中）、环境课程。

高中阶段的课程具体分类为：国家课程、选修课程、汉开特需课程等，充分体现课程的多元化与个性化。其中涵盖了：语言与文学、数学、人文与社会、科学、技术、艺术、体育与健康、综合实践活动等八大领域的课程。

3. 文凭课程

开设汉开文凭课程，面向全体学生，以满足学生个性发展的需求。

汉开文凭课程包括高端学术课程，促进学术领域更加深入的探索；领导力课程，提升学生的生涯规划、自我领导、团队合作、批判性思维、创造性解决问题以及不断超越的意识、能力与习惯。

文凭课程之高端学术课程：

① 公共演讲、学术辩论；

② 学术性阅读、学术性写作和图书馆课程；

③ 先锋剧场戏剧综合课程（语言、表演、舞美、平面设计）；

④ 第二外语课程：西班牙语；

⑤ 学科思维进阶课程；

⑥ STEAM 合作探究实验室课程；

⑦ 学科高级课程（培优）；

⑧ 基于项目的探究性学习，每个学生每个学期一个研究项目，完成一篇论文。

文凭课程之领导力课程：

① 生涯规划和职业体验课程；

② 自我认知及男生课堂、女生课堂；

③ 模拟联合国 MUN（以研究性学习为主的、严肃的国际关系课题）；

④ 社团课程；

⑤ 学长课程；

⑥ 社会实践；

⑦ 社区服务。

4. 通识课程"汉开六艺"

开设"汉开六艺"：礼、乐、武、弈、书、耕，作为必修通识课程，增加学生对中华文化的了解，通过学习和体验，感受东方智慧和东方哲学，涵养出学生独特的中国魅力。

◆礼：节日课程、中西餐礼仪、着装礼仪、商务礼仪

◆乐：汉开国乐（戏曲、乐器与名曲）

◆武：中华武术、射箭、弹弓

◆弈：围棋、象棋

◆书：书法、国画

◆耕：节气课程、耕种、饮食、地域文化

5. 特需课程

为同学、家长和社区个性需求而开设，提供书院力所能及之帮助。

汉开书院的学生可以自主发起课程。

学生特需课程之学科支持课程：

① 中文；

② 英文；

③ 数学；

④ 科学（物理、化学、生物）；

⑤ 计算机。

特需课程之周末课程：

为周末留校的学生安排了"周末课程"，除了必要的文化课学习之外，周末安排学生到博物馆、纪念馆、主题公园、风景名胜、大学、科研院所等探究游览。

特需课程之家长及社区课程：

家长沙龙，校园开放日，我们共成长。

（二）汉开教育的心理学基础：积极心理学

汉开教育以积极心理学为基础，提高孩子体验积极情绪的能力，创造积极关系，关注孩子的天赋，积极培养孩子的优势，秉承着"每一个都重要，每一个都被需要"的教育理念，旨在培养孩子的积极人格。

（三）尝思美教学策略

尝思美教学策略顺应教与学的基本规律，能够解决当下教育痛点问题。"尝试"是基础，也是基本理念；"思维"是核心，重要的过程；"审美"是结果，实现的目标和境界。尝思美教学策略贯穿于教学设计、课堂实施、课后反思，实现学生思维发展和进阶。

（四）汉开体育

1. 无体育，不汉开

（1）体育活动

在汉开，不仅重视文化课程，还注重学生的身心成长和健康发展，因此在体育课程方面，设置了符合学生健康发展、弘扬中华民族优秀传统文化、面向世界的体系，为学生信步全球打好坚实的基础。

（2）"汉开有大美"运动会

汉开有大美，英雄竞风流。每一届运动会都是追梦少年拼搏奋斗的舞台，赛场上的汗水与泪水时刻都提醒着青春就要疯狂运动。

（3）篮球联赛

无体育，不汉开；无篮球，不青春。

（4）极限飞盘

极限飞盘运动是目前新兴的团队竞技运动项目，它具有易操作、乐趣性、竞争性、观赏性和合作性的特点。

（5）体育嘉年华

在汉开我们把快乐还给孩子，用"儿童视角"做教育，在玩中学，在学中玩，就是这么精彩而有趣。

（6）微型马拉松

钢铁的意志，我来创造。五公里赛事，强健体魄，树立起当代学生内强素质、外塑形象的精神风貌。

2. "汉开六艺"之"武"

汉开书院六艺"武"，其课程包括刀、枪、剑、棍、太极拳、弓箭、弹弓、拳击、擒拿、散手等内容。书院上午的大课间操是双节棍套路和陈式太极拳套路，总共 8 分钟，学生每天都要练习。

汉开书院开设皮艇球、射箭、森林、攀岩、足球、篮球、田径、极限飞盘、手球、武术、拉丁、象棋、击剑、高尔夫等特色课程，丰富学生课堂生活。

3. 体育竞赛成绩

比赛	荣誉
香港第 16 届国际武术比赛	团体一等奖 2 个 / 团体三等奖 2 个 / 个人冠军 2 位 / 个人亚军 1 位 / 个人季军 3 位
江苏第十届中学生暨第二届小学生武术锦标赛	中学组集体拳术一等奖 / 中学集体刀术二等奖 / 小学组集体拳术二等奖 / 太极拳项目获得个人赛第二名
江苏第十一届中学生暨第三届小学生武术锦标赛	中学组集体拳术一等奖 / 中学集体刀术一等奖 / 小学组长拳一段一等奖 / 小学组长拳二段一等奖
南京市中小学阳光体育攀岩比赛	初中组团体一等奖 / 男子个人赛冠军 / 女子个人赛季军
第十九届江苏省运动会攀岩比赛	甲组速度赛冠军
2018 南京市校园啦啦操比赛	初中组：团体第三名 / 小学组：最佳动作完成奖
全国中小学生象棋比赛	团体金奖
南京市青少年阳光体育节	校园篮球 3V3 联赛女子组一等奖 / 田径联赛团体一等奖、1500 米金牌
南京市第 22 届运动会青少年部·攀岩比赛	少年 B 组男子速度、攀石、全能第一

（五）汉开艺术

　　在汉开，审美是教育哲学，也是成长方式。每个学生都是艺术活动的参与者、创造者与分享者，而老师则是欣赏者、参与者与策划者。

特色课程	舞蹈与礼仪、美术与书法、戏剧与演讲（英文）等
领导力社团	合唱团、舞蹈社、民乐团、主持社、素描社、中国书法社、工笔花鸟社、纸艺手工社等
年度艺术节	汉开春语（义演、义卖）、十佳歌手大赛、迎国庆合唱比赛、童声之美、百家争鸣—器乐大赛、汉开有大美—作品展等

戏剧与演讲（英文）

合唱团

舞蹈社

美术社

在汉开，艺术无处不在，每个孩子都有接受艺术熏陶，感受艺术魅力和表现艺术天赋的机会，每个孩子都被需要。

（六）汉开 STEAM

1. 汉开 STEAM 中心

HKA STEAM 中心是美国最大创造力比赛头脑奥林匹克（Odyssey of the mind，OM）江苏区授权单位，拥有自主省级赛事。

STEAM 课程不是简单地将五门学科结合，而是抓住 STEAM 融合、探究、创新的特征，引导学生观察现象、分析原理，进而探究创新。

STEAM 课程目标是引导学生利用所拥有的资源合理地解决问题。HKA STEAM 中心坐落于 4A 级风景区雨发生态园，室内空间占地 1800 平方米，设有木工金工教室、设计与创作教室、人工智能教室、少儿编程教室、科学探究教室、综合活动室、材料科学与工程功能室以及开放式展示交流空间。目前已开设木工、金工、结构、人工智能基础、少儿编程、3D 打印、激光切割、产品设计、科学体验活动、陶艺、青少年心理健康教育、团体辅导、职业生涯规划等课程。

2. OM

头脑奥林匹克（Odyssey of the mind，简称 OM），是一项国际性的培养青少年创造力的活动，是从幼儿园到大学的学生组织创造性解题的比赛。

在第 40 届世界头脑奥林匹克决赛中，南京汉开书院学校小学部在 75 支队伍中脱颖而出，获得了第 7 名好成绩，中学部获得第 10 名好成绩。

3. IL

探究性学习（Inquiry Learning），指学生在学科领域内或现实生活情境

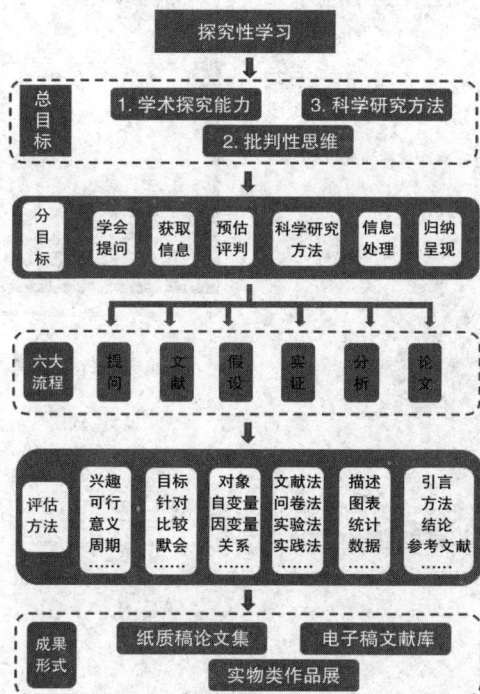

中选取某个问题作为突破点，通过提问、文献、假设、实证、分析、成果展示等探究学习活动，获得学术探究能力。

探究性学习项目的目的在于培养积极探究的人、善于思考的人、有效表达的人，以及创造性解决问题的人。书院要求每位学生都要参与基于项目的探究性学习，每个学年研究一个问题，完成一篇论文，获得相应的"汉开文凭课程"学分。

4. 成绩展示

汉开 STEAM 中心致力于做最有趣的科技启蒙教育，激发学生的学术力、创造力。一直以来，师生们积极参与科技创新类赛事，并取得优异成绩。

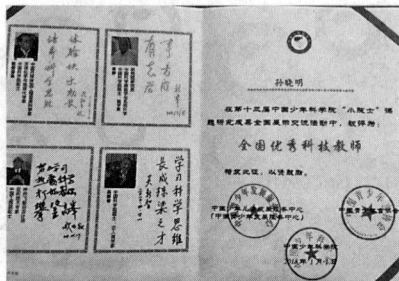

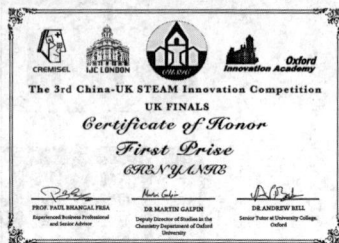

书院校区

一、南京汉开书院

南京汉开书院学校（以下简称"南京汉开"），是南京市浦口区人民政府2016年1号文确立的重点项目，于2016年5月6日建校。院长是南师附中、深圳中学原校长王占宝博士。

南京汉开有两个校区。五华路校区位于嘉义路、牌坊路、五华路、澎湖路框围区域，比邻宁合高速公路和浦乌公路。目前是十二年一贯制学校。

南京汉开为了实现培养目标，在4A级风景区建设了生态园校区，其中包含英语学习中心、STEAM课程中心、体育艺术中心、汉开先锋营地（水上运动中心、森林课程中心、素质拓展中心）。共占地400亩。建构了一个新的校园理念，满足学生个性化发展以及升学的需要，让校园变得丰富、生动、灵动，让孩子们喜欢学校。因此汉开的校园不单是学园，也是乐园和家园。

南京汉开师资力量雄厚，学生来源广泛，因其专业、诚恳的办学与增值的教育质量而备受瞩目，学生来自全国15个省、市、自治区。汉开书院，慎聘良师。好老师，就是好学校，就是好教育。学校拥有专任教师217人，专职外教25人。专任教师中有硕士研究生79人，平均年龄34岁。教师学科素养高，80%毕业于海内外知名大学以及国内985、211高校。中青年骨干教师均具有省内外知名公办、民办学校任职经历，其中，80%的教师曾获得市、县区级以上的各类表彰。

南京汉开是一所教育理想与教育实力并存的学校，拥有先进的教育理念，同时通过具体的课程、制度、措施积极力行这些理念。在办学6年的时

间内看，充分发挥学生的自主性，注重培养学生的思维品质，持续优化质量提高的方式，教学质量一直领跑浦口区，多次在国内、国际性大赛上获奖。

汉开书院资助品学兼优的贫困学生入学

知识乃人类共有，教育能改变命运。得天下英才而教育之，不亦乐乎！英才相伴，创造未来。

"汉开春语"教育基金

南京汉开在青海省海南藏族自治州贵德县河阴寄宿制学校设立"汉开春语"教育基金，奖励优秀学生和资助家庭困难的学生，帮助了藏族、回族、土族、撒拉族和汉族等民族的学生。

汉开书院义工服务

今天关注他人，未来才能信步全球；当下以劳动帮助所需要的人，明天才能以专业贡献全世界。

泰国清迈义工行动

斯里兰卡义工行动

二、淮安汉开书院

2019 年，为了让更多的人能够享有"公平而有质量的教育"，让区域教育发展改善民生，淮安市洪泽区人民政府与深圳汉开教育咨询管理有限公司合作，由创办、领导多家全国性著名学校的知名教育家王占宝先生领衔创办淮安汉开书院，2019 年 4 月 23 日正式签约，当年 9 月如期开学。

淮安汉开书院是一所九年一贯制义务教育民办非营利学校，位于淮安市洪泽区南海路 1 号，占地面积 124 亩，建筑面积 81107 平方米，设计招生规模 60 个教学班，其中初中 36 个班，小学 24 个班，小班化教学，每班不超过 35 人。

书院现有小学部一至六年级 14 个班及中学部七至九年级 18 个班，共 894 名同学，学生除来自淮安市外，还来自省内南京、徐州、苏州、宿迁、扬州、盐城等 6 个市，以及湖南、湖北、四川、黑龙江、贵州、山东、浙江等 7 个省。

书院现有教职工 147 人，其中专任教师 104 人，年龄性别结构合理，经验丰富而又朝气蓬勃。除淮安市内人员外，还有来自辽宁、安徽、河南等省及江苏省内南京、无锡、南通、连云港、盐城、宿迁等 9 个省、市的客籍教师 60 余人，另有来自美国、菲律宾的外籍教师 3 名。

办学以来，淮安汉开书院充分体现了"良习养成，学业进阶"的特色，学生成长看得见，办学成绩赢得了社会各界的认可。

三、盐城汉开书院

  盐城汉开书院是江苏省盐城市建湖县人民政府确立的 2019 年重点民生项目，书院位于建湖县人民南路东、金菊路南、听湖路北，占地面积约 153 亩，建筑面积 73000 余平方米，毗邻建湖县体育中心。盐城汉开书院为九年一贯制民办非营利学校，目前办学阶段为小学、初中，未来将增设高中，于 2021 年 9 月 1 日正式开学。

  盐城汉开书院是一所国际化学校，以"明辨不惑，力行有品"为校训，通过卓越的学术教育与领导力培养，造就具有中国精神的世界公民与未来领袖，使人生增值——让优秀者更优秀，让平常者不平常。

  书院要成为一所质量高、优势明、国际化、习惯好，身心棒、后劲足的百姓家门口的好学校，让学子从建湖出发，走向世界和未来！

四、深圳汉开数理高中

深圳汉开数理高中是深圳第一所以"数理见长"为办学特色的民办普通高中，由深圳中学原校长王占宝博士领衔创办，于 2021 年 9 月正式开学。学校占地面积约 3.5 万平方米，总建筑面积约 6.5 万平方米。

深圳汉开数理高中实行小班化教学，寄宿制管理，因材施教。学校为学生提供国内和国际两种升学途径，学生高一入学时，可根据自身特点及家庭培养目标，选择合适的升学方向：就读普高课程、参加国内高考或就读剑桥国际课程、出国留学。

办学使命：

通过出色的学术教育与领导力培养，造就具有中国精神的、以数理为优长的世界公民与未来领袖。

"研究性、国际化、高质量"是办学的基本定位。

深圳汉开数理高中正积极构建普通高中特色人才培养模式，为高中育人模式改革、高中特色化办学做探索。

深圳汉开，善育英才。

她，从大汉走来，向世界盛开，教贯中西，学会理解，创造未来。

办学特色定位之价值：

深圳汉开数理高中的办学定位，不仅仅是传统的高考与学科竞赛之立意，其办学特色的价值追求在于：

为众多的对数理学科有浓厚兴趣，学有专长而且有志于以此自我实现与贡献社会的学生提供高中学业选择。

为满足学生未来专业发展需要，在数理学科的课程（必修课、选修课、学生社团、研究性课题、学校文化等）建设上做探索。

为数理学科教与学方式、评价标准的改进做探索。

为数理学科现代实验室建设、教与学资源建设的优化做探索。

在参与国内外数理学科前沿活动的平台搭建上做探索。

为深圳市普通高中特色化办学、特色教育做尝试。

核心优势：

由王占宝博士担任校长，管理团队与骨干教师从汉开教育选派，面向全国选拔优秀教师并在南京汉开书院跟岗学习，定期安排教师参与省内外、境内外高质量的培训。

从全国各地聘请全国一流的、具有真才实学的、能解决学科前沿问题的、具有实践智慧的名师指导教学与教研；首席教师能站在学科教学的国际前列引领学科建设、引领教师的专业发展。

整合江苏、广州、英国剑桥等地教育资源，把数学、物理、人工智能作为特色项目；引进高质量的外教，把英语、国际化作为办学优势。

学校管理

一、教育教学机制

汉开书院学习目标达成观察量表（解析版）

课　题：_____　　课型：_____

学　科：_____　班级：_____　节次：_____

上课教师：_____　观察者：_____　观察日期：_____

维度	指标	观察记录	分析与建议	得分
明标 （10分）	1.学习目标的呈现（10分）	◆呈现的时机：学习目标具备合理性与必要性，符合学生思维和能力的发展需求 ◆呈现的方式：准确、清晰、简洁、有效		
探标 （50分）	2.核心问题设计与实施（20分）	◆突出学科本质，聚焦核心内容（包括重要的思维方式、思想方法、解决问题策略等） ◆问题串之间形成结构力，为学生思维发展"搭梯子"		
	3.学生思维的进阶（20分）	◆学生经历知识产生的过程，形成该学科的思维方式 ◆学生在不断反思、质疑和迁移应用中实现思维进阶，提升思维经验，产生高峰体验		
	4.其他关键教学行为（可选一、二）（10分）	◆教师教学良习、学生学习良习（独立思考、主动探索） ◆（教学、学习）工具的使用		

维度	指标	观察记录	分析与建议	得分
达标 （40分）	5. 达标评估检测设计（10分）	◆能清晰反映学习目标的达成情况 ◆能帮助学生发现优势和盲点		
	6. 学生达标情况（20分）	◆检测题正确率		
	7. 高阶学习的铺垫与激趣（10分）	◆为下一阶段的学习激发动机、兴趣和期待 ◆学生明确如何展开进一步研究，为学生自主学习做准备		
得分总计				

评价意见：

等级：_____   签名：_____

等级说明：A+（卓越）（95~100）；A（优秀）（85~94）；B+（良好）（75~84）；B（合格）（65~74）；C（参与）（65以下）。

汉开书院学生学习良习与教师教学良习

汉开学生学习良习清单

1. 先预习、备好学习工具和材料，后上课；

2. 先尝试，后讨论，特别注意学科思维与解题思路，举一反三、触类旁通；

3. 先思考，后提问，审题能发现命题人想考你什么；

4. 先复习，后作业，合上书本、限时完成；

5. 一次就把事情想好、做好，减少使用橡皮擦等同类工具；

6. 先独立订正、写出错因，再做补偿练习，及时使用《汉开汇》；

7. 每周归类整理学习材料，不断精简，留下最重要的；

8. 重要的定理、公式、概念、语段要不看书讲出来；

9. 凡有"卡壳"，一定及时突破；

10. 看见自己的成长，累积自信，形成优势。

汉开教师教学良习清单

1. 让学生喜欢我，喜欢我的课堂，喜欢我任教的学科；

2. 课前在脑海中教学预演：学习目标、问题设计与活动要点；

3. 带着实力与微笑走进课堂；

4. 准确提问有价值的问题，启发学生连续、深度思考；

5. 抓住学生出现问题的根源，生成资源解决问题；

6. 及时组题、变题、创题；

7. 激励学生进行有效的讨论、辨析、纠错，暴露思维过程；

8. 乐在其中，并且让每一个学生享受课堂；

9. 课后及时写下教学反思，具体问题及时纠偏，持续调整；

10. 记录最典型的案例作为记忆和加油站。

汉开书院课堂教学"负面清单"

1. 课堂出现科学性错误或政治性误导；

2. 课堂中存在冷暴力行为，无视学生心理健康；

3. 不备课上课，课堂满堂灌，没有板书，没有师生互动；

4. 在有条件的情况下，用讲解代替实验；

5. 课堂管理不到位，出现"放羊式"课堂，如：放任学生在课堂中饮食、睡觉、随意进出教室、扰乱课堂秩序等；

6. 让学生抄写相同内容五遍以上；

7. 坐着上课、借助小喇叭上课（身体不适除外）；

8. 拖课3分钟以上，影响学生课间休息；

9. 多次出现与本课教学无关联的言行；

10. 不经教务部门同意任意调课。

汉开书院小学部核心竞争力整体构建

项 目	内 容
目标 着眼未来	发现美好，喜欢学习，培养良习，充满自信。
良习 有章可循	阅读（每天至少半小时、每周至少一本书、每月至少四本不同题材的书） 跑步（坚持每天跑步，不少于800米） 礼仪（早晚辞别父母，课间问候老师，行进右侧礼让） 形象（眼睛更亮、声音更响、腰杆更直、胆子更大、两臂更有力、双脚更坚定）
课堂 有法可依	（一）基本模式：3+2+3 1.工具：平板电脑实现课堂及时互动、思维导图构建学科知识体系、方格笔记本创造性深化课堂 2.方法：美思教学法拓展学科思维、尝试教学法当堂检测 3.流程：明标、探标、达标，核心学科导学案设计 （二）学科优势： 1.语文 每节课3分钟课前演讲 每天20分钟字帖书写 每周千字摘抄百字评论 2.数学 每节课学生"我的好题"推荐 单元探究性论文 3.英语 每日一句积累 每周12节英语 4.体育 长跑、状元笔操、太极拳 5.音乐 非洲鼓 6.steam 自主创设实验项目 7.候课制度：经典诵读 （三）课程多样化：（国家课程＋汉开文凭课程） 1.兴趣化：非洲鼓社团、力与美社团、演讲社团、多肉社团、英文中的美食地图、英语剧表演、竞速魔方、经典动画片欣赏与讨论 2.深度化：英语绘本阅读、硬笔书法、深入数学、最强大脑记忆法训练、棒垒球技术、触式橄榄球 3.营养化：下午茶、汉开讲堂、核心学科进阶制度
活动 整体设计	基本原则：以安全为前提，激发兴趣，全员参与，中西结合，活动作品化 活动主题：9月 安全与常规；10月 自然；11月 合作；12月 挑战；1月 发现

项 目	内 容	
	活动分类： （一）四季之美：春之节、夏之节、秋之节、冬之节 （二）感恩之心：教师节、重阳节、感恩节、母亲节、父亲节 （三）传统文化：春节、元宵节、清明节、端午节、中秋节、腊八节 （四）中外文明：国庆节、圣诞节、元旦 （五）学科类竞赛：书写、作文、数学最强大脑、体育汉开吉尼斯、英语百词斩、象棋、围棋、武术	
评价 注重过程	作业	作业积分制（A+、A、B+、B、C），分层设计，每月统计，给予奖励
	月评估	每月填写综合素质报告单，撰写学科小论文
	百分考核	每月统计，对进步者、优秀者给予奖励
保障 日积月累	1.《致良知》登山计划每周评估	
	2.成长档案每周整理，成长看得见。	
	3.10人一位导师制度。 4.每日一思，利用效能手册进行计划与规划。	

汉开书院"5.5+3.5"课程实施方案

（一）实施目标

促进学生真实的成长，体现学校提供的营养。为改变小学毕业班下半学期知识简单重复的现象，解决部分小学、初中知识脱节的问题，书院制定了"5.5+3.5"课程实施方案，旨在为小学毕业班学生适应初中学习培养良好的学习习惯、思维方法，为孩子们的成长与进阶提供充足的营养，完成小学与初中阶段课程与教学的贯通和整合，真正实现课程与教学的增值效能，让汉开学子成长看得见！

（二）关键结果

1.学生会列作文提纲，每生一本作文集，含中文作文 5 篇，英语作文 5 篇。

2.让学生学会使用"汉开工具"，实现良习进阶：规划与计划良习（理想教育）、按时完成任务良习、学科学习良习（英语日记，数学每日一题，英语、语文课前三分钟演讲）。

3.举办一次"汉开工具"以及学生学习成果展，静态展示：方格本、思维导图、汉开汇、效能手册、英文日记；动态展示：模联对抗赛（全英文展示）。

4.四、五月，每月举办一次学生思维力进阶培训课程（汉开讲堂），六月举办一次学生现场限时演讲比赛。

5.语文、数学、英语、思维方法、学科活动衔接课程纲要各一份。

6.每生一份课程目标手册——"令人兴奋的成长"，每日、每周、每月设计令自己兴奋的成长目标。

7.做一次衔接课程学习力评估，达优率不低于80%，合格率100%。

8.每生一份汉开衔接课程成长报告单，让家长、老师欣赏孩子拿到的结果，带来的成长。

（三）实施保障

1.成立项目组

组　长：王占宝

副组长：殷鹏展、梁 勇、倪晶晶

成　员：邵明珠、皋 娴、金长宝、白莲秀、谢 硅、龚学文、卞丽云

2. 课时保障

语　文：8课时（小学6节，初中2节）/周

数　学：7课时（小学5节，初中2节）/周

英　语：6课时（小学4节，初中2节）/周

（四）任务落实

周次	节点	工 作 内 容	责任人
第2周	3月4日	方案定稿，组织实施	梁 勇
第3周	3月9日	课程纲要定稿	殷鹏展
	3月12日	小学毕业班家长问卷调查	张 一
第4周	3月15日	衔接课程小学教学内容修订完毕 衔接课程初中拓展内容编写完毕	梁 勇 殷鹏展
第5周	3月23日	学生成长报告单、课程纲要设计完毕	梁 勇
	3月27日	初中小学衔接课程执教教师教学研讨会	殷鹏展
第8周	4月16日	5.5+3.5衔接课程备课及导学案检查	邵明珠 皋 娴
第9周	4月19日	小学毕业班5.5+3.5衔接课程实施动员会	梁 勇
	4月20日	衔接课程正式开始上课	梁 勇
第10周	4月29日	小学毕业班学生思维力进阶培训（一）	皋 娴
第12周	5月13日	小学毕业班汉开工具使用进阶培训	田 梅
第14周	5月27日	小学毕业班学生思维力进阶培训（二）	邵明珠
第16周	6月10日	现场限时演讲比赛	金长宝
	6月11日	衔接课程学习力评估	殷鹏展
第17周	6月18日	毕业班学生家长会，学生学习成果展示， 发放学生作文集和成长报告单。	梁 勇

汉开书院特长生培养方案

（一）实施目标

① 进一步贯彻和践行国家《国家中长期教育改革和发展规划纲要（2010—2020年）》，实现国家"立德树人"的教育目标。

② 实现书院教育教学理念，做到"每一个都重要，每一个都被需要"的培养目标。

③ 尊重差异，提供选择。实现多元化培养目标。

④ 广拓途径，多维培养。促进每一个学生充分发展，实现学业与人生的增值：让优秀者更优秀，平常者不平常。

（二）实施路径

为了全面贯彻教育方针，坚持面向全体学生，充分发展学生的个性特长，对特长生类型和培养目标特作如下规划：

1. 研究政策

报名资格认定：

学科特长生：

初中阶段在数学、物理、化学、生物学科或在信息学（计算机）方面有一定特长或浓厚兴趣，达到招生学校报名要求。如：市级以上学科竞赛获奖、市级以上综合荣誉等。

科技特长生：

初中阶段在科技创新实践活动方面有一定特长，或在市级及以上相关项目竞赛中获三级及以上证书。

体育特长生：

个人项目：初中阶段运动成绩达到或接近二级运动员等级标准（以证书或竞赛成绩册为准）或初中阶段获得市级以上（含市级）行政部门举办的正式体育竞赛个人项目前六名的运动员（以竞赛成绩册为准）；足球项目入选"区长杯"最佳阵容或区级以上（含区级）精英训练营，以区教育局、市校足办公布的正式名单为准。获奖项目须与报名项目一致。

集体项目：

初中阶段获得市级以上（含市级）行政部门举办的正式体育竞赛前三

名或一等奖的运动员（以竞赛成绩册为准）。获奖项目须与报名项目一致。

艺术特长生：

凡符合下列条件之一的初中毕业生均可报名：

初中阶段参加由区级以上（含区级）教育行政部门组织的艺术类集体比赛（展演）项目获一等奖及以上者（获奖项目需与报考项目一致）。

初中阶段参加区级以上（含区级）教育行政部门组织的艺术类展示活动，可凭参演证书报名，参演项目需与报考项目一致。

初中阶段参加南京市中小学生艺术团联盟交流演出（展示），可凭参演证书报名，参演项目需与报考项目一致。

根据《南京市初中毕业生艺术素质测评方案（试行）》要求，从2020年起，初中学生艺术素质测评成绩B等以上（含B等），方可报考高中艺术特长生。

2. 定向选材

学科特长生。是指数学、物理、化学、生物、信息等文化课某一学科智力与非智力发展良好、学科成绩特别优异者。

科技创新特长生。在文化课方面处于中等以上水平，同时在科技创新方面有特长者。主要方向为天文气象、科技创新、创意传媒、STEAM信息技术、人工智能、机器人、通信科技等。

体育特长生。在文化课方面处于中等以上水平，同时在体育方面有一至多项特长者。主要方向为田径、足球、篮球、排球、乒乓球、羽毛球、武术、跆拳道、健美操等。

艺术特长生。在文化课方面处于中等以上水平，同时在声乐、器乐、舞蹈、戏剧、绘画、书法等方面有特长者。

3. 分步培养

联考学科特长生的培养：

各年级各学科备课组长负责组织本组教师制订本年级本学科的培养计划，在此基础上每位教师制订出个人培养计划。

各科教师每学年在培训计划中要有明确的指导思想、具体的培养目标、培训内容、培训名单、培训时间和地点。要有培训教案，有特长生考核成绩记录档案。

具体培养方式：以建立学科兴趣小组、学科合作小组、举办学科知识讲座、知识竞赛等形式为平台，教师重点辅导、指导和学生互助相结合，校内与校外、家庭相结合。

教师主要利用每周文凭课程时间，专项、专人、专计划实施培养。

其他特长生的培养：

建立体育、音乐、美术、信息技术、科技创新特长班、队，在平时上课和训练的基础上，选拔出好苗子、有培养价值的学生，精心加工和雕刻，刻画出最美好的蓝图，成为学校一道靓丽的风景线。体育特长生、音乐特长生、美术特长生、信息技术特长生、科技创新特长生的培养以任课教师为责任人，制订计划与措施，贯彻到 3 个学年。主要是利用课堂以及文凭课程时间辅导、培训。

体育兴趣班

建立一支优秀体育兴趣虚拟班。由王斌老师负责训练工作。从低年级抓起，要科学训练，要跟踪培养，掌握学生的竞技水平的动态变化，以及预测发展情况和输送方向。以科学的、系统的、分层次的训练为基本要求，制定出相应的特长生培养训练计划，建立相应的特长生档案，做好跟踪写实。力争参加市比赛获得好成绩。

音乐兴趣小组

建立器乐队、声乐队、舞蹈队，由陈靓睿老师负责组织训练工作。

采取两条腿走路的方式。训练分专业训练和非专业训练两种。非专业训练指以校园教学和活动为主培养班级的积极分子、骨干学生，借以推动汉开快闪活动开展，使学校活动丰富多彩、生机盎然。专业训练指针对选拔出来的优秀学生，进行系统的训练，参加上级组织的比赛获得好成绩。

美术特长班

由张瑾老师为负责人，组织培训工作。以教师为指导，以优秀学生为辅助，形成良好的学习氛围。重点抓好七年级学生培养、带动八年级学生。制订特长生长远培训计划和规划，力争参加上级比赛获得好成绩。

信息技术特长班

由张海兄老师为负责人。以计算机教学为基础，对具有一定计算机基础的学生进行拔高培养，达到掌握计算机应用较高的水平，能熟练地操作计算机、制作课件、浏览网页和制作网页，以符合现代教育的要求。每周活动两次，要有培训计划、记录、总结、要建立特长生档案。

科技创新特长班

以课外科技小制作、小发明活动为主。由 STEAM 项目组孙晓明教师负责，通过 STEAM 课程发现苗子，利用文凭课程强化培养，要有培训计划、记录、总结。

（三）组织领导

1. 学校成立领导小组，负责工作的督导

由初中部直接领导、教务部实施、年级主任参与、项目负责人具体负责，对学生从选拔到培训的全过程，全权负责指导、检查、反馈、总结。领导小组成员每周深入到课堂，深入到学生中了解授课、听课、辅导、课外活动等方面情况，及时解决实施过程中的问题，定期组织教师研讨学习，举办专家讲座等。

2. 制订教学规划、明确任务，真抓实干，进行目标管理

树立以素质教育为核心的现代教育理念，培养学生的创新精神、创新意识和创新才能。将特长生培养工作纳入学校整体计划中，既要有三年为期的大目标，又要有年度规划。

3. 制度建立与考评机制

学校建立特长生培养相关制度和考评办法。对教师培养工作成效显著者，将给予精神和物质奖励，并纳入个人学期绩效考核。

4. 培训教师，提高指导水平

特长生培训指导工作，教师的水平至关重要，学生认同率高，教学基本功过硬，才会出效果。加强教师培训，加强教学研讨，因材施教，整体把握，重点突破。

5. 督导与落实

校领导及时调研，定期组织教师研讨，领导、教师、学生三位一体，共筹共谋，不疏漏每一细节，不忽视每一动态。培养学生独立主动、创造性地学习，要发现和总结学生的成功学习经验，引导启发学生的学习乐趣，求知欲望，激发向上的热情，养成良好习惯，提高综合素质。

6. 考评办法

为了调动全体教师的积极性，教务部将对活动情况进行检查、督导，按学期纳入绩效考核，具体如下：

① 每个指导教师加 5 分，如在本期末指导教师指导的本活动小组产生

良好的社会反响，再加 5 分。

②辅导的学生如获得各级各类表彰，指导教师也加分。区级 3 分，市级 6 分，省级 12 分，国家级 20 分。

"汉开教学工具"核心竞争力的解读

（一）方格笔记本

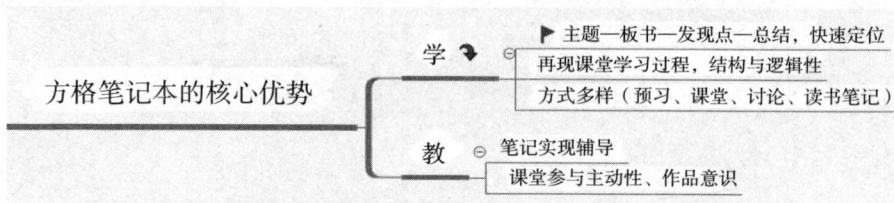

方格笔记本的核心优势

学：
▶ 主题—板书—发现点—总结，快速定位
再现课堂学习过程，结构与逻辑性
方式多样（预习、课堂、讨论、读书笔记）

教：
笔记实现辅导
课堂参与主动性、作品意识

设计宗旨：根据学科特点、高考答题规范设计，与导学案等学习资料有机结合，留有深度思考与联想的区域。

核心优势：实现笔记再现课堂学习过程，突出学科本质，抓住重点，揭示逻辑与结构。

（二）思维导图

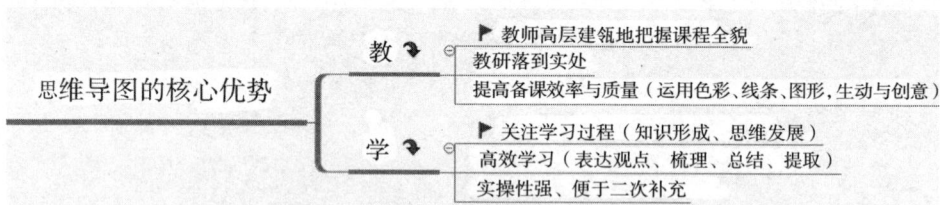

思维导图的核心优势

教：
▶ 教师高层建瓴地把握课程全貌
教研落到实处
提高备课效率与质量（运用色彩、线条、图形，生动与创意）

学：
▶ 关注学习过程（知识形成、思维发展）
高效学习（表达观点、梳理、总结、提取）
实操性强、便于二次补充

设计宗旨：培养学生思维广度、灵活性、有效联想的品质，帮助学生将知识系统化、图像化，统筹与创造。

核心优势：运用色彩、线条、图形，实现表达、梳理、总结观点、形成体系，是体现思维过程的导图。

（三）智慧课堂

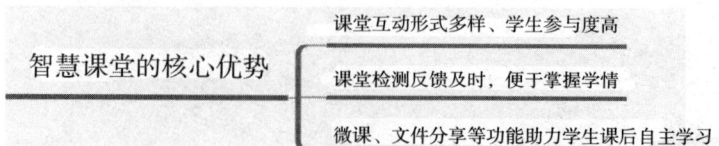

智慧课堂的核心优势

课堂互动形式多样、学生参与度高

课堂检测反馈及时，便于掌握学情

微课、文件分享等功能助力学生课后自主学习

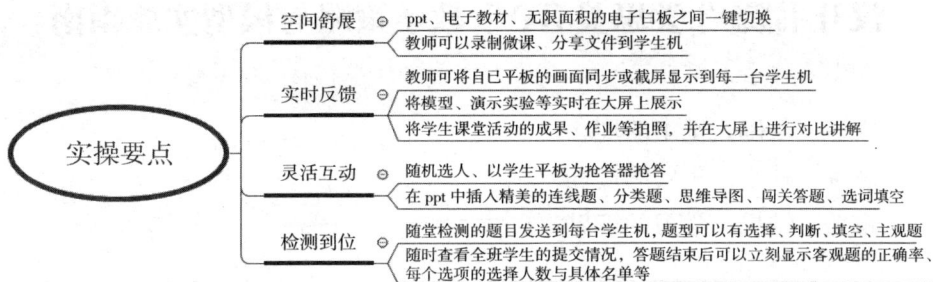

实操要点
- 空间舒展 ○ ppt、电子教材、无限面积的电子白板之间一键切换
- 实时反馈
  - 教师可以录制微课、分享文件到学生机
  - 教师可将自己平板的画面同步或截屏显示到每一台学生机
  - 将模型、演示实验等实时在大屏上展示
  - 将学生课堂活动的成果、作业等拍照，并在大屏上进行对比讲解
- 灵活互动
  - 随机选人、以学生平板为抢答器抢答
  - 在 ppt 中插入精美的连线题、分类题、思维导图、闯关答题、选词填空
- 检测到位
  - 随堂检测的题目发送到每台学生机，题型可以有选择、判断、填空、主观题
  - 随时查看全班学生的提交情况，答题结束后可以立刻显示客观题的正确率、每个选项的选择人数与具体名单等

（四）汉开汇

汉开汇的核心优势
- 学 ↱
  - ▶ 实用性：错题、经典题型的整理（避免遗失或繁杂）
  - 融合与灵活：一本多用（频次）、阶段性、形式自选
  - 成长的精神力量
- 教 ↱
  - ▶ 精准把握学生的个性化问题
  - 跟踪检查有抓手

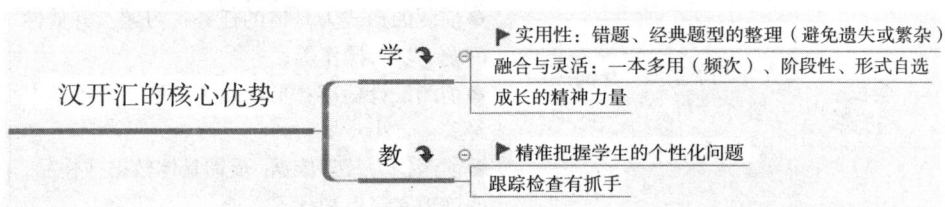

设计宗旨： 精确针灸知识痛点、强化错题归因的意识和行为，科学定位和有效修正。

核心优势： 一本多用、划分板块、提高学生使用频次，增加对个性化问题的重视和反思意识。

汉开书院"尝思美 3T"教学策略与模型实施指南

尝试：基础，基本的理念；
思维：核心，重要的过程；
审美：结果，学习的境界。

核心	原则	基本环节	实施要点
尝试 （Try）	先学后教，培养学科自信	◆前测与反馈	●前测的形式为具体的任务：习题、开放性问题、实验操作等； ●前测设计标准：低起点（唤醒、重组基本经验），小步子； ●前测作为教学依据：反馈具体数据或作品，明确现实起点和学习需要。
思维 （Thinking）	学为中心，启发深度思考	◆出示核心问题 ◆开展学习活动 ◆升华学习经验	●核心问题设计： （1）具有启发性； （2）突出学科本质； （3）问题串形成结构力，为学生思维发展"搭梯子"。 ●学习活动设计： （1）充分的思考（学科思维）； （2）多角度观察（学科视角）； （3）多交流表达（学科表达）； （4）多样的知识呈现方式（学科意义）。 ●升华学习经验 （1）引方法：产生新方法或运用所掌握的方法； （2）上台阶：1即多（n），一以贯之。
审美 （Taste）	高峰体验，看见学科生长	◆限时检测 ◆反思激趣	●限时检测清晰反映学习目标达成度，评析学习结果——为学而教； ●理性反思渗透学科审美与文化，激发动机与期待。

附【案例解读】

1.《流浪人，你若到斯巴……》前测题

请阅读全文，并写下自己"不懂的地方"和阅读后的最初感受。

◆学生的问题：

①我对这篇小说感到迷茫，为什么着力写学校走廊的画像，而不正面写战争或抒情？②感觉沉闷、压抑。③读起来情绪激动，却感觉很难懂。④"我"为什么最后喃喃地说："牛奶！……"

⑤"我"为什么感觉炮声高雅？这种欣赏口味说明了什么？⑥看到小型阵亡将士纪念碑的时候，"我"有什么想法？⑦对炮声和纪念碑的想法来自哪里？⑧为什么反复出现画上人的名字？……

◆教师整理后在课堂上主要讨论的问题：

①"我"为什么感觉炮声高雅？②为什么着力写学校走廊的环境布置？③为什么以"流浪人，你若到斯巴……"为题？④"我"为什么最后喃喃地说"牛奶！……"

★（这里体现了教师的两种智慧：解读学生的智慧、解读教材的智慧。在教学内容和学生的认知水平之间建立有机联系，在学生发展的现实状况和"最近发展区"之间架起桥梁。）

2.《一元二次方程》前测题

（1）列方程求：

①正方形 ABCD 的边长为，面积为 10；

②直角三角形斜边为 5，两条直角边分别为_____；

③双曲线上点 P 的坐标是_____。

（2）根据你的经历和方程的样子，上题中出现的几个方程可以叫作_____，请举出 3 个你认为结构不同的这种方程，并尝试写出这种方程的一般形式。

（3）你觉得我们需要研究它的哪些内容？请列举出来。

★（预备知识：三种方程、开方运算、因式分解、配方，种子已经埋下，等待此刻发芽。并且从前测题学生可以感受到类比学习的味道，层层递进，统领全章。）

3. 反馈具体数据

班级	成绩	22题	23题	24题.1	24题.2	25题.1	25题.2	26题.1	26题.2
得分率	83.8	100.0%	97.0%	96.6%	77.6%	49.4%	62.1%	76.4%	2.3%
04班	94	8	7	5	4	3	3	6	0
05班	94	8	7	5	4	3	3	6	0
04班	93	8	7	5	4	2	3	6	0
04班	92	8	7	5	2	3	3	6	0
05班	89	8	7	5	4	1	3	5	0
05班	89	8	7	5	1	3	3	6	0
04班	88	8	6	5	4	3	3	5	0
04班	87	8	6	5	4	3	3	6	0
05班	87	8	7	5	4	0	3	6	1
05班	87	8	7	5	4	3	3	6	1

4. 工业革命之问

提问：引发工业革命的 3 个因素分别是什么？

★（逻辑上看，确实是开放性问题，但问题的形式淹没了对此的好奇与不解）

优化 1：你认为，引发工业革命的原因可能有哪些？

★（问法更有引导性，但启发、鼓舞性不够）

优化 2：全世界上下几千年的历史中，有许多文明的成熟程度令人印象深刻，它们也有高度发达的经济体系、突出的科学成果，甚至产生了大量巧妙的装置。那么，为什么工业革命没有发生在那些文明之中，而是出现在这个特定的时期、特定的地区呢？

★（带着好奇心去发现，启发学生更要知其所以然）

5. 声音是什么

引入：请把手放在喉部，大声说："老师好！"

问：请你说一说，当你在说话时和不说话时，你分别有什么不同的体验？

答：说话时，手感觉到了声带在振动；不说话时，没有。

问：根据这个现象，你能提出什么问题？

答：声音是怎样产生的？/声音是否由物体振动产生的？

问：根据你刚刚的体验和你的生活经验，你的猜想是什么？

答：声音是由物体振动产生的？

问：你可以设计什么实验来证明你的猜想呢？

答：敲鼓 / 拨动琴弦 / 敲音叉……

问：请问这些实验能不能证明这个猜想？是否存在什么问题？

答：这些发声的物体都是固体，实验不具有普遍性。

问：那还应该设计什么实验才能使得出的结论具有普遍性呢？

答：让水发声，让空气发声。

问：非常好，我们来尝试一下，敲音叉使其发声。你看到音叉振动了吗？

答：没看到。

问：哦，那我就可以得出结论：我们的猜想是错误的。请问合理吗？

答：不合理，可能音叉振动的不明显，但也在振动。

问：你如何让音叉的振动"看得见"？

答：摸一下 / 放水里。

总结：非常好，这就是物理上科学探究的思维方法之———转化法！……

★［突出学科本质，聚焦核心内容（重要的思维方式、思想方法、解决问题的策略），关于"声音是什么"的学习成了理解其他类似概念的透镜；问题串形成结构力］

6.《圆》的复习课——思维生长课

第一稿：罗列知识点，学生填空

★（知识点零散的记忆和堆砌）

第二稿：学生之前做过的练习再做一次

★（复习课上成习题课，考查结果性知识的掌握）

第三稿：在黑板上呈现 5 个圆，学生动手画图，在图中展现定理、模型，添加条件或变式……

★（学生有思考，但层次较浅，未能有高峰体验）

第四稿：

寻找美（源：圆的对称性）；

发现美（穷：添加任意两条弦使整个图形仍对称，发现圆中的所有基本模型，此任务设置也考虑到差异性）；

挖掘美（贯：一以贯之，通向一般化、结构、经验、策略）

7. 假如不是呢?

为学生提供不同观察视角的问题包:

◆ 假如不是呢?

◆ 我们之前接触过这种观点吗? 有什么不同?

◆ 事情的另一面是什么样子的?

◆ 反过来还可以吗?

◆ 如果把这个条件加强(或弱化),可以得到什么呢?

8.《典范英语》

在《典范英语》的阅读教学中,我改变一贯的教学方式,安排学生小组合作,选择最喜欢的段落学习,自己设置问题,通过阅读寻找答案后,上台讲解该段落,其他同学可以对组内的任何同学提问。同学们为了不被难倒,每个小组都认真研究,积极互助,不甘落后,教学的效果远远超过我的预期。

★(学生在表达中感受并创造学科体验,在交流、质疑、辨析、反思与展示中实现各自卓越。)

9. 有丝分裂之舞

学生分别扮演细胞的各个不同部位,分成不同的小组,用肢体动作来描绘有丝分裂的过程。用肢体活动来表现枯燥的、教条式的生物知识。

★(相当于以一种新的媒介记录下了学习的过程。知识的表现形式发生了翻天覆地的变化,一种积极的、建构性的、参与性的教学过程,使这项内容的记忆和理解都得到了巩固和深化。)

10. "既见树木,又见森林"——《二次函数》

◆ 由林识柳:整体感悟,回顾研究函数的"基本套路";

◆ 由杨及柳:基于已有学习经验,由此及彼、类比迁移;

◆ 柳影婆娑:概念辨析、对比、强化;

◆ 柳在林中:重建知识结构,深化核心内容。

★(学生经历完整的研究新函数的过程,整个设计形成学习方法的指导和学科思想的渗透,实现"1"即多,一以贯之。)

11. "限时检测"题设计标准：

◆可以有效推断学生的学习状况（准确区分理解的不同层次）；

◆提供有用的数据（涵盖重点内容、聚焦关键知识点、题目结构充分合理）；

◆可以得到清晰的回应。

12. 缪斯女神

保留足够的空间，让渴望学习的学习者能追寻内心的缪斯女神，并且鼓励迫切的学习者去发现自己的缪斯女神……

二、教师队伍建设

汉开书院"教研组／备课组"任务设计与评估标准

教研组任务设计与评估标准

项目	任务设计	行动指南	评估标准
常规任务	1.计划。教研组 3 年发展规划、学期工作周历、组内"研课"月程表、学科活动任务分解说明等	开学前两周报学术部	内容翔实，操作性强
	2.总结。一学期工作清单、项目推进情况介绍、未完成任务原因说明等	学期结束前两周报学术部	客观，改进措施有力
	3.教研。积极参与区、市教研活动，每学期至少组织 8 次学校内部教研活动，每次活动都要有过程记录	学期结束前一周将过程性材料报学术部检查	主题明确，针对性强
科组课程建设	1.优化学科"课程群"框架结构	学科课程群：1.学科选修课程 2.学科活动课程	经过专家组审定，推出科组校本教材
	2.依据学科"课程群"框架结构编制相关课程纲要		
	3.编写或收集相关教材，初步形成校本教材		
业务研修	1.听课。师傅每周听徒弟们的课不少于 1 节；徒弟每周听师傅的课不少于 2 节；新教师原则上"先听课后上课"；其他教师每学期听课数量不少于 16 节	1.活动安排及时上报教务部和学术部 2.学校督导检查	1.在教学中，学生思维有进阶，学科良习有培养 2.所有听课都有听课反思
	2.公开课。每月各安排 1 次骨干教师"示范课"、项目小组"研究课"、青年教师"达标课"		
	3.活动展示。每月安排 1 次备课组集体备课展示活动		

项目	任务设计	行动指南	评估标准
学科活动	1. 每学期，至少组织一次学科学生活动	主题明确，计划翔实，组织有序，效果明显	活动过程推送到学校官网
	2. 每学年，各安排一次主题"读书报告会""经验分享会""专家交流会"等校内主题教研活动		
教科研实绩	1. 论文、论著发表与获奖	1.论文发表分为国家级核心期刊和省级期刊两类（知网可查询） 2.获奖等第分为区（校）、市、省三级（教育行政主管部门组织） 3.专家审核通过的校本选修教材按论著认定	
	2. 个人或集体课题	4.课题分为区（校）、市、省三级（教科所、教研室组织）	
	3. 公开课与讲座	5.公开课与讲座分为区（校）、市、省三级（教研室组织）	
	4. 教育教学成果奖	6.成果奖等第分为市、省两级（教育行政主管部门组织）	
技能比赛	主要包括：基本功大赛、优质课大赛、班主任技能大赛	技能比赛分为区（校）、市、省、国家四级（地方教育行政主管部门或中国教育学会学科专业委员会组织）	
其他荣誉	1. 个人或集体受政府综合表彰	按学校相关规定给予奖励	
	2. 辅导学生参加政府部门组织的各类个人或集体比赛		

教务部

2021.6.11

备课组任务设计与评估标准

项目	任务设计	行动指南	评估标准
集体备课	1. 每周，按照"集体备课流程"进行集体备课	1. 学期初，教务部在安排课务时为备课组预留两节课集体备课时间，确认集体备课地点	1. 定时（2课时）、定点（非办公室）、定人（全体组员）、定内容（主题明确）
	2. 每月，向学术部提供以下集体备课过程性材料（电子稿）：教案、课件、学案	2. 备课组的教案和学案要采用统一的电子模板 3. 学术部专人收集、审查、归档	2. 模板统一，内容齐全，有学科特色 3. 教案和学案数量与当月实际授课数大体一致
	3. 每半学期，向教务部提供组内所有成员的教案、听课笔记和部分学生的学案	4. 教务部组织相关人员检查半学期教学常规	4. 教案有二次备课痕迹和教学反思；学案批改认真及时，学生订正到位；听课数量充足且有听课反思
	4. 每学期，将《教案》和《学案》修订成册	5. 以教研组为单位收集整理，并将电子稿上报学术部存档	5. 有修订且专业
组内研课	1. 每周，安排1~2次组内研课活动	1. "同课异构"或针对某一主题研课	1. 在教学中学生思维有进阶；目标达成度较高
	2. 鼓励组内成员跨学科听课	2. 反思对自己所教学科的影响	2. 教学反思有深度
作业设计	1. 学案。 （要求：控制好量，把握好质，不追求一步到位，确保学生按时完成，体现分层）	1. 教研组确保"质" 2. 教务部监控"量"	1. 批改认真、及时，批改形式多样，学生订正到位
	2. "高频错题"集。 （要求：针对学生学习痛点，精准训练，体现实效）		
	3. 学科"荣誉课程"和"课堂达标检测"		

教务部

2021.6.11

汉开书院深度集体备课流程

（一）原则——在对教学过程"逆向思考"的前提下开展备课

（1）关于"考"

要点：课程标准对本节教学内容有哪些要求；本节教学内容在考试中（尤其是在中考中）有哪些常见题型；学生在针对本节教学内容的考试中有哪些易错点。

（2）关于"练"

要点：在内容上，要练方法，练思维，练规范；在形式上，要练多题归一，要练一题多变，要练错题，要分层练；在质量上，要精练，要练思维的进阶，不赌考试原题。

（3）关于"学"

要点：以"乐学、会学、主动学"为宗旨。

（4）关于"教"

要点：以学定教，重视教学情境的设置和核心问题的设计，重视学科思维的进阶，重视兴趣的培养和方法的渗透，要有互动，要多联系学生的生活实际。

（5）关于"备"

要点：要实现"教得愉悦、学得主动、练得扎实、考得优异"，一切都源于"备"。

（二）流程

① 分享上一周教学中的精彩片段（教育、教学两个方面），修改后由主备人形成文字稿，并在教研组内分享（建议10分钟左右，也可放在平时完成）。

② 交流上一周学生在学习过程中存在的典型问题，形成《高频错题集》，并在教研组内分享（可放在平时完成）。

③ 在人人都参与前期备课的基础上（"自备一"），由新章节（单元）主备人对教案、课件、导学案作出说明（建议15分钟左右）。

④ 针对主备人所提出的"教案、课件和导学案"进行集体讨论（重点研讨"4+2+3"教学策略如何落地以及在探标过程中学生思维如何进阶），

提出修改意见，由新章节（单元）主备人形成"集体备课教案"（建议不少于 70 分钟）。

⑤上课前，教师根据个人教学风格和所教学生特点对"集体备课教案"再优化（"自备二"）。

⑥上完课后，教师及时写下教学反思。

教务部

2021.6.1

汉开书院"针对性小课题研究"实施方案

（一）"针对性小课题研究"必要性和紧迫性

"汉开2.0"的第一年，各科组基本完成了组内工作任务的全面架构，但在具体细化这些任务的标准和流程时还显得不够精致，甚至还很粗糙，这不仅导致科组的工作效率低下，而且还严重影响书院的高品质发展，因此各科组必须要高度重视并立即开展对工作中"小"问题的课题研究。

（二）如何开展"针对性小课题研究"

哪些是我们工作中的"小"问题呢？所谓小问题是指那些在工作中常给我们带来痛感但忍一忍也可以过去的"痛点"以及常被我们忽视的"盲点"。这些问题看起来虽小，但如果长期得不到根治，同样会对我们的工作产生巨大的冲击。

如何解决这些"小"问题呢？最有效的办法是把它们做成课题去研究。具体策略如下：

① 对科组工作进行全面梳理，找准痛点，排查盲点，并按照"要事优先"的原则进行排序。

② 专人专项，全员参与，限时解决，拿到结果。结果要具有指导性、示范性和可操作性。

③ 研究过程要翔实、扎实，每学期解决 1～2 个问题，形成案例。

（三）学术部的建议

为确保各课组有序展开"针对性小课题"研究，学术部从以下几个方面给出建议：

（1）不同课型教学范式研究

① 梳理本学科有哪些课型，如：新授课、复习课、习题课、试卷讲评课、概念建构课、规律探究课等。

② 通过理论学习和教学实践提炼出不同课型的教学范式（模板），同时提供 1～2 份具体教学案例。

（2）"学科思维进阶"案例研究

① 整理课堂中精彩教学片段。

②分析、归纳片段中如何以学科知识为载体来发展学生的学科思维。

（3）"学科良习培养"案例研究

①分析班级学生学习品质，重点关注：勤奋慢热型、灵活毛糙型、散漫无目标型。

②通过定期谈心、作业追踪等形式促进其转变，形成案例。

（4）"块状"教与学研究

①分析教与学中相似的模块。

②通过具体教学案例阐述某一模块的教与学的模式。

（5）"错题成因分析"研究

①收集高频错题。

②反思错题折射出的教学失误。

（6）课堂管理策略研究

①通过相互听课的形式，找出每位老师在课堂教学管理中存在的突出问题。

②提出具体解决方案，追踪解决的效果。

（7）学科活动

①科学规划学科活动方案（考试学科重点完成"课堂达标检测题"编制）。

②形成作品。

（附）

汉开书院"针对性小课题研究"登记表

_____科组

序号	课题名称	目标	预期成果	责任人	时间

教务部

2021.8.1

汉开书院教学风格研究（孵化）启动方案

（一）宗旨

① 扩大汉开杰出教师、领军教师的省内外影响力和知名度。

② 为汉开师资队伍建设实现可持续、高品质发展锻造"凝聚核"。

③ 提升书院教育软实力，实现"书院——教师——学生"协同发展，使"汉开教育3.0"成为民办教育的一面旗帜。

（二）实施路径

1. 申报与审核

（1）申报类型：风格研究、风格孵化

（2）申报条件：

风格研究：特级教师、大市级学科带头人、汉开杰出教师；

风格孵化：汉开骨干教师及以上；

（3）审核部门：学术部

（4）截止时间：2020年11月__日

2. 提炼

序号	任务	具体内容	要求	备注
1	我的教学风格	表明并诠释自己的教学风格	逐步完善	
2	我的成长历程	讲述自己真实的教育教学故事	1~2则	
3	我的课堂实录	提供能够匹配自己教学风格的课堂实例	1~2节	
4	我的教学反思	评说自己的课堂教学，提出自己的教育主张	1~2篇	

说明：每学期，每位申报人对照表中所列出的任务进行风格提炼。

3. 锤炼

序号	板块	具体要求	备注
1	我的经典教学设计	说清楚设计意图	
2	我的精彩教学片段	有深刻地教学反思	
3	我对科组建设的贡献	对科组课程、活动的设计	

序号	板块	具体要求	备注
4	我发表的文章	省级及以上期刊发表	
5	我的获奖	市级及以上	
6	我对教育、教学的一些基本观点	简明、扼要	
7	同伴眼中的我	剖析我的教学特色	

说明：每学年，每位申报人对照表中所列出的七大板块进行梳理，并逐步整理成册。

4. 展示与发布

① 书院邀请专家对申报人教学风格进行鉴定；

② 书院协助申报人整理、出版相关文集；

③ 书院对获奖教师给予奖励。

（三）保障措施

书院为每一位申报"教学风格研究（孵化）"的教师成立一个研究（培养）团队，团队成员由校内外专家和科组同事组成。该团队的主要作用是长期跟踪申报"教学风格研究（孵化）"的对象，定期向跟踪对象提供跟踪反馈。

教务部
2020.11.4

（附）相关学习材料

（一）教学风格的含义及其类型

1. 教学风格的含义

一般认为，教学风格是教师在长期教学实践中逐步形成的、富有成效的、一贯的对教学观点、方法、技巧和作风的有效组合与灵活运用，是教师教学风貌、教学审美个性化、稳定性的标志。

2. 教学风格的主要类型

（1）理智型

教师讲课深入浅出，条理清楚，层层剖析，环环相扣，论证严密，结

构严谨，用思维的逻辑力量吸引学生的注意力，用理智控制课堂教学进程。学生不仅学到知识，也受到思维训练，还受到教师严谨治学态度的熏陶和感染。

（2）情感型

教师讲课情绪饱满，充满激情。讲到动情之处，往往是情绪高涨，慷慨激昂，滔滔不绝，扣人心弦，震撼人心，引起学生强烈的情感共鸣。学生所获得的不仅仅是知识的训练价值，还包括人格、情感的陶冶价值。

（3）幽默型

教师讲课生动形象，机智诙谐，妙语连珠，动人心弦。生动的比喻，开启学生智慧之门；恰当的幽默，给人以回味和留恋；哲人警句、文化箴言不时穿插其中，给人以思考和警醒。学生心情舒畅，获得一种心智训练。

（4）技巧型

教师讲课时各种教学方法、技巧信手拈来，运用自如，恰到好处，丝毫不带雕琢痕迹。课堂教学环节过渡自然，搭配合理，有条不紊。无论是讲解和分析，还是提问和练习，都能照顾到学生的心理特点和接受能力，体现出教师对重点和难点的准确把握。

（5）典雅型

教师讲课亲切自然，朴实无华，没有矫揉造作，也不刻意渲染，而是侃侃而谈，娓娓道来，师生之间是在一种平等、协作、和谐的气氛下，进行默默的情感交流，将对知识的渴求和探索融于简朴、真实的教学情景之中，学生在静静的思考、默默的首肯中获得知识。教师讲课虽然声音不高，但神情自若，情真意切，犹如春雨渗入学生的心田，润物细无声。它虽没有江海波澜的壮阔，却不乏山涧流水之清新，给人一种心旷神怡、恬静安宁的感受。

（二）教学风格的形成过程

无论教学内容、教学对象、教学情境如何千变万化，业已形成教学风格的教师，总会以其独有的教学思想、教学技巧和审美个性去驾驭、调控和整合课堂，从而使教学呈现出鲜明而稳定的特点。教师教学风格是自身教学优势和特色的提升和完善，是不断突破和超越自我的产物，也是构成教师个人品牌的重要因素。"提炼"与"锤炼"，是教师教学风格形成过程中的两个最重要的关键词。

1. 提炼——清醒的目标意识和定位意识

教师教学风格的形成既要有清醒的自我意识，更要有清醒的定位意识。"提炼"是教师对教学风格的定位和描述。教师对教学风格的提炼必须经历"扎根教学实践、沉淀教学经验和进行理论升华"三个主要环节，在此基础上再将自己的个性、特长、情趣、气质以及教学类型等融入其中，最终用精当的词句加以描述。这一个过程，既是一个总结、概括的过程，也是一个给自己教学定位的过程，更是一个提炼、升华的过程。教学风格的提炼，实际上是一种自我定向和设计，体现出的是教师清醒的自我意识、目标意识和定位意识。

2. 锤炼——执着的打磨意识和常态意识

在教学风格的形成过程中，"提炼"只是给自己的教学圈定了一个大致的行进方向，确立了一个追求的目标，所以"提炼"阶段孕育的还仅仅是教学风格的雏形，还只是存在于自己心中的一种理想化状态，还远没有达到成熟的地步。教学风格的成熟，还需要历经一个漫长的、不断反复的锤炼过程——常态化的打磨过程。

教学在打磨中精美，教学风格在打磨中成熟。唯有通过教学实践的不断磨砺，发现问题并及时调整，才有可能成就出属于自己的教学风格。打磨教学风格的过程是一个不断探索，不断完善，逐步走向成熟的过程，体现出的是教师的有意识的追求。只有在不断探索、不断积累、不断反思、不断完善的基础上，教学风格才有可能逐渐走向成熟。

从另一个方面来说，教学风格需要常态化。因为教学风格体现的是一种稳定的教学品质。教学风格的形成，需要用每一节课来打造；教学风格的成熟，也需要通过每一节课来显现。将教学风格放到每一节课中去锤炼，让每一节课都尽可能展示出自己的教学风格，这就是教学风格的常态化意识。

打造教学风格，彰显清醒的目标意识和定位意识的"提炼"是基础，而彰显执着的打磨意识和常态意识的"锤炼"是关键。

汉开书院初中物理教研组建设标准

范例：

（一）教学主张

在学科思维培养中，有适合每位学生思考的问题；在教学活动开展中，有适合每位学生活动的空间；在教学过程评价中，有适合每位学生提升的高度。

（二）教学总要求

【一个目标】"传播科学文化"，缩短学生与科学的距离，接受科学文化的熏陶。

【两个要求】教师有扎实的基本功；学生有积极参与的意识和自主学习的能力。

【四个和谐】教学"思想性、科学性、艺术性"的和谐；备课"教学共性与教师个性"的和谐；教师"教学观念统一与个性化研究"的和谐；学生"掌握基本知识技能与实验研究、物理竞赛等个性化发展"的和谐。

（三）学科思维与良习要求

学科核心素养	年级	学科思维	学科良习
物理学科核心素养是指学生在接受物理教育过程中逐步形成的适应个人终身发展和社会发展需要的必备品格和关键能力，是学生通过物理学习内化的带有物理学科特性的品质，主要是由"物理观念""科学思维""实验探究""科学态度与责任"等四个方面的要素构成	八年级	建模的思想、理想化方法、分析综合、抽象概括	能在学习和日常生活中发现问题、提出合理猜测与假设；有初步设计探究方案和获取证据的习惯；能完整描述实验现象，准确归纳实验结论 初步形成经典物理的物质观、运动观，能用其解释自然现象和解决实际问题 能主动与他人合作，实事求是，不迷信权威

学科核心素养	年级	学科思维	学科良习
	九年级	分析综合、抽象概括、批判性思维、推理论证	能在学习和日常生活中发现问题、提出合理猜测与假设；具有初步设计探究方案和获取证据的能力，能正确实施探究方案，多途径收集信息；描述并分析探究结果；能较准确表述、评估和反思探究过程 初步形成经典物理的相互作用观、能量观，能用其解释自然现象和解决实际问题 能主动与他人合作，实事求是，不迷信权威

（四）基本课型及要求

1. 新授课

教学环节	内容提要	基本要求
创设情境	创设符合教学内容要求的情境，激发学生学习兴趣，帮助学生形成学习动机。具体可利用故事、音频、视频、活动、设问等手段	情境的设置必须以学生已有的认知基础背景，必须有利于学生对所学内容进行意义建构 问题的设计必须落在学生的最近发展区
师生协作	引导学生用探索法、发现法去主动搜集并分析有关信息和资料，对所学内容提出各种假设并努力加以验证 引导的方法包括：提出适当的问题引起学生的思考和讨论；在讨论中设法把问题逐步引向深入，加深学生对所学内容的理解；启发学生自己去发现规律、自己去纠正和补充错误的或片面的认识	【对学生】行为上分工明确，相互协作；思维上相互借鉴，相互发展 【对教师】提示新旧知识之间联系的线索，发现学生中的思维火花，帮助学生排除在学习过程中障碍，引导学生的思维走向深入

教学环节	内容提要	基本要求
相互对话	学生在对话中完成规定的学习任务，在此过程中，每个学习者的思维成果（智慧）应为整个学习群体所共享	【对学生】多维、双向、对等 【对学生】等待、倾听、鉴赏
意义建构	帮助学生对当前学习内容所反映事物的性质、规律以及该事物与其他事物之间的内在联系达到较深刻的理解，即使学生在原认知基础上形成新的认知结构。这是整个学习过程的最终目标	评价学生获得知识的数量取决于学生根据自身经验去建构有关知识的能力，而不取决于学生记忆和背诵教师讲授内容的能力

2. 解题方法指导课

类　型	内容提要	基本要求
新授课解题指导	以贴近学生认知实际、能激发和保持学生兴趣的情境为素材，编制富有时效性和目的性的题目，帮助学生弥补认知外延上的缺陷，明辨概念的内涵	完善认知，辨概念
章节复习课解题指导	以把本章独立的知识点串成一个完整的知识链为目的编制习题，最终达到会应用	触类旁通，会应用
综合复习课解题指导	以一题多变、一题多解的形式编制习题，使学生将知识链结成知识网，从而达到能力上的突破	举一反三，求创新
试卷讲评课解题指导	反思群体和个体在认知结构中存在的缺陷，寻求新的突破	评价反思，寻突破

3. 注意事项

① 复习课：忌将复习课上成习题课或者浓缩版的新授课，要围绕考点，突出重点，要发挥"思维导图"的作用。

② 习题课：忌"天女散花、蜻蜓点水"，要面向考点和学生的高频错题，要有针对高频错题的补偿性训练，要发挥"错题集"的作用。

教务部
2021.6.15

三、教师专业成长

汉开书院"雁阵"计划实施方案

（一）指导思想

提升书院办学品质，强化科组建设，开展教师间的合作学习，提升青年教师和师傅教师的专业水平。

（二）人员及职责

1. 导师

指导青年教师是汉开书院领军教师、杰出教师、业务干部、学科组长的责任，要求每人至少带 1 名徒弟，成绩将纳入绩效考核。

2. 徒弟

凡学科教学经验不满三年的教师均须参加，没有毕业班教学经验的建议参加，鼓励其他教师主动参加。

（三）工作目标

1. 总体目标

青年教师"一年入门、两年过关、三年称职"，五年后成为书院骨干教师。

一年入门。熟悉本学科教材，了解本学科课程标准，能开设与本学科相关的一门选修课，过知识关；遵守书院的教学常规要求，基本熟悉教学各环节（教学设计、课堂教学、检测评价、课堂观察等）的标准、流程、关键，过技能关；初步养成良好的工作习惯、工作态度，过师德关。

两年过关。对本学科教材有初步研究，可对教材进行初步整合，能参与编写一门与本学科相关的选修课，专业知识迈上新台阶；熟练掌握教学主要环节的基本技能，做到教学目标明确、教学活动合理、教学效果良好，对本学科各种课型（新授课、复习课、讲评课和实验课等）把控能做到基本达标，专业技能有明显提高。

三年称职。对学科教材有系统理解，学科思维有一定研究，专业视野开阔；熟练掌握本学科专业技能，课堂教学体现专业标准，初步形成个人教学风格，能独立完成各年级学科教学任务，有初步教科研能力。

2. **每学期具体目标**

① 每周：师傅听徒弟（们）1 节课，徒弟听师傅 2 节课；

② 每个月：师傅指导徒弟至少开设 1 节达标课；

③ 每学期：上交本学期开设"达标课"的教学设计（有二备痕迹）、师傅点评、课后反思和观察量表（电子、手写均可）、观摩学习过的公开课的听课笔记；

④ 每学年：完善《教师成长手册》。

（四）评估激励

① 对完成工作任务的师傅，给予一学期 800 元教研补贴（用于购买图书、录音笔、外出教研补贴等，多个徒弟者累积），学期末经学术部考核合格后发放。考核方式为过程分 60%、结果分 40%，过程主要看开课和指导记录，结果主要依据教学业绩和同伴评议进行评估。

② 学年末，主要依据考核分数，评选"优秀对子"，分别给予优秀青年教师、优秀指导教师"雏雁奖"和"头雁奖"（占比约三分之一）。

教务部

2021.6.12

汉开书院教师备课指南及评估标准

维度	指　标	权重	自评
目标引领	1. 教学目标具体、明确，符合学情。	4	
	2. 教学引入简明、有效。	4	
	3. 渗透学科思想与方法，关注学科核心素养的培养。	4	
建立关联	4. 努力激活先前的相关认知和经验，在情境中呈现问。	5	
	5. 学生有机会练习和应用他们刚刚掌握的知识与技能。	8	
	6. 促进学生把新的知识与技能应用（迁移）到他的生活中。	10	
激发期望	7. 采取适当的手段激发学生的学习期望。	5	
	8. 鼓励学生踊跃发表见解和看法。	8	
	9. 倾听学生的观点和看法，并及时给予激励性评价。	6	
自主体验与互动生成	10. 学生进行自主体验，感受探究过程。	10	
	11. 创设多元对话的氛围。	8	
	12. 有效运用课堂中互动生成的教育、教学资源。	6	
及时掌握	13. 反馈及时、多元、有梯度。	10	
	14. 及时评价和矫正。	6	
	15. 面向全体学生施教，关注每一位学生的发展。	6	

教务部

2021.6.11

HK A教师专业成长项目行动指南（试行稿）

学校教育质量保障的重心在课堂，课堂的质量取决于教师的专业素养，教师的专业素养需要持续地成长，成长需要内在的自觉、学校的教研文化与激励机制。

南京汉开书院学术部对开学以来深度集体备课与课堂教学进行了评估，行为与效能指标与书院的期待在整体上有明显的差距，而且司空见惯习以为常。未来堪忧。

在2020年10月12日全体教职员工大会上，王占宝院长做了《优化质量提高的方式》的专题报告，开篇提出了"汉开成长之问"——你是否真的想要……

你是否真的想要，提高教学质量，提高待遇，赢得尊重？

你是否真的想要，科学地提高质量，实现专业价值，让学生与家长享受汉开教育？

你是否真的想要，做一事，成一品，进一阶，少一次？

你是否真的想要，让生命成长，让人生进阶？

留给我们自己，留给汉开书院，关键的窗口期、最佳的机遇期，已经屈指可数了。

你怎样度过一天，也就可能怎样度过一生；

你怎样做一件事，也就可能怎样做一切事。

我们不想再空谈，我们不想再等待，我们不想再浪费，我们不想再将就，我们需要从现在开始，科学奋斗，团结奋斗，快乐奋斗，实现自我在汉开教育中的专业价值与审美价值。

所以，我们把"1012"作为教师专业成长项目的代称与出发日。

项目第一期实施时间：汉开2.0后两年（2020.9—2022.8）。

（一）项目期待的结果

① 90%以上的备课组达到书院深度集体备课的基本要求。

② 90%以上的教师教育教学胜任力达到书院的基本要求。

③ 每个教研组优秀教师、骨干教师、杰出教师（培养）形成合理的结构，每学年实现阶段性目标。

④ 启动汉开名师教育教学风格（特色）研究（孵化）工程（由书院到院外）。

⑤ 实现汉开 2.0 教学质量目标。

（二）怎样拿到结果

1. "优化质量提高方式"的定位

质量立校，质量立人，是汉开办学的根本。

提高质量的前提，是提高教师的专业素养。让一切变好的前提，是让自己变得更好。汉开老师，应该是站在学科山顶上的老师。

首先从教研组长、备课组长、学科骨干达标入手，在汉开 2.0 争取每一位老师达标。

以课堂教学为核心，促进深度集体备课与教师专业发展。

深度集体备课：

核心是学科思维、学科教与学的良习，具体为：

一表（《HK A 课堂学习目标达成度观察量表》），

一力（《HK A 课堂教学核心竞争力 4+2+3》），

二习（《HK A 教师教学良习》《HK A 学生学习良习》）。

要特别重视拿到结果的学习活动设计——导教案、二次备课与教学反思。

教师专业发展：

深度集体备课流程：一主备，二组备，三自备。

深度集体备课成果：一导教案，二导学案，三个性化导教案（二次备课），四教学反思。

配套相应的机制与责任落实。

重点：

优化教学管理部门的领导教学的方式与效能，力戒闭门造车、形式主义、鼓敲不到点子、低效拖延的思维与行为。

真正落实教研组长、备课组长的自觉与责任。

把深度集体备课、有效课堂教学、师生教与学良习、教学质量达标等四维目标作为教师个人与部门评估与晋级的基本目标、前提目标。

2.建立引领与保障的机制

（1）有效开展针对性课题研究

根据一表一力二习的要求，针对教学中的痛点、盲点与势点，设置小而精的课题，展开有价值的研究与探索。不求大，不求多，只求在精要处发力，在薄弱处做强。（责任：学术部）

（2）有效落实优秀教研组——优秀备课组建设方案

主要任务每月的经纬表，每月进行课堂教学研讨。

雁阵计划的优化与效能。

教研组"HK A 典范课堂"竞赛。用课堂、方案、资料、成长、成果来表现教研组实施项目的程度与阶段成果。（根据职级点课）

（责任部门：学部——教学领导小组）

（3）有效优化听评课制度

备课组长：每周听评两节课。（备课组组内老师 1 节课，其他备课组老师 1 节课）

教研组长：每周参加一个备课组的集体备课，听一位备课组长的课，点评、指导。

教学管理人员：每周参加一个教研组的教研活动，听一位教研组长（或被安排其他人员）的课，点评指导。

其他中层及申报骨干、杰出教师的，根据学术部的安排（或自选听课、指导）每周听评两节课。

听评课人员的培训及标准的优化。

（责任部门：学部——教学领导小组）

（4）有效落实教学常规与质量管理

新教师（新入职、新任教年级、学科）每月胜任力评估与问题改进。（教研组）

教学常规检查，根据教学规律每月一个重点。（学部——教学领导小组）

实行教学质量调研考试制（限时训练），学生学习负担采信制，教与学质量预警制。（责任：学部——级部）

（5）有效推进教师发展机制的优化

优化专家指导制，形成系统、结构性的拉动力。（责任：学部——教学领导小组）

职级制的优化：标准专业性、针对性、可操作性，加强过程指导与优化，实现"促进专业成长、专业贡献"的目的。（责任：设计评审部）

启动教育、教学风格（特色）研究（孵化）——实践型，有效解决教育教学的具体问题，具有推广价值。（责任：学术部）

（6）有效落实分享与建立标准的机制——成长持续看得见

建设拿到结果的教研文化，每周分享，每月进阶，每学期总结、激励。（导教案、导学案、二次备课、教学反思等）（责任：学术部——科组）

设立汉开教育资源库。（实体与网络）（每个学科教研组、年级部——学段一个柜子，专门办公室存放）

导学案、导教案、作业、考试卷、学科活动等资料每周教研组整理上报学术部，备课组长、教研组长签字，电子稿、纸质稿，分科组存放，每月统计，随时接受检查。

（每科组可安排一个工作量不足的老师具体负责，计算工作量。）

（责任：学术部）

3. 领导机制的优化

（1）"1012"项目2020—2022学年负责人

书院：周洪兆副院长

中学：殷鹏展主任

小学：梁勇主任

建立教学领导小组

（2）各部结合自身实际，制订具体、落实、优效的方案

（三）附件

（各部根据自身方案确定必要的附件）

《HK A 教师教学胜任力的基本要求》：

1. HK A 核心竞争力 4+2+3 熟练运用。

2. 形成 HK A 教师教学良习。

3. 培养学生 HK A 学科学习良习。

4. 评教（学生、同行、专家）B+ 及以上。

5. 教学质量达标。

南京汉开书院学校

2020.10.12

优化改进，融合进取

——英语教学框架设置和教学方法养成

南京汉开书院学校的校训——"明辨不惑，力行有品"，不仅是中华文明千年积淀的智慧，是学生致学的标杆，教师教书育人的境界，它也与西方文明和教育的理念相契合。比如校训中所散发的探究精神（inquiring）、思辨哲学（critical thinking）、坚毅的品格（grit and perseverance）、实践的品性（reality aspiration）也是西方教育所崇尚的理念，并在实际教育环境中渗透使用。我们的教育不仅有仰望星空的智慧，也有低头开路的精神。这为我们不断吸取前沿教育理念，并融合自身经验，一路改进，不停优化，奠定了深厚的基础。

（一）教学框架设置

在书院双语部的国际课程体系里面，英语不仅是一门语言科目，也是了解西方文化的载体，更是打开其他科目学习的钥匙。因此，英语教学不能仅是语言学本身的知识性建构，更要运用其学习文化和其他学科知识，并最终表达自己。因此，我们的英语课时相较于其他科目更多，教学内容丰富，大纲结构严谨，层次递进，并额外设置了 2 节阅读课 /EAP 以培养英文阅读兴趣和提高学术英语的多方多维输入。在 2+2+2 的体系中，七年级和八年级学习剑桥英语，九年级和十年级学习 IGCSE 英语，十一年级和十二年级将进行雅思以及英语作为第一语言的学习。每个阶段各有不同的侧重点，又环环相扣。

七年级和八年级使用的《THINK1》和《THINK2》有 12 个单元，由易入难，主题广泛，层层递进。而每个单元内又富有内在逻辑，从单元主题词汇拓展开始进入主题文章的阅读，延伸出重点语法知识学习，再次进入深度文章研读，然后是视频故事和听力练习，随之而来便是就该主题进行的思想观点表达的口语练习和演示，一个单元的最后常常是在学生已经对单元主题有相关的词汇、语法、阅读、听力、口语渗透之后，而进行的文化视野拓展以及书写表达练习。

（二）英文原著阅读

阅读在外语学习中的作用至关重要，阅读不仅能拓展词汇，在语境中理解语法，更重要的是通过地道英文和原著的阅读能让学生理解文化和其背后的思维逻辑。在双语部，我们要求学生要按教学计划定期完成英文原著阅读，每周二周四周日晚自习分别有英文原著阅读时间，同学们在阅读之后可以用思维导图书画对故事的理解，或者漫画形式重述故事，也可以写书评概要，或者摘抄最喜爱的句子等。

读后运用 graphic organizers(海报、思维导图、故事发展线、情境再现等）深化理解，并与大家分享。

（三）教学内容丰富

剑桥英语的词汇量非常大，《THINK1》大概有三千多重要词汇，《THINK2》大概四千左右的重要词汇，帮助学生积极拓展词汇和主题，而在语法的学习上，两本教材几乎涵盖了英语语言中的所有语法点，在这两个阶段的学习之后，学生已经完成了英语的 12 时态，以及 Modals（情态动词），Passives（被动语态），Questions（问句组成），Infinitives（动词不定式），Reporting（间接表达），Articles（冠词），Determiners and quantifiers（限定词和量词），Relative clauses（关系从句），Parts of speech（词性），Conjunctions（连词），Prepositions（介词），Organizing information（信息组织）等。

将英语作为一门语言和学科来学习是一件严肃的事情，严谨的语法学习不但必要而且十分重要，扎实的基础知识将会为接下来的深度阅读和学术写作奠定好基础，否则越往上走越虚空。然而，全民学英语这么多年来，学生最头疼最不喜欢的就是语法，这里边有复杂的原因，其中一个就是我们传统的英语教学中，因为考试的桎梏，我们常把语言教学像科学一样教，每道题都是绝对的正确或错误，英语单词都是和某个中文单词绝对的对等同意，语法都是有绝对的公式，而语言的灵性和内涵被忽视和泯灭了，学生学起来枯燥乏味，甚至厌学。所以，在双语部，我们重视孩子们的基础知识奠定，为了他们以后更长远的求学和学术发展，而我们更注重在实际语境中体会词汇和语法的实际表达意思，并真实地运用起来。

剑桥英语重在基础知识的积累和夯实，并让同学们在全英语教学的环境中浸透式练习听力和口语，培养同学们口语表达的自信和原著阅读的兴趣。而剑桥英语的学习正是为 IGCSE 阶段的学习做铺垫。进入 IGCSE 阶段之后，英语教学旨在提高同学们在基础知识之上的听说读写技巧，培养熟悉广泛的阅读主题并进行深入阅读的能力，训练个人思辨和演示表达能力，

引导学生提高自我学习意识和行为反思能力等。

IGCSE 是两年制的学习，同学们要在两年中完成 5 门至 12 门科目课程的学习并参加 IGCSE 全球统考。在 IGCSE 考试中心所提供的七十多门考试中，英语是全球必考科目，而英语又是作为第二语言考查的，对学生的听说读写能力要求非常高。但在我国，英语是一门外语，不属于第二语言。所谓第二语言是指一个国家除了母语之外，官方语言也为英语，在国民的日常生活中有自然的英语语言运用的环境，如新加坡、印度、菲律宾等国家。英语是中国孩子们的一个弱科，所以我们全英文教学，日常学习给孩子们提供浓厚的英文环境，多方多维浸透式提高孩子们的语言运用能力。

IGCSE 英语考试中的阅读题材非常广泛，从考古学到人类太空探索，每次考试的题材都不同，没有规律。我们在日常学习中尽可能地拓展孩子们的阅读范围，除教材之外，我们扩充了大量的辅助材料。

（四）Active Learning 积极教学方法养成

人类的学习过程是一个复杂的机制，到目前为止，我们对大脑的工作过程仍了解甚少。1960 年代美国国家教育研究所（National Training Laboratories,USA）的教育实验结果表明，当我们接受信息的方式单一的时候，我们大脑能吸收并储存的内容很少。比如，课堂只是老师讲解为主的话，学生只能吸收 10% 左右的内容；当接受信息的方式多样、丰富化的时候，有图像、音频等信息来源的时候，学生可以吸收 20% 的内容；而当我们邀请学生进行相互讨论，并动手操作的时候，学生能吸收 75% 的信息；当学生将自己理解的信息教授他人的时候，可以吸收并理解 90% 的信息内容。（Burkill,B and Eaton R. 2011 Developing Teaching and Learning, Cambridge University Press）。西方现代教育经历了半个世纪的实验和实践，其成绩不容忽视。

中西方文明并不对立，它们彼此有相通并值得相互借鉴相互融合的地方。这也是书院"教贯中西"的治学理念。具体应用到我们的英语教学中，就是给孩子们营造宽松的课堂气氛，让孩子们有安全感，感觉被接纳被尊重，而课堂的教学形式也是多样的，孩子们经常两人一队，四人一组，进行语言练习，项目合作，或者个人演示。所有的尝试，都是希望能让学习过程更丰富，效果最优化。

单独科目的分割和学习有其优势也有其弊端，人们在专业领域深挖之后，却对其他领域的常识浑然不觉。犹如人体各个器官是在一个环境下协同合作的，各个学科领域都是知识的共同体。我们需要首先成为一个完全人，然后才是专业人才。在《芬兰教育现象》（蒂莫西·D.沃尔克）中，一个芬兰数学老师说："我教学首先也最重要的是关注我学生是否幸福。"哈佛医学院入学面试问学生的是："如果你家的狗已经很老了，又生病了，你会怎么处置你的狗？"

因此，我们也在教学中尝试跨学科探究和项目式学习方法。语言的学习如果不能在真实场景中得以运用并和真实生活发生关联，单词语法很快就会被遗忘；语言如果不能跨学科解决实际问题，学生很快就会失去学习兴趣。因此，在我们的课堂中，我们调研和讨论亚马逊大火的全球影响；我们探讨过黑洞理论，并想象如果自己掉进黑洞会有什么结果；我们也学习了纳米医疗技术的前景和潜在问题；我们学习并讨论失败带给我们什么；也调查研究什么是美，美的标准是什么，等等。每一个话题我们都通过一个完整的项目步骤完成。

在国际课程体系里，语言的学习不仅是一门学科，它更承担着讲述故事、融汇思想、参与话语的责任。无论是东方文明还是西方文明，无论是西方的科学思维还是东方的处事伦理，都不能单独解决世界亘古存在的矛盾和日益增加的危机。未来所需要的人才是中西融会贯通的人才。对中国孩子们来说，中国文化是孩子们思想形成的基底，而语言的学习帮助孩子们了解其背后文化，然后用对方熟悉的方式表达出自己的想法。所以，在我们的日常课堂中，孩子们用英语讲述中国的历史和文化，探讨国际热门话题，调查事件并撰写论文等。

（五）结语

转眼间，南京汉开书院走过了几个年头。几年中，我们见证了校舍的搬迁和升级，也见证了孩子们的成长和进步；见证了师资队伍的壮大和提升，也见证了教学成绩从城市一区走向世界；见证了中西教育融合的进程，也见证了课堂真实的改变。然而，时代飞速发展，人们接受教育的方式也在被迫或者主动发生着改变，作为一个参与教育进程的从业者，我们学习前沿教育理念，结合自身经验，优化改进，融合进取，永不止息。

2018.5.22

教学建议：关于加强考前复习有效性的建议

初三总复习建议

（一）总复习时长划分

① 一轮复习："一模"（市级）前完成（4月20日左右）
② 二轮复习："二模"（区级）前完成（5月25日左右）
③ 三轮复习："三模"（校级）前完成（6月15日左右）

（二）总复习目标制定

① 一轮复习：围绕"全与会"展开复习。即帮助学生回顾已经遗忘的学科内容，建立完整的学科知识体系，要发挥"思维导图"的作用。
② 二轮复习：围绕"巧与变"展开复习。即通过"一题多变、一题多解、多题归一"等训练形式，帮助学生全面梳理并熟练运用本学科的思维方法和解题技巧，要发挥"高频错题集"的作用。
③ 三轮复习：围绕"快与准"展开复习。即通过"限时、限量"训练，帮助学生提高解题速度和一次成功率，要发挥"限时训练"的作用。

（三）总复习训练形式

① 一轮复习：采用"章节（单元）训练"形式。
② 二轮复习：采用"专题训练"形式。
③ 三轮复习：采用"综合训练"形式。

（四）总复习选题要求

不碰超标题，关注擦边题，深挖必考题，夯实基础题。

（五）总复习教学流程

① 分解近5年南京市中考试卷，形成"中考试题双向细目表"。
② 依据"双向细目标"，确定每一轮复习计划、复习主题和复习内容，要求"分工明确，责任到人"。
③ 围绕计划，收集教学内容，形成导学案"粗胚"。

④ 利用集体备课对"粗胚"进行"精磨"，重点关注学生学科思维的发展和学科良习的养成。

⑤ 及时收集、整理学生错题，并编辑《高频错题集》。

中考前 30 天，对初三教学工作的建议

（一）总建议

不忘初心，不乱方寸，适度调整，扎实推进！

（二）年级组

① 算出与学生升学有关联的高中近三年的"录取分数线 / 中考总分"，并与学生"一模成绩 / 一模总分"比较（含口语和体育分），在此基础上确定接下来 30 天的提升目标，要分解到班、落实到人。

② 严控作业量，实行作业报备制。各科每天作业要到年级组报备，年级组核准作业量，不能出现有不报备的作业。

③ 进一步强化巡课机制，杜绝拖课，禁止占用课间或午间休息时间对学生进行个别辅导。

④ 指导、监督和协助班主任做好学生心理疏导工作，密切关注学生情绪的波动。

⑤ 根据学科特点，科学分配教学时间，比如，二模后可以将早读课的一部分时间划给有需求的学科。

（三）备课组

① 5 月 25 日前完成二轮复习，围绕"巧与变"展开复习。即通过"一题多变、一题多解、多题归一"等专题训练形式，帮助学生全面梳理并熟练运用本学科的思维方法和解题技巧。

② 6 月 15 日前完成三轮复习，围绕"快与准"展开复习。即通过"限时、限量"的综合训练，帮助学生提高解题速度和一次成功率。

③ 分解近 3 年南京市中考试卷，形成"中考试题双向细目表"，依据"双向细目标"，确定主题、精选习题。要求"分工明确，责任到人"，备课组长既不能只做甩手掌柜，也不能只做老黄牛，要充分调动和发挥组内成员的不同优势。

④ 梳理总复习以来所编制的习题，编辑《高频错题集》。

⑤ 重新编辑南京市各区一模和二模试卷并加以合理应用，严禁拿来主义。

⑥ 保证教学进度、课堂模式、教学内容、课外练习等统一，严禁各敲各的鼓、各打各的锣。

⑦ 关注中考前最后两次市级教研活动，研究中考新动向。

⑧ 合理取舍，不能把大量时间用在只占学科总分不到 10% 的难题上。

（四）班主任

① 帮助学生完成目标校的"录取分数线 / 中考总分""一模成绩 / 一模总分""单科成绩 / 单科满分"三个比率，此基础上制定接下来 30 天内每个人的学科提升目标，要具体到分数，要体现优势学科和薄弱学科。

② 成立培优学习小组，建议采用"小组合作 + 导师点拨"的形式。

③ 多与学生个别谈心，不说容易引起学生焦虑的语言，适当组织一些能缓解学生心理压力的小型集体活动，常与家长沟通，关注学生情绪变化。

④ 控制好班级学习节奏，及时制止不合理的学科教学行为。

⑤ 帮助学生分析学科状态，合理调配学习时间。

（五）教师

① 服从年级组、备课组、班主任的统一安排，不单打独斗，不争抢时间，因为我们从事的是"专业协同性"很强的工作，任何步调不一致的个体教学行为都会削弱我们的劳动成果。

② 重视让学生从"理解性错误、规范性错误、偶发性错误"三个维度收集、整理错题，在此基础上帮助学生找出自己的薄弱环节。

③ 忌将复习课上成习题课或者浓缩版的新授课，复习时，要围绕考点，突出重点，帮助学生形成"复习板块的知识结构"，要发挥"思维导图"的作用。

④ 习题课时，忌"天女散花、蜻蜓点水"，要面向中考题和学生高频错题，要有针对高频错题的补偿性训练，要发挥"错题集"的作用。

⑤ 关注学生课堂状态，努力提高课堂效率。

（六）学生

① 调节好身体各项机能，不做剧烈运动，心情不愉快时找同学或老师交流。

② 按照中考考点统计自己的错题，确定自己的薄弱环节。

③ 逐个排除总复习以来每个理解性错题，分析自己常出现的规范性错误。

④ 重视形成学科知识体系，学会块状复习，不盲目做题。

⑤ 遇到难题先捂一捂，然后再请教他人。

中考前 15 天的建议

（一）稳定情绪

① 不谈目标，少谈成绩，少说一些悲情和恐吓性语言，多关注学生的情绪变化，多一些安抚性谈心，班主任和导师多进班、多深入宿舍，确保不出现意外伤害事件的发生。

② 认清中考：中考具有双重性；中考难度不会很大；中考状元多为女生说明什么？如何保证同层次高中生源质量大体相当？

（二）调整生物钟

① 着手调整考前一周作息时间，确保学生休息好。

② 将学生思维兴奋点调整到考试时间段。

③ 每天保证必要热身训练即可，题量不要过大、过难，更不能心存"赌博"心理。

④ 每天坚持慢运动（慢跑、双节棍操、太极拳），不宜进行剧烈体育运动（球类）。

（三）全局观

① 理科为文科让路。

② 不再布置大量的课外（周末）练习。

（四）应试策略指导

① 先通览全卷，稳定情绪，然后再逐题解答。

② 先易后难，循环解答，疑难问题可先跳过去，但要留有明显记号，不能漏做，也不能因为某个"拦路虎"而丢掉自己应得的分数。

③ 卷面要清晰，格式要规范，稿纸使用要有序，便于后期复查；要节省时间，提高一次成功率，切忌东捞一把、西捞一把。

④ 遇到熟悉的题目不要掉以轻心，谨防"陷阱"，遇到陌生的题目，也不要慌张。题目貌似异常，其实都源自课本，要努力回想它与熟题之间的关联，多方寻找思路，切忌发呆不下笔，殊不知，有时动笔画一画、写一写，很可能会使自己豁然开朗，万一思路打不开，也不能急躁，要尽可能解一步算一步，不放过多得一分的机会。

⑤ 审题时，注意力要高度集中，一定要做到"眼到、手到、心到"，牢记"宁可多审三分，不抢答题一秒"。

（五）强调"细"和"稳"

① 文字表述题写完后要通读一遍，防止"漏写"（漏写的心理学原因：脑子想的比手写的快）。

② 设计类题型，答案要求稳，不提倡新奇，要朴实无华（这与课堂讨论交流不同）。

面对期末，我们应理性而为

期末复习的主要任务说白了就是培养学生的应试能力，说得再白一点就是让学生在期末考试中多考点分数。如何提高学生的"分数"呢？我认为靠蛮干是行不通的，我们应该理性而为、科学而为、巧力而为。具体有以下几点建议：

（一）稳定军心，使期末复习更健康

适度的紧张有利于提高成绩，过度的紧张会使人产生恐惧和焦虑，因此，期末复习时，教师要少一些恐吓和惩罚，多一些激励和帮助。（少说或者不说诸如"你考不好会怎样怎样"的话，你可以说一些诸如"你的成绩如果达到某个标准，你可以少做或者免做暑假作业"等等；特别强调：严禁罚抄，严控作业量，严禁以辅导为名干扰学生正常休息和学习。这些都是扰乱军心的行为，损人不利己，小格局、不大气，与汉开文化格格不入。）

（二）定好计划，使期末复习更有序

教和学是有周期性的。缜密而科学地安排好教和学的周期，对学生的学习是有很大帮助的，对此我有以下几点建议：

① 帮助学生合理地安排好"学"时间，不轻易干扰学生正常的作息。（不固定的作息容易使人疲劳）

② 科学分配每一天的学习时间段。（根据脑科学规律安排记忆、理解、反思时间。谁都知道"光吃饭不去消化是会死人的"，但这种现象在教学中是存在的，而且还很严重。）

③ 精准安排好"教"的计划。（每一堂课、每一份练习目的都要很明确，都要针对学生学习中的某个"痛点"进行精准"针灸"，切忌"漫灌"。在习题教学中，切忌"熊瞎子掰玉米"，而应该采用"落花生"的方式。在习题命制中，不应该以题型为主题，而应该以"知识点、考点、能力点、易错点"为主线，不能眉毛胡子一把抓。）

（三）关注动向，使期末复习更有效

把一件难事做好并不难，而把一件简单的事千百次地做好就非常不简单，这不仅考验我们的智慧，更考验我们的毅力。有这样几种倾向需要引起老师们注意：

① 满足于听懂了，课堂上缺少必要的记录。其实这种听懂是要打折扣的，这是在老师的点拨和引导下的听懂，当你再次独立面对时就很难说了，这是一种假懂。（以随着唱片唱歌为例）

② 怕丢面子，上课不愿回答老师的问题。这是很低效的听课习惯，就像演戏一样，有人听了一辈子戏也不会演戏，原因其实很简单，就是因为他没有参与演出，总是局外人。

③ 贪多不求精，忽视课堂主阵地。有些同学一门学科有几本教辅资料，这些同学错误地认为大量的练习可以弥补课堂中的一切。殊不知，课外练习只能是课堂学习的补充，它不能代替课堂的全部，仅仅是补药，不是主食。就像人不是吃补药长大的一样，靠题海战术同样不能提高学习成绩。

④ 不认真对待作业，主要表现在不能独立完成作业和作业被批阅后不能认真订正。作业是学生学习情况的晴雨表，它能很好地反映学生在课堂上的学习效果，它是老师对学生学习情况作出诊断的依据。如果被粉饰了，

就像病人化妆后去就医一样可怕。

⑤ 全局意识薄弱，总担心"别人抢走我的奶酪"。（"教学只有团体赛，没有单项赛"，任何不能认识到这一点的教师都不是好教师，甚至都不是合格的教师。）

（四）提供策略，使应试效果更明显

学生阶段应试能力是一种很重要的能力，如何提高学生的应试能力呢？我梳理了以下几条应试策略供大家参考：

① 先通览全卷，稳定情绪，然后再逐题解答；答题时，先易后难，循环解答，疑难问题可先跳过去，但要留有明显记号，不能漏做，也不能因为某个"拦路虎"而丢掉自己应得的分数。

② 卷面要清晰，格式要规范，稿纸使用要有序，便于后期复查；要节省时间，提高一次成功率，切忌东捞一把、西捞一把。

③ 遇到熟悉的题目不要掉以轻心，谨防"陷阱"，遇到陌生的题目，也不要慌张。题目貌似异常，其实都源自课本，要努力回想它与熟题之间的关联，多方寻找思路，切忌发呆不下笔，殊不知有时动笔画一画、写一写，很可能会使自己豁然开朗，万一思路打不开，也不能急躁，要尽可能解一步算一步，不放过多得一分的机会。真所谓"我难人难我不畏难，我易人易我不大意"。

④ 文字表述题写完后要通读一遍，防止"漏写"（分析漏写的心理学原因）；设计类题型，答案要求稳，不提倡新奇，要朴实无华（这与上新课不同）。

教学建议：引导学生走向深度学习

——谈"小组合作学习"的开展

（一）对当下学生学习过程中几个问题的思考

1. 对考后教学反思的再反思

每当学生考试成绩不够理想时，你是如何反思的？是后悔讲义印得不够多？题型讲得不够全？时间盯得不够紧？还是学生学得不够乖？如果是这样，那么我想继续追问诸位，在这些问题上，你能进一步寻求突破吗？在这里我们且不考虑教师在生理和心理上能不能承受，单从学生角度来分析，破解这些问题是有极限的，是有不可逾越的障碍的。所以每次考试之后，你会看到一个十分不想看到的现象，那就是我们虽然经历了多个层面的反思，可到头来还是"和着高调走老路"，基本上没有实质性改变。这就不得不让我们思考这样一个问题：我们的学生是不是在学习方式上出了问题？如果是，那该怎样突破？

2. 对学生学习生态的分析

（1）学生学习的背景

为什么毛坦厂中学、衡水中学能取得教育成功呢？为什么取得如此"成功"的学校不在北、上、广、宁等这些大城市办分校呢？分析这些学校的学生群体，我们不难发现这些学校的学生基本处在一个相对"苦寒"的背景之中，在他们的生活世界里，学习是相对更轻松的事情，学习能为他们带来更美好的未来，学习已经融入他们的生活，已经成为一种习惯、一种行为方式。他们爱学习，以学习为乐，不再以学习为苦，他们的学习内动力很强大。反观我们学校的学生，他们大多条件优越，强烈的外部环境刺激使他们认为学习是件苦差事，学习内动力不足。这就需要我们教师在教学中必须借助学习外力来推动学生的学习。

（2）学生学习的"动力源"

内动力：兴趣、习惯、责任、担当；

外动力：激励、榜样、氛围、机制。

它们的关系是：兴趣是学习的"元"动力，它在人的学习过程中的作用犹如"胚胎干细胞"一样，是产生其他学习动力的动力；内动力是学习

动力源的主体力量；外动力是内动力的推手。

（3）学生学习的方式

从形式上分：自主学习与合作学习；

从态度上分：被动学习与主动学习；

从效果上分：浅层学习与深度学习。

学生自主学习时，学习效果受其学习内动力的影响较大，而当学生置身于小组合作学习中时，由于能不断受到"榜样的激励、氛围的感染、机制的约束"等学习外动力的推动，其被动式学习能得到极大改善，这在一定程度上可以弥补学生由于学习内动力的不足而给学习效果带来的负面影响。因此，小组合作学习能使学生真正走进深度学习。

何为深度学习呢？所谓深度学习是指在理解学习的基础上，学习者能够批判性地学习新的思想和事实，并将它们融入自己原有的认知结构中，能够在众多思想间进行联系，并能够将已有的知识迁移到新的情境中，作出决策和解决问题的学习。从定义中我们不难看出深度学习有以下三个特征：理解与批判；联系与重构；迁移与应用。

哪些情况发生时，学生通常会陷入浅度学习中呢？有研究表明，当以下情况发生时，学生通常会陷入浅度学习中：教师布置了大量的任务和作业；对学生的奖励措施没有表述清楚；对学生取得的成绩没有及时、充分地给予肯定和称赞；过量的教学内容，即一节课"满堂灌"；学生缺乏独立思考和讨论的机会；带有威胁性的评价体系，使学生产生焦虑感等。

小组合作学习能有效解决这些问题吗？我的回答是：能，因为小组合作学习具有以下优势：

① 小组合作学习有相对固定的学习模式，"产品"合格率较高，不容易出现大面积的教学质量坍塌事故。

② 小组合作学习有统一的操作流程，有利于新入职的教师把控课堂，能有效防止同层次班级间出现较大的质量波动。

③ 小组合作学习有利于发挥"兵教兵"的优势，有助于学生养成良好的学习习惯。我们知道，当一个人面对"权威"时，往往会交出他的思考权，而当他面对同伴时，则会充分展示他的优点，暴露他的缺点。"展示优点、暴露缺点"正是学生学习能否取得成功的关键。

④ 学生在小组合作学习中犹如"电影院散场后的人群"，总是被裹挟着前行，这样虽不利于激发学生的学习兴趣，但久而久之也能养成良好的

学习习惯。

⑤ 开展小组合作学习能使教室内形成多个"学习场"，有利于教师捕获更多的教育、教学信息源。

（二）对"小组合作学习"几个具体问题的思考

1. 分组要求

① 人数：每班不超过 6 个小组，每个小组 6 人左右。

② 座位：利于小组讨论，兼顾集中听讲。

③ 教室布置：每个小组有一个相对固定的"交流、学习场"，有一块供展示用的"白板"。

④ 小组成员：先按照学生成绩综合排名进行"Z"形组合，然后再从"性别、文理科成绩"等角度进行微调，尽量做到"组间同质、组内异质"。

⑤ 组内组合：按照单科成绩进行组内"一对一"结对，不同学科的结对情况可以不同，尽量发挥组内成员的不同优势。

⑥ 组长选拔：每组选配文、理科小组长各一名，组长要求：优秀的学业成绩；流利的表达水平；智慧的组织技巧；细致的洞见能力；卓越的领袖风范；友善的伙伴情结；坚强的耐挫品质；强烈的团队精神。

2. 一般流程

（1）组内合作

教师布置学习任务，组长组织分工，每个合作学习时长建议在 5～8 分钟，具体合作形式可采用"一人讲、众人听，一人写、众人评，一对一交流"等。

（2）组间展示与质疑

学生每完成一次合作学习后，教师都要及时组织"小组学习成果"展示。展示形式可以采用"群体展示"，也可以采用"个体展示"。个体展示人员可以由组长推荐，也可以由教师指定。小组在展示本组学习成果时，要接受来自其他小组的质疑，质疑问题可以由组内推荐人选回答，也可以由质疑人指定某人回答。

（3）组间竞争

完成"组间展示与质疑"后，要围绕本节课学习内容提出一些"高阶性"问题，让各小组展开竞争性学习。"高阶性"问题主要由教师提出，

也可以由小组提出。

（4）激励机制

为保障小组合作学习健康推进，教师要制定一套切实可行的积分奖励机制，当学生积分达到一定程度时，及时给予奖励。如减少、减免周末或假期作业等。

3. 几种模式

（1）复习课小组合作学习模式

课前（所有人）

① 针对复习内容画出思维导图。

② 提出 2 ～ 3 个自己理解不到位的具体问题。

课中

① 组内合作：组内交流各自的思维导图，形成组内统一的思维导图；组长组织讨论各自带来的问题；整理组内讨论后仍然不能确定的问题；准备挑战性问题。

② 组间展示与质疑：各小组派代表展示本组思维导图，教师点评，形成班级统一的思维导图；组间交流各自的疑问，教师组织讨论和解决。

③ 组间竞争：小组之间相互"发难"；教师抛出一组思考题让各小组展开竞争；复习效果达标检测。

（2）习题课小组合作学习模式

课前（所有人）：从"理解性错误、规范性错误和偶发性错误"三个方面梳理近期在作业中出现的错误。

课中

① 组内合作：集体讨论各自带来的"理解性错误"；采用"当事人讲（写）、众人评"的形式解决"规范性错误"。

② 组间展示与质疑：教师从学生"高频"错题中选取一组典型题目让学生组间展示。

③ 组间竞争：教师抛出一组"补偿性"练习让各小组展开竞争练习。

（3）试卷讲评课小组合作学习模式

课前（所有人）：独立订正试卷中的错题。

课中

① 组内合作：检查试卷订正情况，抽查订正效果；讨论组内共性错误。

② 组间展示与质疑：小组代表汇报组内成员典型错误，并做出正确回

答；针对试卷中的内容进行组间质疑。

③组间竞争：教师抛出一组"补偿性"练习让各小组展开竞争练习。

（4）其他课型的小组合作学习模式建议各科组结合学科特点自行研制

4. 积分制

①解答其他小组一个疑难问题，加1分；

②成功质疑其他小组一个问题，加1分；

③解答其他小组或教师提出的挑战性问题，加1分；

5. 开展"小组合作学习"基本原则

限时讲授、合作学习、踊跃展示。

教学建议：众人拾柴火焰高

（一）为什么需要共同构建先进的教科研平台

构建先进的教科研平台，不仅是学校行为，更应该是我们普通教师的自觉行为，这主要是基于：

1.这是教师适应"互联网＋教育"时代的需要

联合国教科文组织在《教育——财富蕴藏其中》这一经典文献中提出了教育的四大支柱，其中之一就是学会共同生活，也就是"本着尊重多元、相互了解和平等价值观的精神，在开展共同项目和学习管理冲突的过程中，增进对他人的了解和对相互依存问题的认识"。

信息学研究表明：在知识经济时代，合作将是人类重要的生存方式。

社会学也有类似的结论：过去的时代，科学研究的理想条件是"孤独与自由"，而在当今时代，其理想条件是"协作与自由"。

总之，我们必须用"我和你"这种相容关系，取代"我或你"这种排他关系，只有这样我们才能适应现代社会的要求。

2.这是教师适应新的教学形势的需要

新一轮课程改革不可逆转，任何观望和无所作为都是极不可取的。面对如火如荼的新课改，有海量的信息需要我们收集、整理和取舍，这些工作仅凭个人的力量是无法完成的，必须要借助可供大家相互交流的平台。

3.这是教师自我成长的需要

是青藏高原成就了珠峰的雄伟。教师的成长也是如此，即便你通过自身的努力垒起一块高地，如果这块高地只置身于平原上，那它只是一块小土丘，随着时间的推移，这块小土丘很有可能被风沙夷为平地，但如果这块高地立根在众人垒起的高原上，那么它很有可能成长为令人瞩目的山峰。

（二）怎样才能全面提升教学质量

提升教学质量是教师永恒的使命。那么怎样才能全面提升教学质量呢？我个人认为有以下三个抓手：

1.探索课堂，力争使我们的课堂如美玉般温润

课堂是教学质量的生命线，是提高教学质量的主阵地，成功的教师都是从课堂中走出来的。

2. 整合课程，力争使我们的教学如点穴般有效

著名特级教师王栋生先生在他的《致青年教师》一书中说过这样一段话：在学校工作中，最可怕也是最常见的现象是"一个愚蠢的教师在辛勤地工作"。这句话对我震动很大，同时也深有感触：在实际教学活动中，师生大量的时间消耗在低层次的重复劳动中。如何让师生从低效中走出来？我认为单纯优化课堂教学行为还不够，还应该整合其他课程资源。

3. 研究课题，力争使我们的教师如学者般儒雅

教学相长。我们不能等到退休时除了给自己留下一堆学生的成绩单，后悔什么都没给自己留下。陶行知先生说得好："要想学生学得好，必须先生好学。只有学而不厌的先生，才能教出学而不厌的学生。"事实表明，教师在工作中不去琢磨，很难教好学生。

教务部

2018.8.1

活动天地

一、汉开活动课程

（一）主题活动课程

2 月

◆ "与太阳一同升起"开学礼

3 月

◆ "种下一棵理想树"活动课程

◆ "为成长喝彩"颁奖典礼

4 月

◆ 清明节活动课程

◆ "汉开春语"义演义卖活动

5 月

◆ 汉开校庆日主题活动

◆ "致未来的自己"课程

◆ 母亲节主题活动课程

◆ "525"心理健康周主题活动课程

6 月

◆ 父亲节主题活动课程

◆ "夏之节"

◆ 端午节主题活动课程

◆ 艺术课程——走进保利大剧院

◆ "从槐树下出发"毕业典礼

7 月

◆ "大海与思维"格局课程（夏校）

◆ "寻根之旅"奖学课程

◆ "剑桥梦"国际交流游学课程

8 月

◆ 汉开"童子军"

9 月

◆ "与太阳一同升起"开学礼

◆ "心语谢师恩"教师节活动课程

◆ 博物馆课程 -- 走进南京博物院

◆ 中秋节活动课程

◆ 迎国庆活动课程

10 月

◆ "秋之节"

◆ 精神卫生日心理活动课程

◆ 科学馆课程

◆ "汉开有大美，英雄竞风流"运动会

11 月

◆ "为成长喝彩"颁奖典礼

12 月

◆ "1213"国家公祭日

◆ "缤纷冬至，情满汉开"冬节

（二）拓展课程

剑桥梦、STEAM、汉开下午茶、汉开讲堂、名人传记系列阅读、周末提优等；

课程汇报：Drama Festival 戏剧节、Science Fair 科学节、Spanish Spelling Bee Fair 西班牙语拼词大赛；院舍成长：Football Match 师生足球赛、Halloween 万圣节、Charity 慈善项目；

社团风采：Raspberry Pi Club 树莓派、Documentary Club 纪录片社、TED 演讲社、生活大爆炸、Cosplay 社、桌游社、足球 / 篮球社、国际象棋社、自由搏击与安全防卫、手作社、美食坊、哲学社、美学鉴赏社团（学生自创）、皮艇球校队；

学生自创社团：Chance of Life 急救社、韩舞社、独轮车社等；

国际交流：英国"剑桥梦"深度游学、西班牙语言营、国际义工（斯里兰卡、泰国、柬埔寨等路线）、"杜英在行动"志愿者。

7 年级地质博物馆课程

深度游学见世界——2 周剑桥梦夏令营

"与太阳一同升起"开学礼

2020 年 4 月艺术学科走进南京博物院

二、活动案例介绍

与太阳一同升起

——2020—2021 学年春学期开学礼

王占宝院长认为，"与太阳一同升起"，是一种思维方式，是一种良习，它更是汉开学子特质的体现。

2019—2020 学年秋学期开学礼

每学期的第一天开学礼，都会早早地在运风场举行。若是秋学期，书院迎来一批新的学子的话，那么开学礼上，他们会以班级为单位，排着整齐的队伍，高举级旗、班旗，踏上红地毯，和大家见面。从此，他们就是一个大家庭，无论风吹日晒、严寒酷暑，都在汉开这片沃土的滋养下，茁

2020—2021 学年春学期开学礼

壮成长。

开局就是决战，起步就是冲刺。新学年，我们应该带上新的气息与新的希望，每天进步 0.5 ！中学部师生代表均以"制定让自己兴奋的目标"为主题进行发言。

每次书院有重大活动，都会邀请师生代表登上钟楼，敲响奋进钟。新学期，老师们将用心、用智、用力，带领汉开学子创造高峰体验。

"闻钟声，烦恼轻，智慧长，菩提增。"九次钟声，声声洪亮悠扬、涤荡心灵，传递着美好祝福。操场上全体师生肃立，静静欣赏这饱含期待、令人兴奋的钟声，开启新的学期！

钟南山院士常说："体育锻炼就像吃饭一样，是生活的一部分。"在汉开，我们也是如此。各班旗手出列，围着操场尽情地奔跑一周，展现靓丽风采。

学期伊始，敬爱的王院长以《2021 年的春天：播下一颗"让人兴奋的种子"》为题致辞，为大家寄予新的希望。

重温誓词，勇敢开启新学年。这个环节，是小学部精心设计的，目的是让学子们牢记汉开五力、汉开使命，自信阳光，在新学年张扬青春风采。

"千岩万壑不辞劳，远看方知出处高。溪涧岂能留得住，终归大海作波涛。"开学礼尾声，一起唱响校歌，共同迈进新学期，突破自我，实现新的可能！

2021.2.22

春天的美丽

——南京汉开书院 2018 级"种下一棵理想树"课程巡礼

将人间烟火的俗世平常，过成信笺上韵律的诗行。将流年的过往妥帖安放，落地生香。

——题记

又是一年，莺飞草长，春花烂漫时节。2019 年 3 月 10 日下午，南京汉开书院 2018 级迎来了属于自己的"植树节"——"种下一棵理想树"活动。

2019"种下一棵理想树"主题课程

2020"种下一棵理想树"主题课程

2021"种下一棵理想树"主题课程

种植班级树

一个星期的准备，老师们精心安排，家长们热心参与，同学们出谋划策。从选树、到确定树语；从定购树苗，到准时送达；从组织策划，到挖树洞、准备劳动工具……一切都在有条不紊地进行，一切都在家校、师生共同的努力下，水到渠成。

下午5点，种植班级树的活动正式开始。挖坑、放置树苗、填土、浇水……这些学生们从未尝试过的经历，在此时却变得如此自然。11个班级，近300名同学，各自在自己的班级树前，忙碌着，欢笑着。

2018年级树种植仪式启动

5点20分，2018级年级树种植仪式正式开始。院长和老师代表、学生代表共同种下了2018级的年级树榆树。为什么选榆树这样的树种作为2018级的年级树？因为榆树生命力顽强，自古就被用于碱地造林，护堤树木或防风林等。它还被当作国防林栽植。据《汉书》记载："蒙恬为秦侵胡，辟数千里，以河为竟，累石为城，树榆为塞。""榆塞"代指边疆的说法便是因榆树而来。在古代，不管是在王榭堂前，还是百姓后院，都见它潇潇伫立的身影。历经风雨，方显其坚韧的品性、厚重的性格、通达的胸怀！汉开人，当与榆树一样，做一个代表着汉开意志的，坚韧通达的真英雄！而这也是我们2018级年级树的树语：坚韧通达，汉开意志。

从一颗树苗到参天大树，需要阳光、雨露，也需要风霜、雷电，甚至需要将垃圾转化成成长的养分。我们种下理想树，因为汉开人和理想树一样，春风艳阳自可喜，冬雪秋霜亦淡然，在这个美好而绚烂的春日，汉开学子将和理想树一起，开启新的成长之旅。今日汉开树，明日大森林！

孩子们每天从班级树前走过，自然会联想到自己和班级的成长。试想一下，13年后，23年后，33年后，校友们再次回到母校，在班级树、年级树下，那是何等的感慨……

正如王院长所说，一所新创办的、志存高远的学校，没有校友，但是可以培养学长；没有历史，但是可以创造记忆；更重要的是可以春风化雨、豪情满怀引导学子创造自己的未来！这里，应该是孩子们有故事、有记忆、有念想的地方！

2019.3.12

汉开与你一起看世界

——南京汉开书院学校第五届"汉开春语"义卖会演活动

在这"寒尽桃花开，春归柳叶新"的好时节，南京汉开书院学校第五届"汉开春语"义卖汇演活动于 2021 年 3 月 29 日拉开帷幕。本次的春语活动为期一周，主要包含义演义卖、器乐大赛、美术展览、现场书法展示等。

汉开春语主题：汉开与你一起看世界

书院资助对象：继续资助青海河阴寄宿制学校，重点资助视力受限的孩子。

习近平总书记说：我们要共同呵护好孩子的眼睛，让他们拥有一个光明的未来。

此前，青少年视力健康问题也一直牵动着王院长的心。3 月 21 日盐城汉开书院发布会上，王院长做《面向未来的教育》讲座中也提到：现在根据统计十个孩子当中有七个是近视，近视度数高于 600 度的孩子，他看这个世界已经几乎失真了……

汉开有大爱，让我们共同携手，为视力受限的孩子打开通往世界的窗户。

又是一年春好处，"春语"这天，是春意最浓的一天……

汉开春语开幕式的清晨，热气腾腾。孩子们非常重视，大包小包"拖运了"非常多的物品，同时一大早上，布朗幼儿园的150 余名孩子、老师和部分家长志愿者已达到书院，全天参加汉开春语课程体验。

开幕式文艺展演

各年级的同学们，为了这次

演出付出了很多心血。

爱心义卖

为了这次的义卖成功，同学们可算是下了一番功夫。书籍、玩具、学习用品、自制美食……各种各样的"商品"被搬到了义卖现场，同学们以班级为单位，兴奋地搬出一两张桌子，拿着设计的海报、展板、道具，提着义卖的稀奇物品，布置"小卖铺"。各班挂着制作精美的宣传海报，同学和老师们都在热情地吆喝着，使出浑身解数，有的在自家的摊位前"表演"着，有的挤到人群较多的地方推销，期待自己的班级能够"生意兴隆"！

今天关注他人，未来才能信步全球；当下以劳动帮助所需要的人，明天才能以专业贡献世界。

世界有我，慈善有我。我们汉开书院的全体师生，以微薄之力，尽慈善之心。心怀善念，胸怀世界，放眼未来，才有大格局、大气魄、大胸怀。"积善成德，而神明自得，圣心备焉。"

美术展览

春语活动期间，同学们积极有序地前往成美馆，参观美术展览。这里

的作品，大多是课堂练习成品。同学们欣赏的同时，或轻声交流讨论，或举起手中平板将自己的"最爱"收藏。最后，在观展结束，还为心中"最喜欢"的一幅作品投票。春语闭幕式上，将会为获得"十佳作品"的同学进行颁奖仪式。

器乐大赛

第三届"百家争鸣"器乐大赛，经过前期选拔，小学部共有 16 名学子带上乐器来一展才艺。

在此次比赛中，选手们使用的乐器有古筝、古琴等传统民族器乐，还有钢琴、架子鼓、大提琴等西洋器乐。可谓种类多样，精彩纷呈。同时，选手们基本功扎实，演奏清晰、准确、流畅、完整，能正确地表达乐曲的思想感情，也能准确地把握乐曲的风格特点，充分展示了汉开小学生器乐演奏的高水平，给观众带来了一场视听盛宴。

闭幕式

不知不觉，一周的春语活动即将接近尾声。在这一周里，汉开师生一同发现艺术、创造艺术、展示艺术，并沐浴在艺术的海洋里。

书院是校园，是乐园，也是家园。书院的各项活动，在培养我们的领导力、学术力、教养力、思考力、创造力的同时，也一起创造了有温度的记忆。"汉开春语"，是汉开的节气课程、艺术课程，更是汉开的格局课程。它既给同学们提供了展现魅力的舞台，又给同学们搭建了投身慈善的桥梁，让同学们在力所能及的情况下，为慈善贡献自己的一份力量。每个人对待春天的态度，就是他对待人生态度的体现，孩子在春天里是最兴奋的、最欢喜的，主要是春天给了他们成长的喜悦。

在这"首夏犹清和，芳草亦未歇"之时，我们带着最暖的期盼，最向上的姿态，共同谱写为期一周的汉开春语。最后，感谢艺术组老师们创造了这场盛宴，预祝本次活动圆满成功！

2021.3.30

一场与经典的对话

——HKA学子保利大剧院欣赏《小妇人》英文话剧

缘起

读名人传记，最能激发人志气，且于应事接物之智慧增长不少，古人所以贵读史者以此。

——梁启超

名人之所以为名人，经典之所以为经典，是因其所包含的美好的品质、不屈的精神、坚毅的执着……或多或少都能引起人们内心对光明的向往，对真理的追求，对命运的思考……汉开书院将名人传阅读作为一门课程，是希望孩子们能从先贤的智慧中汲取营养，拥有丰盈的灵魂，成为"明辨不惑，力行有品"的汉开人。

阅读 ing……

在推进名人传阅读的道路上，中学部一直在努力。本学期，中学部组织同学们精读《马丁·路德·金》和《小妇人》。

还记得上次阅读的马丁·路德·金自传吗？还记得推荐家长孩子共同观看的奥斯卡获奖电影《绿皮书》吗？老师们聚焦同一主题，从多角度切入，帮助学生构建由点到线，由线到面的知识体系，从而促进深度思考，相信同学们在阅读观看之余，也有很多收获。

观看《小妇人》话剧

本次，中学部准备了《小妇人》的阅读材料，并且组织学子们于 4 月 9 日晚前往保利大剧院观看了这部根据经典小说改编的话剧，虽然全英文话剧对孩子们来说比较有挑战性，但是无论是观剧时的礼仪，还是观剧时的投入度，孩子们的表现都大大超出我们的预期，成长就这样悄无声息地发生了。

《小妇人》是一本以女性角色为主，强调女权意识的半自传体小说。讲述美国南北战争期间，新英格兰地区的一个普通家庭，父亲马奇远赴战场，母亲带着女儿梅格、乔、贝思和艾米过着清苦生活。性格迥异的四姐妹各自经历了成长和恋爱，在乱世中力争上游，走出了理想与现实，爱情和责任的道德困境。文中姑娘们自我发现的成长历程温暖人心，每个角色都各具魅力，宣扬了建立在自由平等和个人价值实现基础上的美国式的独立自主与理性。

未来，更多精彩……

感谢书屋剧院的演员带来的精彩表演，孩子们沉浸其中，在体验西方文化的同时也学习到了很多戏剧表演的技巧。汉开的课堂不仅在教室里，也在操场上、在活动中……为孩子提供合适的"营养"，是我们不懈的追求。未来，我们也会努力为孩子们提供更多的机会！

HKA International，我们一直在路上……

2019.4.12

用成长谱写回忆

——南京汉开书院学校五周年校庆活动掠影

五月的阳光，开在暮春的路上，和煦生柔。在这个朝气蓬勃，万物繁茂的季节里，南京汉开书院学校五周年校庆日圆满结束。书院举行了一系列校庆主题课程，下面让我们一起看一看五周年校庆日汉开人创造的风景，创造的有温度的记忆吧！

5月6日

Hi, Five! Hi, HKA!——HKA海量周边迎校庆活动

"致未来的自己"封存仪式（2020级汉开学子）

4月30日

"红心向党，逐梦而行暨汉开书院五周年校庆徒步活动"

创意飞行器比赛（初一）

十四岁青春仪式（初二）

No.1

Hi, Five！Hi, HKA！

汉开中外师生在明辨大厅举行了"HKA海量周边迎校庆"活动，各班级有序领取颜料和画布进行创作，师生们先用马克笔在海报上写下寄语，再用颜料按上自己的手印。本次活动呈现出与校庆主题相关的作品：校庆Logo、海报、HKA吉祥物玩偶、贴纸、三角巾等周边。

校庆Logo设计理念：今年是汉开走过的第五年，五指张开按下手印，记录一路走来的路程。同时通过击掌来表达庆祝之情，Hi, Five! Hi, HKA！

No.2

"致未来的自己"封存仪式

所谓仪式感，庄重而有意义，它足以让平凡的日子散发出动人的光芒。2021年5月6日，汉开全体师生身着正装在明辨大厅隆重举行"相约未来"封存仪式。

校庆日，王院长的发言主题是朗读汉开高一学子伏欣雨同学在汉开三年前的吉尼斯长跑冠军的发言作文——《学生成长的分享，校庆院长的礼物》负责任的教育，不仅关注学生的"一段"，更关注他的"一生"，使"一段"成为"一生"向上的阶梯。

No.3

汉开书院五周年校庆徒步活动

4月30日清晨7：00，孩子们与太阳一同升起，徒步，出发！用脚去丈量，朝着目标奋力前行——跑起来，我就是一股风！

白云绿树成背景，汉开学子是眼中最美的一抹蓝。他们以班级为单位组成先锋队伍，行走在老山脚下，唱响红歌。10KM——20KM——30KM，路虽远，行则将至，他们调整呼吸，步履坚定，听从指挥不掉队，跑起来！

中午，学子们凯旋，一个个脸上红彤彤的，但眼神充满着坚定。今日一小步，明日一大步，恭喜全员挑战成功，完成徒步任务！

No.4

十四岁青春仪式

清晨，充满仪式的红地毯，富有设计的青春之门、青春宣言，装点着汉开的运风场，同学们穿着礼服，有秩序地踏上红毯，与老师们击掌相庆，迈入青春之门；老师们送上了一个个真切的祝福，丰盈他们少年的记忆。

No.5

举行"创意飞行器 放飞我梦想"活动

汉开书院STEAM科组引导同学们利用一张A4纸制作"创意飞行器"，并在校庆日当天完成创意飞行的任务。

明辨大厅里心存梦想的学子们，运风场上奔向青春之门的少年们，徒步路上脚踏实地的汉开人们，是不灭的骄阳，昂然天地间，彰显着勇气和力量，谱写着汉开人不断超越的华章。

南京汉开，她从大汉走来，向世界盛开……

"致未来的自己"课程

"汉开之问"：十三年之后，今年入读初一的孩子研究生毕业，那时的中国与世界，怎样的人可谓人才？怎样的人生可谓幸福？

所谓仪式感，庄重而有意义，它足以让平凡的日子散发出动人的光芒。2021年5月6日，是南京汉开书院学校五周年校庆日。汉开全体师生身着正装，在明辨大厅隆重举行"相约未来"封存仪式，将2020级学子写给未来自己的信塑封起来，装进封存罐中，放入地下洞穴里，静等13年后他们回到汉开，一同揭开……

今年是建党100周年，百年风华一路芬芳。今日正青春的汉开学子，满怀着赤子之心，写满了对未来的憧憬与期待。

今天，我们为汉开庆祝五周岁的生日，未来，还会有十周岁、二十周岁，甚至百岁。到那时，汉开必已向世界盛开，我们无论走到哪里，都将因自己是汉开人而感到自豪。我们会穿着母校的校服，大声地唱着母校的校歌，向世界发出汉开的声音！

五周年校庆日，王院长的发言主题是朗读汉开高一学子伏欣雨同学在汉开三年前的吉尼斯长跑冠军的发言作文——《学生成长的分享，校庆院长的礼物》。

伏欣雨同学的分享也可以作为观察汉开教育的一个窗口。王院长

说："何谓好学校？仁者见仁智者见智，但我认为，培养出令老师尊重的学生，而且这样的学生成长的关键思维与行为，可以作为营养分享同学与社会，那么我们可以说这样的学校'好'；如果这样的学生是一大批，而且代代相传，进而成为传统，成为精神，成为良习，经常看得见，那么我们可以说这样的学校'真好'"。

负责任的教育，不仅关注学生的"一段"，更关注他的"一生"，使"一段"成为"一生"向上的阶梯。

2021.5.8

盐城汉开六年级优秀学子南京访学活动纪实

5月16日上午7：00，部分盐城六年级优秀学子乘车前往南京，参加访学活动。此行旨在实地考察汉开书院的办学模式、特色课程、学生培养方向等基本情况。

途中，书院安排的跟车老师向家长们介绍了当天活动的整体流程，在淮安汉开书院所在的淮安洪泽区服务区进行了简单地休整后，上午十点半，各车陆续到达南京汉开书院五华路校区。

随后访学学生及家长，分成两组，由南京汉开书院陈怡颖老师和李加刚老师带队，参观了汉开书院南京校区的校园。盐城汉开书院落成后的建筑风格和功能设置与南京校区相仿，学生和家长在参观南京校区的过程中，对盐城汉开书院的办学硬件设施有了基本了解。

在南京汉开书院图书馆——成美馆的参观中，学生和家长主要参观了南京汉开书院的校史馆。校史馆中收藏了书院老师赠送的有各地特色的物品，和各所兄弟学校、单位来访参观时赠送的纪念品，以及南京汉开书院建校以来，书院的学生、老师所取得的成绩、荣誉。

孩子们对南京汉开书院图书馆馆藏物品十分感兴趣，家长们更多关注的是汉开书院孩子们统一的校服、书包。

在汉开书院的各个校区，每个班级都会有一块自己班级的"自留地"，孩子们会在这块地里亲手种上蔬菜、果树、花草。这也是汉开书院传统六艺教学中"耕"课程的体现。

孩子们在参观的过程中，已经跃跃欲试。

"我到时候要种一棵葡萄！"

"我想种一片玫瑰！"

……

在汉开书院的校园里，不论是走廊里还是图书馆的楼梯边，随处可见的就是学生的作品。孩子们为墙上的作品发出赞叹，也有的孩子很自信地说："我可以画得更好！"书院为孩子们提供了丰富的展示自我的平台。让人不由得期待，在盐城汉开书院的校区，墙上满是学生作品的样子。

在校办学资质展示墙前，老师们如数家珍，向家长们介绍汉开书院的各项特色课程。书院特色课程都聘请了十分专业的老师教授，各项办学资质正规，孩子们取得的成绩在全球都被认可。家长们在这面墙前看到的不仅仅是一块块牌子，看到的是自己孩子未来的无限可能！

在这座陌生的校园里，孩子们处处感到新奇。书院不仅是学院，更是家园，乐园。一些平常"只能远观"的物品，在汉开书院，每个孩子都可以零距离的去接触他们。

潘副院长向家长们介绍了书院的一项特色课程——致未来的自己。每个孩子在入学的时候都要给未来的自己写一封信，13年后，这一届初一的孩子研究生毕业的时候，回到母校，一起来打开封存的信件，与过去的自己进行对话。

在南京汉开书院的明辨大厅内，所有参加活动的学生和家长，留下一张与汉开书院的合照。这是孩子们在汉开书院的第一张照片。

上午近五个小时的奔波，学生和家长都很疲劳了，南京汉开书院的老师为大家准备了丰盛的午餐。

下午，书院为孩子们在雨发生态园校区安排了体验课程，为家长们安排了院长讲座。经过午餐的休整，我们整理行囊，再出发！

空山新雨后，雨发生态园校区的空气格外清新。在山林间走一走，上午旅途的劳累也渐渐消除。

5月16日恰逢雨发生态园校区承办长三角皮艇球比赛，又是一项新鲜的运动，孩子们站在水上活动中心的岸边，向爸爸妈妈借来手机，拍下教练示范皮艇球运动操作的瞬间。

随后的体验课程将本次活动推向了高潮。孩子们第一节课体验的是STEAM 课程或者外教英语课程。每个体验教室的课题都不相同，但是每间教室的孩子们的参与度都很高！

STEAM 课程组的孙晓明、郑强、李诗雨老师分别为孩子们准备了"酒精燃料火箭""字母迷宫""污水过滤"三个研究课题。孩子们在 STEAM课堂上以小组合作的形式进行实操，锻炼了动手能力。

在酒精燃料火箭课题研究的课堂上，孩子们用针筒注射器模拟火箭发射，每个人在保证"火箭" 的封闭性前提下，给自己的火箭做装饰。随后在孙老师的帮助下，将火箭发射升空。

郑强老师的课程在金工、木工教室进行，孩子们要用手头的工具，完成"HKA"字母的迷宫，使得小球可以在这个迷宫里自由移动。在短短 45分钟的时间内，小组要完成模型图纸构建并付诸实践，是十分不容易的。

李诗雨老师的"污水净化"课程，通过向孩子们讲解不同过滤材质的结构，引出它们在不同过滤环节中需要发挥的作用。在操作中，孩子们将这节课的内容理解、记忆。这就是 STEAM 课程的魅力所在。

外教英语课程

另一边，Enas、superman 老师的外教课也是十分精彩！

Enas 老师的课堂上，从各种各样的液体出发，引出实验，继而鼓励孩子们动手操作。穿上统一的白色研究服，俨然是一个个小小科学家！

对于许多孩子来说，这次课程是第一节外教课，但是语言并没有成为课堂的障碍。在 Enas 老师富有感染力的语言下，孩子们十分投入。

在 superman 老师的课堂上，孩子们了解了各个国家的特色饮食。随后还进行了分组情景演练。

教室外，家长们在担心，孩子能不能听得懂，但是教室内，孩子们全身心投入。我们的孩子，远比我们想象的要优秀得多！

随后，南京汉开书院田梅、谢硅、赵念、朱加利老师，还为孩子们上了一节数学体验课。

在雨发生态园校区的阶梯教室内，院长讲座已经开始。盐城汉开书院行政部王雪峰副主任主持了本次讲座。

书院院长——王占宝博士向家长们介绍了盐城汉开书院 2021 年初中部教师阵容。

盐城汉开书院执行院长——潘景茚女士向家长们介绍了盐城汉开书院的办学理念、日常管理、班级设置、特色课程等情况。

随后，潘副院长回答了家长们就盐城汉开书院初中部办学提出的问题。

下午 3：40，盐城汉开书院南京行车队整队发车，返回建湖……

选择一所学校，就是选择一种教育；选择一种教育，就是为孩子选择一种未来。盐城汉开书院，从大汉走来，向世界盛开，从建湖走来，向未来盛开！

盐城汉开，值得期待！

2021.5.16

5月心理健康月心灵探索之旅

——树知我心

如果有来生，要做一棵树，站成永恒，没有悲伤的姿势。一半在土里安详，一半在风里飞扬；一半洒落阴凉，一半沐浴阳光。非常沉默非常骄傲，从不依靠从不寻找。

——三毛

画树测验，是一种比较简便的投射测验，通过画树可以间接了解人们的认知、情感和个性特征，人们把内心深处隐蔽的心理活动（包括需要、动机、情感等）呈现在画面中。颜色的选取、构图的大小、线条的长短及排列、下笔力度的轻重等，可以了解其潜意识的心态、情绪、性格、人际交往状态、家庭关系情况、心理能量等。

我们常说"十年树木，百年树人"，一棵树的姿态与发展也象征着我们内心的成长。525心理健康日当天，书院心理健康中心组织开展了"树知我心，探索心灵密码"的现场活动。我们透过笔尖，借由一棵树的姿态，去窥见心灵深处的自己，共同探索心灵密码。

"人啊，认识你自己。"

——苏格拉底

午饭后的食堂门口，"树知我心"活动现场挤满了人，每个人都有自我认知的倾向，正在成长中的孩子们更是如此，他们对自己如此好奇。

大家可以选择自己喜欢的纸、笔，自由地去画一棵树，每个人都是独特的，每棵树也拥有了独特的生命，每幅画也都烙上了属于我们自己的语言。有的树长满了叶子，诉说着夏日的生机；有的树长得笔直，不偏不倚，讲述着生命的执着与坚持；有的树结满了果实，诉说着目标与动力……

如果说"直接说出的话"是第一种语言，"肢体动作表达想法和情感"是第二种语

言，那么，用"图像和颜色表达想法与意愿"也许就是第三种语言了。

"乘风破浪""向往而生""加油，让生活充满希望""不忘过去，不畏将来""亿万次的日出，燃起心里的火"……

每棵树的背后都藏着一个生命故事，寥寥数笔里藏着眼泪，藏着希望，藏着坚韧……

有一棵树，它站在风中，四周的风很大，但它的根狠狠地往地下扎着、努力地也拼命着对抗着这一切。虽然树木显得些许晃动，但在凌乱的笔触中也看见了这位作者内心的坚定与秩序。当心理老师和这位同学一起去探索和解读时，看见了她眼中闪过的泪光，看见了那些风，那些她一直以来默默承受的压力，也看见了她的努力与坚韧。

在短短一小时的时间里，有很多像这样的生命故事在色彩、线条和笔触里流淌，我们倾听着也见证着。

为树写上一句话，点燃内心的火花

给自己做一次画树测验，就是进行一次"探索心灵密码"之旅。让我们更加了解自己，了解自己的动机、感受、自己与外界接触的模式，然后做出反应的调整，让我们的每一天都变得更加健康而精彩。

"画树测验"的活动结束了，"525"也过去了，但我们将一直走在自我探索和爱自己的路上。

525 心理健康月

"525"的设定起初是因为它的谐音是"我爱我"，其核心内容是关爱自我，了解自我，接纳自我……发起者解释说：爱自己才能更好地爱他人。那么，对于正值青春年华的初中生们来说，该如何去爱自己呢？

自我探索——活动设计的初衷

美国著名心理学家埃里克森认为青春期的主要发展任务是自我同一性的发展。何为自我同一性呢？自我同一性是青少年探寻自己和他人的差别、认识自身、明确自己更适合哪种社会角色的过程。简单来说，就是一个人对"我是谁""我会成为什么样的人""我如何适应社会"等问题具有连贯统一的认识。所以，对于他们来说，爱自己的最好方式是自我探索。

结合孩子自身的心理发展规律和实际情况，5月24日开展的班级心理创意展由 3 大主题组成：自我认识（我的个性、别人眼中的我）、情绪悦纳（认识情绪、情绪表达）和人际关系（人际信任、人际沟通、团队意识），各班在现有的 7 个主题下进行自主选择，根据所选主题来设计本班的心理活动或游戏，心理老师对各班进行培训和指导。

游戏——自我探索的载体

著名教育学家福绿贝尔指出："游戏是儿童认识世界的工具，是快乐生活的源泉。"在游戏过程中，儿童是高度放松且是高度专注的，并且游戏从来就不是一个人的事，孩子们可以在游戏中体验人际的互动，在体验和感受中思考看似宏达和抽象的命题，比如认识自己。

心灵探索仍在继续

心理咨询室在活动前为每位同学准备了"525"心理健康卡，背面进行现场游戏打卡，正面记录每位同学在认识自己、情绪悦纳和人际关系上的认识和收获。将那些感受、思考和收获凝结成文字，又何尝不是一次自我探索的过程呢？

五月就要结束了，可是成长还是进行时。认识自我不是一个瞬间，或是某个时刻的事，它是随着时间不断地在发生，只要探索不止，生命就会有新的可能。少年，勇敢地去探索吧，心灵的答案需要你自己去摸索！

2021.6.3

从槐树下出发

——2021 届初中毕业典礼

汉开的校树是槐树，"槐"者，"怀"也。不忘初心，方得始终之谓也。汉开 2021 届毕业生将从槐树下出发，信步全球，向世界盛开……

2018 年 8 月—2021 年 6 月，2021 届学子修完了书院的规定课程，顺利毕业。6 月 22 日下午，南京汉开书院学校在先锋剧场为他们举行庄严的毕业典礼。本次毕业典礼的主题演讲是一个很汉开的联合演讲，院长、老师、学长、家长，带着殷殷的期盼，送上临别箴言，期待 2021 届学子们未来要做一粒好种子，要做一粒汉开的好种子……

（一）签到完毕，2021 届毕业典礼开幕

3 年前，一棵棵幼苗被 2021 届学子们齐力栽种在五华路校区，从此这里有了班级树、年级树，有了班级魂、年级魂，学子与小树共成长。如今，小树们根系壮大、枝繁叶茂，学子们也同样如此。此刻，毕业典礼上与家人、师长、同伴一起回望理想树，在展板上留下最后一次集体签到，时刻铭记：不忘初心，砥砺前行。

（二）2021 届从槐树下出发，砥砺前行

在汉开，在这熟悉的先锋剧场，学子们进行过无数次思想的碰撞，而这次尤显特别。

进入先锋剧场，暖场视频一幕幕画面，从初一到初三，从课程到活动，从学生到老师都包含在内，定格着、播放着，掺杂着欢乐、心酸、感动、泪水，这是成长的味道，撞击着师生、家长的心房。

第一篇章　相遇汉开

分享《我的汉开故事》在汉开，三年求学时光，一张张笑脸的背后，是一段段难忘的青春记忆。于是，各班一部分学生代表，从老师、同伴、课程、活动、良习、宿舍生活等角度，诉说着在汉开的故事，一部分同学即兴表演，那一字一句，一曲一调，情真意切、生动活泼，展示着成长的逻辑，吐露着成长的芬芳。

第二篇章　感恩汉开

经历三年的磨炼，学子们遇见更好的自己。此刻，各班代表将陪伴三年的班旗交于李加刚主任送进珍藏箱，永远留存。向母校献礼，感谢栽培，祝福母校，桃李满天下。

院长颁发毕业证书

第三篇章　情满汉开

◆教师代表发言

罗慧老师进行题为《礼物》的演讲。

◆王占宝院长发言

王院长进行题为《要做一粒汉开的好种子……》的演讲。

◆老师们送上暖心的祝福和临别的寄语

　　母校，像母亲一样的学校；学子，像孩子一样的学生。聚是一团火，散是满天星。祝贺学子们，祝福学子们，初三毕业快乐，记得常回家看看。

2021.6..22

瞻仰伟人风采，探寻民族之根

——"沁园春 长沙"寻根之旅

7 月 3 日

纸上得来终觉浅，绝知此事要躬行！读万卷书，行万里路。

2019 年南京汉开书院第一支奖学游队伍，初一和小学部共 62 名学子，于 7 月 3 日上午 6:10 从五华路校区准时出发！目的地湖南长沙，这是一次寻根之旅。抵达长沙言笑晏晏。

山水洲城

山—岳麓山，水—湘江，洲—橘子洲，城—长沙城。

第一站，橘子洲。这里，绿树成荫，波光粼粼，风景秀美，在西晋时自然形成，又盛产美橘。学子们在老师的引领下，伫立在主席石像前背诵脍炙人口的《沁园春·长沙》，体会着主席以天下为己任的壮志豪情；徜徉在橘子洲头，练武术，一招一式一举一动在当地展现汉开学子风采。

晚上，师生们吃着当地的特色美食，说着下午的趣事，一天的疲劳瞬间消失得无影无踪。

7 月 4 日

寻根，寻一个人的成长之根。走近伟人毛泽东，探访他的成长历程。

一个人如何长大？在小学和初中时代，只要你愿意成为什么样的人，未来就可能成为什么样的人，关键因素在于你是想要，还是一定要，还是一定要做到最好！中小学生有足够的时间，一切都有可能！

寻根，寻书院之根，本次要拜访千年岳麓书院，探求汉开书院命名的缘由。

质量立校，质量立人，比成长看进步，汉开书院对优秀学子和进步快速的学子以学年为单位进行奖励，不奖金钱、不奖物品，奖的是行程，书院要让孩子们站在时代的浪顶潮头，饱览祖国大好河山，树雄心，立壮志，有担当意识和使命感，为未来成为领袖和世界公民奠定坚实的基础。

寻根，

寻中华之根；

寻书院之根；

寻领袖之根……

从哪里来？到哪里去？这是千古以来，所有人都有的疑问。

汉开书院，从大汉走来，向世界盛开。作为汉开的一员，如果能够清晰地知道我们从何而来，"根"在何处？也就更能清晰，自己的未来将去向何方？有了目标和方向，脚下的每一步才会走的踏实而坚定。

今年，是汉开书院寻根之旅的第三个年头；今日，是游学的第二日，我们又看到了什么？

岳麓书院的力量在于，以千年韧劲弘扬了教育对于一个民族的重要性。

——余秋雨《千年庭院》

书院是中国古代民间教育机构，是一种经过千余年的传承与创新而形成的独具特色的文化教育价值取向。最早出现在唐朝，正式的教育制度则是由朱熹创立，发展于宋代。宋代，河南商丘的应天书院、湖南长沙的岳麓书院、江西庐山的白鹿洞书院、河南登封太室山的嵩阳书院，并称为四大书院。

汉开书院，从大汉走来，向世界盛开。继承"书院"的文化传统，在幽静典雅的老山脚下，激发思想，培养具有领袖精神的世界公民，从而成就人生，服务社会。

岳麓书院作为唯一至今还在使用的千年书院，就成为我们此次寻"书院之根"的重要目的地。七月的长沙，天气像小孩子的脸——说变就变。

刚刚还是晴空万里，顷刻间，大雨滂沱，看着窗外雨中的长沙城，也别有一番风味。

到达岳麓书院，我们共同了解一下这个千年书院吧！

大门：宋代曾名"中门"，建于十二级台阶之上，白墙青瓦。门额"岳麓书院"为宋真宗字迹。对联道出了岳麓书院英才辈出。

二门：大门之后，宋元时为礼殿所在。对联意为岳麓书院被浩瀚的林木所掩映，藏在地阔物博的岳麓山中。

二门背面有"潇湘槐市"匾。"潇湘"泛指湖南，"槐"指的是槐树，"槐市"原指汉代长安读书人聚会、贸易之市。因其地多槐而得名。"潇湘槐市"是说岳麓书院是湖南文人、学者聚集的场所，引申为岳麓书院人才之盛。由此，不难理解，我们汉开的校树为何是"槐树"了？槐树之下，人才聚集。

讲堂位于书院的中心位置，是书院的教学重地和举行重大活动的场所，也是书院的核心部分。

大厅中央悬挂两块鎏金木匾：一为"学达性天"，由康熙皇帝御赐，意在勉励张扬理学，加强自身的修养；二为"道南正脉"，由乾隆皇帝御赐，它是皇帝对岳麓书院传播理学的最高评价，表明了岳麓书院在中国理学传播史上的地位。

讲堂屏壁正面刻有《岳麓书院记》，是岳麓书院培养人才的基本大纲，对书院教育有重大影响。

漫步在岳麓书院内，流连于书院的桐荫别径，曲涧鸣泉，看着碧沼鱼儿自在地游来游去，它让我感受到的不仅仅是湖湘文化积极进取、坚韧不拔、负重前行的入世精神，更多的是"以天下为己任"的责任感、进取心、报国志；它不仅仅是限于关"心"，更是关"行"，是强调莘莘学子以民族大义为念，以家国天下为重的一种担当的积极行动。

此刻，好似听到琅琅读书声正穿越千年的时空在书院廊榭间回荡："士不可以不弘毅，任重而道远……"一抬头，恰好看到雨后天晴的那道光，从屋顶倾泻而下，心中一动：我们汉开学子，也要有那种精神，最终成为照亮自己，照亮别人的那道光！

寻领袖之根

如果说，岳麓书院让我们了解自己的来路，而毛泽东故居则让我们清

晰：作为汉开学子，要去向哪里？

毛泽东铜像广场，一股庄严肃穆的气氛扑面而来。站在广场上，听着导游介绍这段历史，突然哽咽了。或许是因为感动，也或许是因为激动。毛主席，以前日日在书上，看到的名字，忽然来到了他曾经生活过的地方，怎不令人激动？回首他为中国的解放所作的种种牺牲，怎不令人感动？他的胆量与气魄，也怎不令人敬佩？！此时此刻，我深深体会到：也许没有毛主席，就没有我们今天的一切。很多时候，当你对于过去，对于历史有了真正的了解后，你才会感受到，今日生活的来之不易，才会去珍惜现在的生活。

于是，我们师生一行代表汉开书院，向敬爱的毛主席献上了最美的花篮，以表达全体师生的敬意。

毛泽东是如何从韶山冲走出，最终成长为一代领袖的？我想，他的成长之路值得汉开学子们深思。在缕缕荷香中，我们参观了毛泽东故居。简单的泥瓦房，也藏不住伟大的精神！

"我没有正式进过大学，也没有到外国留过学。我读书最久的地方是湖南第一师范，我的知识、我的学问是在一师打好了基础，一师是个好学校。"

——毛泽东

如果说，韶山冲是给予毛泽东物质生命的地方，而长沙的湖南第一师范则是给予他精神生命的第二故乡。

这里，是他学习和生活的地方；这里，也是他组织革命运动的地方；这里，记载了他八年生活的点点滴滴。

走进这座始建于 1911 年、仿造日本青山师范学校的"千年学府、百年师范"，最引人注目的是嵌在大厅右侧红色墙面上的一行苍劲有力的题字："要做人民的先生，先做人民的学生"。这是 1950 年毛泽东回母校时对师生的勉励。

毛泽东在一师求学期间，重视修身立志，关心社会时事，将个人理想融入国家和民族的命运之中，一边刻苦学习，一边利用课余时间和假期进行社会调查；同时创办工人夜校；创建革命团体新民学会；参加政治运动，开展反帝反军阀斗争。同时，他强调锻炼身体和磨炼意志，积极践行"文明其精神，野蛮其体魄"的主张。

每天他早起、睡前总要做一次自己创造的包括手、脚、头部、躯干、拳击和跳跃"六段运动"，并坚持冷水浴。

学校前边便是湘江，江宽水深，是毛泽东当年经常游泳的场所。他不仅自如地横渡湘江，还能从猴子石游到十华里远的牌楼口去。不仅在夏天游泳，冬天还能游上三四十分钟。

此外，毛泽东还经常进行风浴、雨浴、日光浴，并通过野外露宿来锻炼身体和胆量。由于坚持不断地锻炼，毛泽东的体质日益强健，1936年他在陕北时曾回忆说："体育锻炼确实对我有不少的帮助，使我后来南征北战，受益不浅。"

由此，不由使我想到，在汉开，"致未来的自己"不正是书院引导着我们修身立志吗？我们的武术操、双节棍；我们的徒步……种种体育运动不也正是毛泽东"文明其精神，野蛮其体魄"的体现吗？

"读万卷书，行万里路"，这是自古以来学者们所向往的游历生活，青年毛泽东亦是如此。早年在第一师范读书期间，毛泽东不仅刻苦钻研书本知识，而且经常亲自深入广大农村和工厂进行调查研究。他在给友人的信中写道："吾人如果要在现今的世界稍为尽一点力，当然脱不开'中国'这个地盘，关于这个地盘内的情形，似不可不加以实地的调查及研究。"毛泽东认为要改造中国，必须要先了解中国，就不可不读"无字之书"。重调查研究读"无字之书"这样的治学之道为他以后领导中国革命打下了坚实的基础。

这就是，所谓的"实事求是"，他在领导中国革命的过程中，切切实实做到了，也最终成为"毛泽东思想"的核心。

我想，我们每年寻根之旅游学的意义也在于此吧！从一代领袖身上，我们看到了他闪光的品格，坚强的意志，和"以天下为己任"的豪情壮志。我们汉开学子也要继承和发扬这样的品格和精神，走向更加广阔的未来！

2019.7.7

走出去长大

——南京汉开书院"大海与思维"夏校纪实

7月19日

清晨6:00，南京汉开书院师生一行32人在禄口机场集合，整装待发，正式开启2019级新初一"大海与思维"夏校活动。走出去，拥抱大海，启迪思维。我是汉开人，请看我可能！

下午，与夏令营相关的负责老师们见面后，本次活动总负责的谢国栋主任对全体孩子进行了培训，特别强调了纪律和规则，荣誉和担当，学习与成长，对孩子们接下来的夏校提出期待和要求。

汉开学子所到之处，必有悠扬校歌响起。第一天最后一项重要活动就是校歌学习，"千岩万壑不辞劳，远看方知出处高。溪涧岂能留得住，终归大海做波涛……"认真投入的表情，动人的声音，响彻在夏令营场地的每一个角落。同一个声音、一个时刻，将我们的心紧紧靠拢在一起。

7月20日

我们在深圳双月湾户外夏令营基地。昨天的美好记忆已经珍藏，今天的精彩活动再次开启。我是汉开人，请看我可能！

同心协力搭建罗马炮架

今天上午我们的活动项目是搭建罗马炮架。这项活动非常锻炼孩子们的动手能力，也能很好地培养他们的团队合作意识。教练员老师悉心指导之后，孩子们便以小组为单位急不可待地分头行动了！

心灵手巧，手巧心灵。有的绑竹竿，户外绳扣——双向结，平结，十字交叉结，我们样样精通；有的灌气球水袋，一个接一个，为炮架准备"炮弹"，我们同心协力。大家在教练员老师的指导下有条不紊地进行着自己的任务。

天气炎热，汗如雨下，但孩子们都很投入，配合得很默契。炮架很快搭建完毕，孩子们进行了三个轮次的比赛，大家玩得不亦乐乎！

大海就是我们的舞台

下午是大家期待已久的海上冲浪项目。中午一起床，孩子们便换上了自己的冲浪服，在教练老师的带领下前往海滩。

雨后，双月湾的海景特别美：平坦的沙滩，成荫的绿树，翻滚的海浪，五彩的贝壳，踏浪而来的孩童……海风阵阵，沁人心脾；海浪滚滚，似在欢迎。

很多孩子一上来因为掌握不好技巧，还没站起来就已经跌落水中。但是教练员不断指导，孩子们不断尝试，一次，一次，再一次……终于成功了！当从桨板上站起来的那一刻，大海就是孩子们的舞台！还没有轮到的孩子也没有闲着，有的玩极限飞盘，有的捡拾贝壳，有的挖，有的堆，海风都吹不散他们欢笑的声音。

冲浪活动结束后，我们在海边拍了合影，将我们青春的样子和美好的记忆永远定格在双月湾海边的沙滩上……

7月21日

我们在深圳双月湾户外夏令营基地。南京汉开书院 2019 级新初一"大海与思维"夏校活动已经进入"大海篇"最后一天。"大海篇"已经精彩开启，必将完美收官。我是汉开人，请看我可能！

汉开良习养成

播种一种行为，收获一种习惯；

播种一种习惯，收获一种性格；

播种一种性格，收获一种人生。

汉开良习养成，从夏校开始，

好习惯，好人生，好未来！

在夏校期间，汉开书院就非常注重对孩子们规则意识和规范能力的激发和养成。对于宿舍内容，我们统一要求：被子叠放整齐，铺面平整无褶皱；床底鞋子统一归置，鞋跟摆成一条线；被子统一放置于柜子上，成一条线；帽子和胸牌统一放置于床头，汉开字样和自己的名字朝外侧；洗刷台上方物质归置整齐，无杂物；垃圾在离开宿舍的时候要顺手带走……孩子们按照要求，将自己的宿舍打扫得整整齐齐。接受一项新任务，培养一种新能力。汉开良习养成，从现在开始！

共建未来桥

上午的活动项目是共建未来桥。经过两天的共处和磨合，孩子们彼此已经熟悉。这个活动项目的设置就是为了深化和提升他们对于这方面的认知。教练员老师指导完毕后，有的同学开始忙着测量高度和长度，有的同学忙着剪纸和折叠，有的同学忙着粘贴定型……分工合作，有条不紊地进行着。

建桥结束好，每个小组都派出自己的成员对作品的设计进行了介绍，跟同学们阐释自己小组的设计理念。最后，三个小组的桥梁作品合为一个，挑战足球能否成功滚动过桥面。经过测试和调整，我们终于成功了！

手挽雕弓，挑战岩壁

下午的活动项目是"射箭"和"攀岩"，我们分为两个小组同步推进。射箭组在外籍教练的带领下赶往训练场。教练针对射箭项目对同学们进行了耐心细致地培训——弓和箭是有哪些部分组成的，在射箭过程中我们应该如何站立，如何开弓，如何瞄准，安全注意事项是什么。教练指导完后，孩子们开始尝试。烈日炎炎，汗如雨下，站定的孩子，目光坚定，弓开满月，箭去如飞，喝彩不断……

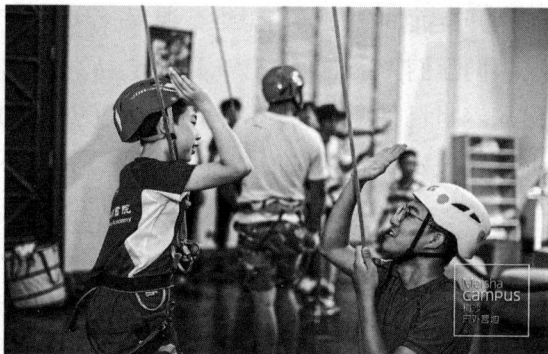

攀岩项目在室内攀岩墙处进行，虽然比室外温度低了很多，但是挑战也难了很多。面对那么高的岩壁，如何确保安全，如何选择攀爬路线，手如何握，脚怎样踩，力怎样用都是非常有技巧的。在教练员老师的指导下，孩子们逐一上前挑战。

虽然很多孩子都是第一次尝试射箭和攀岩，但是稚嫩中透出的成熟，胆怯中展现出勇气，赢得了教练员老师和带队老师们的一致好评。给孩子一个舞台，他们会还给我们一个精彩！

7月22日

南京汉开书院2019级新初一"大海与思维"——"思维篇"在深圳万科梅沙书院，正式启动。孩子们将在环境如画，依山傍水的梅沙书院进行为期四天的领导力思维、艺术思维、数学思维及英语思维课程学习。我是汉开人，请看我可能！

迎着朝阳晨跑

无运动，不汉开！强健肢体，敏捷思维，卓拔精神，高贵灵魂，一天的"思维"课程从晨跑开始！

规范放置好背包之后，同学们整齐站好了跑操队形，在老师的带领和陪伴下，踏着整齐的步伐，喊着响亮的口号，开始了今天的锻炼，开启了一天幸福而充实的生活。

唐芯雅老师"领导力思维"课程

毕业于加拿大维多利亚大学教育心理学的唐芯雅老师给孩子们带来一

堂别开生面的"领导力思维"课程。

同学们紧紧围绕"什么是领导力"？"为什么要学习领导力思维""如何培养自己的领导力"等问题展开了热烈的讨论。讨论结束后同学们纷纷上台，展示了各组精心设计的海报，并分享了自己对"领导力"的独特理解。孩子们发散性的思维和独到的见解让唐老师称赞不已。

随后，老师结合同学们的讨论成果，介绍了领导力"五力"模型，并深入阐述了"感召力""前瞻力""影响力""决断力"和"控制力"深刻内涵。最后，唐老师让同学们进行了霍兰德职业兴趣测试，对孩子们未来的职业进行初步的规划和指导。

徐志伟老师黑白木刻版画课程

细心热情的徐志伟老师毕业于广州美院的版画专业，他是中国美术家协会会员、南京版画院特聘画家。在这四天的课程中，他将要带领同学们进入黑白木刻版画的世界。

徐老师首先介绍版画的起源、种类以及制作版画使用的工具材料，并且现场演示了调墨、磨印的过程，同学们看了跃跃欲试，激动不已。在老师专业、细致的讲解下，同学们开始了自己的创作体验。

李维才老师数学课

万科梅沙书院的李维才老师，给同学们带来了一节精彩的数学课。在课堂上，他非常注重开拓孩子思维宽度，培养他们的数学逻辑思维，引领一题多解，同时鼓励大家大胆地展示和表达。

在他的课堂上，思维含量非常高。李老师不仅告诉孩子们要养成好习惯培养好思维，还耐心引领，同学们参与度极高，踊跃发言，思维活跃且表达自信，师生共同展现了一堂别开生面的数学课。

Rifat 老师英语课

Rifat 老师的英语课堂充满了想象和惊奇。他洪亮的声音响彻教室的每一个角落，上来他就和孩子们说，这是纯英文的授课，为了能让大家听懂，他会尽可能地放慢语速，请大家注意力要集中一些。另外他特别鼓励孩子们要在课堂上大胆表现自己，敢于开口讲英语的人，才可以更好地掌握这门语言。

在他的课堂，活动特别多，孩子们展现和表达的机会也多，学习英语，享受英语。欢笑中有思考，思考后有收获。英语思维课，同学们乐在其中。

孩子们思维的火花在万科梅沙书院这个美丽的校园被点燃，汉开书院的学子在这里用自己的认真和用心，绘出一幅关于求知，关于成长，关于希望的美丽画卷。

7月23日

我们在深圳万科梅沙书院。四门思维课程有条不紊地推进着，回首这几天的时光，我们在深圳这个改革开放的前沿阵地学习着，思考着，沉淀着，成长着。我们在这里游玩，游学，我们也在这里思考和记录……我们的成长看得见！

"双月湾，我们相互认识，学习校歌，制作海报，搭建罗马炮架和未来桥，还进行地壶球大战，冲浪，攀岩，射箭；万科梅沙书院，我们开始静心学习四门思维课程，"在汉开书院夏校指导手册里面，学子们记录了在这边的经历，珍藏了点点滴滴。

记忆汇成文字通通保存在手册里。

孩子们的收获

有的孩子写道："团结一心，坚持到底才能胜利；勇气是完成一件事必备的阶梯；失败也不要气馁。"

有的孩子写道："我学会了合作和坚持，收获了成功的喜悦。我今天超越了自我。攀岩让我成长了不少，我也要相信自己，是自信让我成功，让我攀上了顶峰。"

还有的孩子写道："我今天学会了很多英语单词，对英语一点点地好了起来；我对数学的兴趣也一点点地增加了……"

这些，都见证孩子们的成长，见证到夏校的意义，见证了教育的力量。期待孩子们未来以夏校为基础，获得更加长足的进步。

当然，真诚的孩子们也勇于面对自己的不足，敢于反思自己，剖析自我，因为无反思，不进步。比如：内务整理还不好，做事还不够细致认真，用餐后餐桌整理还不够好，上课参与还不够积极等等。

真正查找出自己的不足，孩子们也找到了明天努力的方向。每天都认真对待，每天进步一点点，每天提高一点点！

7月24日

我们在深圳梅沙书院。时光飞逝，"大海与思维"夏校活动行程已经过半。在这短短6天的时间，孩子们在这里经历着，发现着，提高着，成长着。汉开良习，从夏校就开始养成。我是汉开人，请看我可能！

宿舍内务我们统一标准，物品归置到位，统一摆放，床铺认真整理，养成动手能力的同时，也和同宿舍的同学一起创造了洁净的环境，我们创造美好，拥有美好，也享受美好；晨跑，我们统一着装，步伐整齐，口号铿锵有力，我们用激情开启一天的美好生活；课堂上我们积极参与，认真投入，全力以赴地提升自己的思维品质和学科能力。整个过程中，我们表现出了良好的品质，主动服务他人，团结合作，懂得感恩。

良习养成，孩子们从一开始就力争做到最好。每个孩子都按照自己的生命节律在努力地，快乐地成长着！

7月26日

我们在深圳大梅沙。南京汉开书院2019级"大海与思维"活动已经进入第8天，为期四天的学习课程已经结束，今天我们将走出万科梅沙书院，去欣赏深圳的美景，去领略这改革开放前沿城市的风采和魅力。

游览东部华侨城

进入华侨城大峡谷内部，几乎是一步一景：随处可见的参天大树向地

面投下一片片可爱的阴凉，青翠欲滴的绿竹在夏风地吹拂下摇曳生姿，不知名的花草沿着道路两边灼灼绽放，远处的大峡谷瀑布更加惹人喜爱，在蓝天白云的映照下，从树林中间倾泻而出，从高高低低、起伏不平的岩石上流下，似条条悬挂的白练，氤氲的水雾在阳光下的照耀下可见彩虹。

我们分为三个小组，沿不同路线行进。边行走，边寻找感兴趣的景点。有的小组同学戴 4D 眼镜体验了"地下四千里"的惊心动魄，有的小组体验了"真人 CS"的激烈对抗。

特别值得一提的就是女同学们主动挑战了"木质过山车"，看着她们从开始的精心准备，跃跃欲试，到体验回来之后的欢呼雀跃。我们知道她们又挑战和突破了一次自己，为她们骄傲！

参观深圳博物馆

中午经过短暂休息，我们马上出发赶往深圳博物馆。进入一个博物馆，就打开了这个城市的前世和今生。要想了解深圳，这是一个必去的地方。

深圳博物馆一共分为三层，每一层都有各自的主题，一楼主要是人与自然环境的主体，其中最为突出的就是"识骨寻宗"，设置的意图是让我们透过骨骼来窥视生物演化。二层主要介绍"大汉海昏侯刘贺的"事迹及出土文物。第三层主要介绍了古代深圳，近代深圳和现代深圳，古代深圳主要介绍了民俗文化，现代深圳则重点陈列了改革开放的历史。

孩子们徜徉其中，如在历史中漫步，慢慢欣赏那些馆藏器物，仔细看对它们的介绍标签，鉴古知今，孩子们享受了一场历史盛宴。

美食让人流连忘返

有对美景的观赏，有对历史的鉴赏，自然少不了对美食的品尝。晚上我们一起来到了海上世界，尽情享受深圳海边的美食。一边吃，一边回忆我们曾经经历过的日子，那些美好的瞬间。孩子们对这个美丽的滨海城市真是流连忘返啊！

趁着夜色，我们返回了梅沙书院。明天就要启程返回南京了，让我们记住在这里的经历，记住在这里发生的故事，让我们带着自己的作品和成长，向这里告别！

汉开人走过的地方，都将留下自己坚实的足迹！

2019.7.27

"剑桥梦"游学之行

王占宝院长点评"剑桥梦"项目：

在自然的环境、生活、活动与人际交流中，会有真实而恒远的影响，所以同伴、游戏与自然中的活动在儿童的成长中有很重要的价值，而这在我们的教育中是普遍欠缺的，当童性没有充分发育时，在成人的健康人格的形成中往往要付出一定的代价。

汉开学子见世界——剑桥梦课程

祈愿更多的儿童享受真正的儿童时代，祝福"剑桥梦"的汉开学子能享受信步全球的儿童生活，与他乡的同伴分享家乡的传统与自己的优长，感恩父母与老师。

"剑桥梦"游学之行 Day 1

海子在诗中把"马"赋予"动力"和"希望"之含义，他告诉我们要珍惜光阴，在有限的年华里为自己的梦想去拼搏。英伦之旅，剑桥之行，入住 GirtonCollege 格顿学院，首日惊喜不断。

在 Stanley Library 中，Cambridge Dream 剑桥梦项目组成员准备了水果、甜点、饮品，为汉开游学团师生们专门举办了欢迎会。创始人 Laura 简单介绍了剑桥梦项目的缘起与架构，运营经理 Keith 为大家在 Girton College 格顿学院学习生活的注意事项进行解读。

The Fitzwilliam Museum 作为剑桥大学的八大博物馆之一，藏有莫奈、梵高、特纳的风景画，罗丹的雕塑，还有米开朗琪罗的作品。有节奏的布展，让汉开学子都忘记了自己的脚酸，各种绘画，工艺品，交错有致，品鉴欣赏。特别是 TourGuide Sandy 女士，一位年近 70 的博物馆志愿者，耐心地回答学子们提出的问题，并对学子们对古罗马希腊艺术的了解称赞有加。

晚饭过后，回到 GirtonCollege，汉开学子在 Stanley Library 里展开角逐，Cambridge and British History & Culture Quiz 剑桥和英国历史文化问答竞赛紧

张而又激烈。整个房间充斥着伊丽莎白二世、达尔文进化论、足球明星贝克汉姆、哈里王子大婚等英国历史文化名人词条。Made in China（中国智造）小组最终获得31分的高分，赢得比赛，并获得了英国小熊的奖励。

在剑桥百年历史的校园中，学习、游戏、饮食、起居，所到之处都是英语乃至世界知识、历史、文化、艺术。美轮美奂的"剑桥梦"游学首日之行，在晚上9点依然阳光灿烂的日不落帝国落下帷幕，汉开学子的梦却如飞驰的骏马，才刚刚完成第一次奔腾。

"剑桥梦"游学之行 Day 2

在 Dining Room 享用过传统英式早餐后，我们来到了 Stanley Library 参加本次项目的开幕仪式。此次开幕式由英方负责人 Laura 女士、Keith 先生及"剑桥梦"导师团队主持，Laura 女士系统而又精炼地向大家说明了"剑桥梦"暑假游学活动的意义，世界名校所看重的学生品质以及如何提前为申请英美名校做准备等内容。孩子们听得津津有味，眼中满是对未来的憧憬。

分享会后，孩子们根据自己感兴趣的课程跟随不同导师进行小组活动，就不同学科具体问题开展更加深入的讨论。蓝天白云，朗日轻风，如画美景，如诗年华，随意地坐在草地上进行着专业的学习与探讨，浸润其中，是怎样的一种惬意与享受！

中午，孩子们在导师的带领下乘坐大巴来到剑桥小镇。导师给每个孩子发了5英镑，让孩子们自己到集市上吃午饭，充分感受当地文化。午饭后，孩子们在导师的带领下漫步剑桥，感受纯正的英伦风情。

作为最上进和最具创新精神的家园，剑桥大学一直在全球大学学术声誉及学生就业力方面稳居高位。著名校友包括发现了万有引力定律的艾萨克·牛顿，提出自然选择进化论的查尔斯·达尔文，以及现代地质学开创者之一的亚当·塞奇威克。

下午，孩子们一同参观了塞奇威克地球科学博物馆，这是剑桥大学下属的地质学博物馆，是剑桥大学地球科学系的一部分。博物馆有两百万件藏品，包含岩石、矿物和化石，涵盖地球 45 亿年历史。同学们饶有兴致地或观察，或讨论，或亲自动手研究，俨然一副"小小科学家"的模样。亲身经历，浸润其中，遇见可能，成就卓越！每一步都是成长！

"剑桥梦"游学之行 Day 3

位于剑桥创客空间的 Eagle Labs 工作室旨在为各种投资者，创业者或者创新者提供孵化器。这里有着最前沿科技的工具，如激光切割机，3D 打印机等。因此近期将在这里接触学习 3D 打印、树莓派编程、机器人编程等等。

3D 打印是一种以数字模型文件为基础，运用特殊蜡材、粉末状金属或塑料等可粘合材料，通过打印一层层的粘合材料来制造三维的物体。3D 打印技术市场潜力巨大，势必成为未来制造业的众多突破技术之一。

Paul 首先向学生系统的介绍了 Autodesk 123Design 软件的使用，目标是创建一个耳机收纳架。在展示的过程中，Paul 耐心地展示如何用各种基本的立体形状叠加、消除、合并和倒角方式来创造出自己想要的形状。然后以组为单位，让汉开学子与英国学生合作完成自己作品的设计。最后，结合正在打印的 3D 打印机，讲解打印的原理与参数对产品的影响。

3D 打印听起来似乎有些远离生活，但是 Paul 拿出了一个他设计打印的义肢，与同学们分享它是如何帮助残疾的孩子拿东西的。那一刻，3D 打印不再只是值得炫耀的高科技，它就是一个实用的而且可以帮助他人的工具。从学生们的眼神中，看出他们深受触动，原来可以用自己的能力改变世界，帮助他人。相信他们回学校后，会更加认真投入的学习 ICT 课程中的 3D 打印内容，不再只是为了好玩，而是为了创造与帮助他人，因为他们在这里看到了——现在就是未来。

剑桥科学中心是一个独立的教育慈善机构，提供可动手操作的展览，表演或者工作坊来激发年轻人对科学的兴趣。自 2013 年成立以来，已经接待了 30 万的年轻人，并且让许多的人对科学产生了兴趣。

各学生团队共同合作，利用滑轮、杠杆、绳子、多米诺和乒乓球，完成一个巨大的、古怪的连锁物理反应，并就此学习力量与能量。这个活动在动手的过程中不仅加深对力量能量的理解，还同时锻炼了团队合作，更不要说完成那刻的兴奋与成就感。

学子们看到各种各样的新奇有趣的展台后，除了流连忘返之外，更多的是熟悉感，这些不都正是剑桥科学里面学过的种种吗？种子如何通过风传播，固体传声，牛顿三大定律……他们自信地与英国学生交流着这些知识，并应用在共同完成任务上。恍惚间仿佛看到了长大后的他们在课堂上，对着各国的学生侃侃而谈的样子。

"剑桥梦"游学之行 Day 4

斯特拉福德（Stratford）小镇位于伦敦北方五十多公里处英格兰沃里克郡，1564 年 4 月 23 日，英国的文学巨匠威廉·莎士比亚出生于此。小镇不大，紧邻埃文河畔，街口处立了一个小丑的青铜雕塑，小丑带着滑稽的帽子，右脚翘起，左手托着一个可爱的小丑人道具，这个小丑代表着莎翁四大喜剧之一的《皆大欢喜》。莎翁的祖居是一栋黑色与浅棕色相间的二层小楼，现在这里已经成了博物馆，里面生动地模拟了莎翁生前家里的场景，孩子们边走边看，眼中满是好奇，满是欣喜，原来四百多年前的文学巨匠是在这样的环境中进行创作的……

漫步小镇，无需多言，浓浓的人文气息使人感到身心舒畅。孩子们或于古建筑前驻足欣赏，或于纪念品店中挑选礼物，或于异域小摊前品尝美食，无法言表的开心溢满脸上！

下午，孩子们来到了期待已久的华威城堡。华威城堡（Warwick Castle）是英格兰最著名的中世纪城堡之一，始建于 914 年，拥有 1100 年的光辉历史。汉开学子排着整齐的队伍走进古堡，来到猎鹰表演的草地旁，一边享用午餐，一边欣赏表演，一片欢声笑语。

午餐过后，孩子们二三成群，自主探索城堡。城垛、塔楼、炮塔、惊艳的内部及主大厅，历史迷宫、射箭表演、悠闲踱步的小动物们……孩子们玩得不亦乐乎，只觉时光飞逝，转瞬已要挥别。

晚餐过后，孩子们分为两组。一组参加戏剧活动——福尔摩斯故事新编；一组体验垒球和 Bingo 游戏，满满的英伦元素。

"剑桥梦"游学之行 Day 5

体验趣味社交礼仪角色扮演，了解英国文化及东西方文化差异。

威廉·莎士比亚（William Shakespeare，1564—1616）是欧洲文艺复兴时期最重要的作家，杰出的戏剧家和诗人，也是西方文艺史上最杰出的作家之一，全世界最卓越的文学家之一。莎翁在欧洲文学史上占有特殊的地位，被喻为"人类文学奥林匹克山上的宙斯"。他亦跟古希腊三大悲剧家埃斯库勒斯 (Aeschylus)、索福克里斯 (Sophocles) 及欧里庇得斯 (Euripides) 合称戏剧史上四大悲剧家。

汉开学子此次有幸参加莎士比亚工坊，讨论莎翁剧本并体验莎剧表演，与巨人对话，不亦乐乎。晚上观看了剑桥 2018 年莎士比亚戏剧节的表演《仲夏夜之梦》，无不赞叹于演员专业又精湛的演技，可谓在仲夏之夜度过一段难忘的剑桥之梦。

"剑桥梦"游学之行 Day 6

创立年轻领袖奖受到 Sports Leaders UK 认可，其目的是通过趣味性的运动项目培养孩子们的团队合作能力及领袖特质。课程开展模式为：体验 – 讨论 – 分享 – 实践。孩子们在体验过程中体会团队合作及运动领袖的重要性，然后分组讨论并分享心目中的 sports–leader，最后孩子们带着思考在有趣并充满挑战的运动项目中完成该课程。

商讨和展示团队的商业理念以获得最大的投资，Business Challenge Workshop 商业挑战工作坊旨在激发学生思维及创造能力，小组成员要共同设计一个产品，这是一个从无到有，从有到优的过程，需要所有成员上下一心，集思广益，综合考虑设计理念、目标受众、定价问题、市场策略等。汉开学子与英国学生打散分成 5 人小组，经过半个小时的激烈讨论，每组都进行了小组汇报，同学们敢于挑战，勇于表现。

在讨论的过程中，组内成员也有意见不合的时候，但是无论是汉开学子还是英国学生，经过运动领袖培训后，都知道团队的重要性，互相妥协、讨论，求同存异，最终完整的呈现了自己组的设计思路。以团队整体的利益为先，我想，这是他们今天最大的收获。

"剑桥梦"游学之行 Day 7

英国，作为英语的发源地，有着深厚的历史文化底蕴，有着时间积淀的文化深度、无可比拟的乡村风光，有着与日俱增的时代魅力……今天，汉开学子来到伦敦，在漫步中感受英伦风味，在轮船上欣赏秀丽风光，在牛津街尽享都市繁华，在博物馆感受文化厚重……身体虽然劳累，内心却甚是丰盈。

怀着对英国建筑群体的期待，汉开学子徒步而行，领略沿途的美丽风景。穿梭于人群中，途经了多个英国标志性建筑物：威严庄重的大本钟坐落在泰晤士河畔；梦幻的伦敦眼与大本钟隔河相望；富丽堂皇的白金汉宫象征着英格兰的皇室文化；皇家卫士的飒爽英姿也成了这一路上靓丽的风景……

紧接着，孩子们兵分两路，一路前往牛津街挑选自己喜爱的物品，一路坐上游轮欣赏别致美景。不一样的选择，一样的好心情。

下午，汉开学子走进大英博物馆，揭开历史的面纱，感受文化的厚重。

走进这历史悠久，规模宏伟的博物馆，数十根罗马柱支撑着古朴而又雄伟的建筑，几百万件来自世界各地的珍品以及文物收藏在这座举世闻名的博物馆内。

汉开师生坐上时光机，穿越时空，回顾辉煌的历史，观望着神秘莫测的古埃及，神圣的古罗马希腊，历史长达上下五千年的灿烂中国……

"剑桥梦"游学之行 Day 8

剑桥（Cambridge）的原意是指"剑河上的桥"。剑河（River Cam）是当地一条环城河流，这条曲折蜿蜒的小河，两岸杨柳垂丝、芳草萋萋，河上架设着许多设计精巧、造型美观的桥梁，其中以数学桥、格蕾桥和叹息桥最为著名。剑桥是音译与意译合成的地名，英文 Cambridge 发音"坎布里奇"，bridge 是桥的意思，Cam 在闽粤方言中音如"剑"。剑桥也称康桥（按普通话音译和意译结合的翻译），曾留学剑桥的著名诗人徐志摩笔下的浪漫诗篇《再别康桥》，用的便是此名。徜徉在剑河，历史悠久的百年学府和经典建筑俯仰皆是，高大精美的校舍、庄严肃穆的教堂和爬满青藤的红砖住宅矗立在满城的绿树红花间，翠色葱茏，古意盎然。

国王学院内的国王礼拜堂（King's College Chapel）是剑桥建筑的一大代表，也是中世纪晚期英国建筑的重要典范。国王礼拜堂为亨利六世在1446 年下令建造，耗时 80 年完成，礼拜堂四面的彩色玻璃窗以圣经故事为

主要情景。国王学院唱诗班在亨利六世建造礼拜堂同时设立，每年圣诞节举行的弥撒音乐会都会在电视上转播，是世界知名的圣诞音乐会之一。礼拜堂祭坛后方由鲁本斯所绘的《贤士来朝》（The Adoration of the Magi），以及分隔礼拜堂前厅与唱诗班的屏隔，其上饰有天使的管风琴，和扇形拱顶天花板都令人叹为观止。

国王学院的礼拜堂是剑桥的荣耀，也是公认的全欧最出色的哥特式建筑。著名的国王学院合唱团的演出自 1928 年起就在圣诞前夜向世界各地播出。这支男子合唱团由 16 名国王学院合唱学校的中学生和 16 名国王学院的声乐学者组成。

剑桥的周日浪漫而又庄重，学术而又自然。在结束了一天的剑桥之旅后，汉开学子尝试英国棋盘游戏大富翁、国际象棋、你画我猜等精彩的英式桌游。

"剑桥梦"游学之行 Day 9
小型的牛津剑桥风格课程由剑桥导师根据学生课程选择进行教授

在剑桥的学习分为两种形式，分别是 Keynote Lecture（主题讲座）与 Supervision（主题讨论）。Keynote Lecture（主题讲座）是主讲者围绕一个主题进行汇报式的演讲，会有提问环节，但是以主讲者阐述为主，学生主要任务是理解。而 Supervision（主题讨论）是以学生讨论为主，导师抛出一个问题，所有人一起参与讨论，分享自己的理解与思考方式，导师主要负责引导与点拨。

问题解决与横向思维研讨会
学习使用工具，如爱德华·德·博诺 (Edward de Bono) 博士的六项思考帽来管理挑战

今天的主讲者 SusieWatson，是斯坦福、剑桥大学商学院、加利福尼亚科学院、思科和迪士尼等众多著名学校或企业的顾问，专门负责培训团队协作、问题解决与视觉思维。

待大家都坐下来后，Susie 问大家："你会画画吗？"只有一两个孩子怯怯的举手，Susie 仿佛早就知道答案，继续说道："小的时候你会不由自主地涂涂画画，但是随着年纪的增长，你积累了太多的固有印象，被经验所累，慢慢创造力就下降了，现在你可以随意用眼前的纸笔画一些东西。"

在她的鼓励下，孩子们纷纷开始了自己的创作。

Susie 结合思维导图告诉大家，世界上有 65% 的人是视觉学习者，大脑处理图片信息的速度比处理文字信息要快 6 万倍，通过视觉化的学习，能提升 400% 的课堂效率，而且就算语言不完全相通，结合思维导图沟通，团队之间也可以分享思路，提高效率。汉开学子眼中露出惊讶的神色，原来早已经习以为常的思维导图用处这么大。

虚拟现实体验课

下午学生们迎来了期盼已久的虚拟现实体验课。主讲人 Bang Ming Yong 是剑桥大学在读博士生，专业是材料科学与计算机，主要研究方向是虚拟现实。

BangMingYong 简单跟大家分享了 VR 近几年的发展，指出这是科技发展的一个重要方向，并且应用范围广泛，可以用于设计行业（工业，家装，建筑等等），艺术创作，浸入式学习，社交网络……

汉开学子赞叹于 VR 体验神奇的同时，也提出自己的问题，"我们在 ICT 课程学的 3D 建模与 VR 能产生联系吗？" Bang Ming Yong 笑着答道，"如果你会 3D 建模，只需要几行代码就可以转换成 VR 中的世界，它们本质是相同的。"若有所思的汉开学子，是不是已经暗下决心，要更努力地学习 ICT 课程，去构建属于自己的 VR 世界呢？

"剑桥梦"游学之行 Day 10

一张一弛，文武之道。剑桥梦的行程安排松弛有度，既有乐趣满满的观光课程，也有前沿高端的深度课程。今天，又是收获满满的一天……

公共演讲工作坊

早上，元气满满的同学们分成两组来到了 Old Hall 和 Stanley Library 参与 Public Speaking and Presenting Workshop（公共演讲工作坊）。Keith 老师和 Anthony 老师启发大家思考，究竟何为汇报，并思考其意义。

同学们要完成一个名为"月球求生项目"的小组汇报。时光穿越到 2050 年，假如你是 NASA（美国国家航空暨太空总署）的宇航员，因机械原因，航天器要迫降于距离目的地 200 里的地方，你将只能选择携带 15 件物品，并将这些物品按照重要性由高到低进行排序。每位同学积极参与组内讨论，在纸上列明顺序，以连环画的故事形式勾勒出来，小组成员逐一汇报。

敢于表达固然重要，但一个优秀的未来领袖更要学会从 Presentation 中思考怎么样去汇报，其中要注重四大关键原则（四个"I"）：Impact（影响）、Inform（告知）、Inspire（激励）、Influence（感染）。优质的汇报需具备以下五点要素：架构清楚、逻辑明晰、讲演者热情饱满、声音抑扬顿挫、与观众进行眼神交流。同学们就这些原则要素热烈讨论，积极准备，也许现在还不能做到完美，但未来值得期待！

天文研究所

下午，同学们集体乘坐大巴来到了剑桥大学附近的 Institute Of Astronomy（天文研究所）。天文学是一门古老的学科，在人类文明史上有重要地位。同学们认真聆听讲师讲述天文知识、观看了天文望远镜的模型，并和图书馆管理员 Mark 教授共读了一本古老的天文书籍。这一系列的活动，将他们的视野伸展到了宇宙新的深度。

"剑桥梦"游学之行 Day 11

前几日，汉开学子漫溯康河，徜徉剑桥大学国王学院。今日，学子们又造访牛津大学，踏寻着拥有千年历史、世界上最古老的用英语授课的殿堂级学府，观赏着遍布各地的名胜古迹，汉开学子不禁发问：牛津剑桥，有何异同？

古代牛群涉水处取名为"牛津"，剑河之上许多桥故名"剑桥"。如果说剑桥是"城市中有大学"，那么牛津便是"大学中有城市"。1209 年，一群牛津师生因剑桥优美的环境、古老的文化背景和繁荣的宗教研究，前往剑桥，创办了剑桥大学。因此牛津和剑桥其实是溯源同根。牛津市因大学而兴，城市散落在大学各处，因而学校大，城市小。剑桥则是大学散落在城中，城市大，学校小。牛津重文科，曾培养出 30 名首相，对社会影响更大。剑桥偏理科，出了 88 位诺奖得主，对科学影响更大。牛津人常问："What do you think？"剑桥人常说："What do you know？"前者重思想，后者重求知。钱钟书先生曾在牛津读书，修炼成为中国最安然的学者，透出俯视天地的书卷气。徐志摩当年求学于剑桥，受浪漫主义思潮影响，诗作唯美，名篇《再别康桥》百世流芳。

参观牛津大学两所著名学院

牛津和剑桥最著名的较量当数春天在泰晤士河上的赛艇对决。这项从 1829 年开始的年度赛事，已是两校的荣誉之战，它们被比作"泰晤士河的罗密欧与朱丽叶"。牛津的体育精英身着深蓝色赛服，剑桥的体育精英身着浅蓝色赛服，深蓝和浅蓝不是一场简单的比赛，早已成为牛津和剑桥人的集体记忆。

两个小时的车程，汉开学子来到了牛津，"大学中的城市"名不虚传，整个牛津郡都洋溢着崇尚学术的高贵气息，每一扇小门的背后，蕴藏的可能都是高山仰止的学术殿堂。

著名校友前英国首相 Tony Blair 托尼布莱尔曾就读的 St John's College 圣约翰学院，与新学院一样，庄重的校舍从一扇含蓄内敛的小门进入。不由得使汉开学子想到了《爱丽丝漫游仙境》，爱丽丝也是变小后穿过一扇小门，步入了一个奇幻而又时期的国度。

造访牛津大学著名的波德林图书馆

波德林图书馆，仅次于大不列颠图书馆，拥有 600 万册藏书，是无数教授学者心中的学术圣殿。在大银幕上，它化身《哈利波特与魔法石》中的霍格沃茨图书馆，那高耸的哥特尖塔和沉重的石质门扉，成了全球少年心中的不朽梦想。著名的钱钟书先生就曾在牛津大学就读期间，流连忘返于波德林图书馆，并戏称它为"饱蠹楼"。

体验来自英格兰、苏格兰、爱尔兰的传统音乐舞蹈

作为苏格兰的传统舞蹈之一（其他两种是乡村舞和高地舞），凯丽舞最容易学习，受众面最广。由于凯丽舞是集体舞，所以凯丽舞的另一大特色是热闹。传统的凯丽舞每一组由成对男女、6 到 8 人组成，最多时为 12 人。不同的音乐，不同的编舞，再加上不同种类的个人舞步，丰富多彩，变化多端。几乎每一个参加聚会的人都可以参与进去，大家一起跳舞一起 high!

在手风琴和小提琴的伴奏中，在传统的英格兰和苏格兰的舞步中，汉开学子忘却了时间，也忘记了一整天外出的疲惫，全身心地旋转、跳跃，沉浸在异国音乐舞蹈的无限幸福体验中。

"剑桥梦"游学之行 Day 12

树莓派简介

树莓派是一个信用卡大小的微型计算机，诞生于剑桥大学。设计的初衷就是让年轻人可以去学习编程并做很多有趣的尝试。上面通过插 SD 卡运行 Linux 系统，USB 供电，你只需要插上鼠标和键盘，连上显示器就可以开始了。在学校，树莓派不仅是学习 ICT 课程的重要部分，更可以跨学科做很多有趣的尝试，比如科学，音乐等。Paul 给我们分享了一段关于树莓派的简短视频。

随后，通过树莓派编程控制机器人。实践出真知，在讲解完基础知识后，Paul 带领同学们开始接线，并测试接线成功与否，灯亮不亮，按钮好不好使。

最后也是最激动人心的部分，团队协作编程，让车子在规定范围内移动，躲过障碍，到达门里。各组比赛看谁碰到的障碍少，顺利抵达终点。

年轻领袖奖受到 Sports Leaders UK 认可，其目的是通过趣味性的运动项目培养孩子们的团队合作能力及领袖特质。课程开展模式为：体验 – 讨论 – 分享 – 实践。

阶段一中，通过活动让学生自己总结了好的领袖具有哪些特质，并且在游戏中锻炼孩子团队合作的能力。

此次为阶段二，重点是锻炼学生的组织能力。一个团队运作，齐心合力固然重要，但是身为领袖，要知道如何把一件事传达清楚，每个人心往一处想，力往一处使——"力出一孔，利出一孔"。热身完毕后，两个同学为一个组合，向另外十几个孩子讲解一个运动或者游戏的规则，然后开始这个运动或者游戏。（本轮结束后，全组总结分析优缺点，寻找进步方向，紧接着开始下一轮运动或游戏。）

在这个过程中，两个领头的同学首先需要沟通合作，明确选哪个运动或游戏，分配讲解的任务；其次是表达，怎么把规则清晰明确的讲出来，让其他人真的理解，以及组织所有人按照规则动起来，为了队伍的共同目标努力拼搏，这都是非常大的挑战；最后是总结，通过实际运行来分析自己的表达是否准确，组织是否到位，以后如何提升，形成学习和操练的闭环。

每一轮下来，同学们除了收获了乐趣，也真正的看到了领袖在组织运行中的重要作用。因为他们本身就是组织者或者参与者，切身体验了不同做法造成的不同结果，见证了组织过程中的正确或错误示范，所以他们的理解也会更加深刻，印象更加持久。

"剑桥梦"游学之行 Day 13
模拟联合国辩论团队项目及有说服力的演讲与辩论

模拟联合国 (Model United Nations)，简称模联 (MUN)，是对联合国大会和其它多边机构的仿真学术模拟，是为青年人组织的公民教育活动。在活动中，青年学生们扮演不同国家或其它政治实体的外交代表，参与围绕国际上的热点问题召开的会议。代表们遵循议事规则，在会议主席团的主持下，通过演讲来阐述观点，为了"国家利益"辩论、磋商、游说。他们与友好的国家沟通协作，解决冲突；通过写作决议草案和投票表决来推进国际问题的解决。在模拟联合国，青年学生们通过亲身经历熟悉联合国等多边议事机构的运作方式、基础国际关系与外交知识，并了解世界发生的大事对他们未来的影响，了解自身在未来可以发挥的作用。

在之前的课程以及课余时间，汉开学子们分别成了 9 个不同国家的领导人，已经积极深入地调查了即将在辩论中代表国家的国情特征以及所面临的国际问题，并且就 Gender Equality and Air Pollution（性别平等和大气污染）这两个议题进行准备。在模拟联合国的准备活动中，汉开学子的领导力和国际交流能力可见一斑。

各国外交负责人纵横捭阖，双边甚至多边国际会谈及合作随处可见，汉开学子们都尽自己全力为联合国正式会议寻求国际盟友。

海洋生物学主题演讲

走进每日三餐所在的 Dining Hall，一起听取 Dr. Helen Scales 关于海洋生物及保护的讲座。本讲座旨在让学生们对海洋生态系统有一个全局性的宏观认识，了解主要海洋栖居地及生物种类。在给大家展示了丰富多彩的图片后，Helen 博士概述了第一部分的梗要。据不完全统计，地球上共有 125 万种生物，其中 70% 的生物都生存于海洋中。为了适应相应的深海环境，各种生物都使出浑身解数来隐藏保护自己不受外敌伤害。珊瑚礁、红树林、海草草甸、海藻森林在许多鱼类和海洋物种的繁殖周期中发挥着至关重要的作用。来自剑桥大学的讲师关于海洋生物学进行一场充满启发的演讲

第二部分的海洋生物保护，Helen 博士以大量专业的数据图表向同学们

说明了海洋的重要性，当今海洋保护所面临的诸如过度捕鱼、气候变暖及所采取的解决方式。汉开学子积极参与讨论，发表自己的观点。

正装银盘晚宴及颁奖典礼

晚七点，Silver Dinner 银盘晚餐正式开始，精心布置的餐厅被身着礼服、连衣裙、西装领结的汉开学子们映照地年轻无限，在享用完地道的英式美食之后，由剑桥梦项目总监 Laura 女士给每位同学颁发了结业证书。

时间如白驹过隙，依稀记得汉开学子2018"剑桥梦"游学首日体验时的兴奋与忐忑，转眼间为期两周的课程即将结束。今天是正式课程的最后一天，孩子们更多的是不舍与留恋。汉开师生向"剑桥梦"的导师同学赠送了用心准备的礼物，互留联系方式，相约再见。身着正装的汉开学子意气风发，共同合影留念，作为将来相约剑桥大学或是高水平世界舞台的未来见证。

明天，汉开学子即将返程，寻梦之旅没有句点，汉开书院将是更多世界公民与未来领袖造梦的家园。这十四天的"剑桥梦"游学不是梦的结束，而是梦的开始，汉开学子将会在书院精心设计的多元课程中把握现在，创造未来！

路行万里，书读万卷。

汉开学子，可能无限。

寻梦剑桥，造梦汉开。

现在未来，无限期待！

2018.7.27

我是童子军，请看我决心！

——2020 汉开童子军纪实

Day 1

对于新入学的同学而言，录取礼让你感受到"每一个都重要，每一个都被需要"；而 7 天的童子军课程，则会让你在磨难中，突破自我，初显坚毅品质。

8 月 22 日，是南京汉开童子军课程的第一天。早上，四、五、六，初一、高一年级 450 余名同学聚集在五华路校区，被分成 3 个营 15 个连队，礼貌地参加开营仪式，目睹教官风采；下午，运风场上，他们头顶烈日，耐着高温，虚心地学习多项军事技能；晚上，班会课他们主动回顾一天的经历，将所想所思，汇入笔尖记录在手册上。良习初养成，成长看得见。

文明观礼——开营仪式

开营仪式，时长一小时，共包含 5 个章节。学子们身穿迷彩服，笔直坐立观看全程。

教官风采展示

7 天童子军课程，为了让学子们学到真本领，获得独特的军营生活体

验，书院安排了专业的教官团队：上天入地的特种兵、中印边境冲突一线的边防卫士、曾参加过19年国庆阅兵的仪仗队成员。当他们一个个排着整齐的队伍站上舞台，展示队列、擒敌拳、擒拿格斗术等表演时，同学们被吸引的眼睛都不眨一下，神情专注认真，生怕错过什么。

锤炼坚毅品质

今日军事技能训练课程，教官们设计了稍息立正、跨立、停止间转法、敬礼等9项内容。小学、初一学子虽初次接触，但认真好学的劲头，值得鼓励和表扬；高一学子，领悟力强，执行力更强，在一开始就严要求、高标准，努力把每一个动作做到位，做整齐。

养成及时记录的良习

傍晚的班会课，是总结也是发现自我成长的关键抓手。同学们在老师的梳理下，回顾一天的经历，用文字、绘画的方式在童子军手册里记录着，悄无声息地成长，在第一天就看到了。

收获荣誉，收获精彩

在汉开，成长是有最佳机遇期的。为了鼓励每个连队在纪律、内务、训练中表现突出的学子，书院特定制了标兵胸章进行表彰。与此同时，7天的课程结束后，书院还将为训练杰出的学子颁发"战狼"称号。

Day 2

清晨伊始，我们与太阳一同升起！

随着《强军战歌》在耳畔响起，我们迅速揉揉睡意惺忪的眼睛，伸伸懒腰，满血复活来迎接新的一天。运风场上，正青春的我们跑起来，就是一股风！

悠悠"汉水"，向四周粼粼开来。莹莹汗珠，在脸上生生不息。生命之水的另外一个源头即是你的坚定的信念！

经过一天严格的内务学习、检查、评比，学子们自觉的在第二天，整理好了内务。

▼白天 · 军事技能训练▼

莫道学问尽在书斋中，学子们不仅在学习上明辨不惑，文可治国安邦，而且也秉持着西南联大和西点军校的育人理念，武要保家卫国，"两西引领，信步全球"。看我阳刚少年，岂不快意！

学习军体拳

一声声激昂的口号，铿锵有力；一首首嘹亮的军歌，荡气回肠；一串串响亮的笑语，清脆动人。同学们在童子军手册里说，自己最感兴趣，最开心的时刻就是拉歌了！

"眼睛更亮、声音更响、腰杆更直、胆子更大、两臂更有力、双脚更坚定！一、二、三、四……"下午，另一项重头戏就是队列汇演了，来自南京、淮安两个校区的四个营，依次在操场上队列比武。

▼傍晚 汉开初体验，我笔写我心！▼

今天，我们义无反顾地踏上了来汉开的大巴，我迫不及待地想要见到新同学、新伙伴，我们今天虽然站得脚后跟很酸。身体像缠着一摊烂泥一样，但是我们学到了不少知识，再艰苦、再艰难的事，只要自己咬咬牙，

通过自己的努力奋斗，就可以挺过去。我是汉开人，请看我可能。

今天让我清楚地知道了一个道理，一个人可以走的很快，但一群人才能走得更远，我们是一个团队。因为我们是一个团队，所以缺人的时候我们要耐心等待；因为我们是一个团队，所以我们要互帮互助；因为我们是一个团队，所以喊口号时要整齐响亮……一个人多好都没有用，只有大家好了才是真的好。

虽然在太阳下训练十分艰苦，但仍然能坚持下去，对我是一种进步，第一天就能与许多素不相识的人聊得十分投机，相信未来一定能成为好友，教官虽然严肃，但他是为了让我们变得更好，对此，我很是感激，感谢教练能激发我们的潜能。未来几天依然艰辛困苦，但我坚信自己一定能够闯过难关，升华自己，即使初来乍到，但我依然能感受到汉开严肃中夹杂着温柔，朴素中凸显着浓浓的爱。

Day 3

八月流火时节，伴随着日益熟悉的晨起号角声，HKA2020 童子军生活又迎来了新的一天。在越来越嘹亮的训练声中，学子们不知不觉地成长着，蜕变着。

应急救护培训

上午，全体童子军成员在先锋剧场参加急救培训学习，来自红十字会的王平老师为孩子们准备了一堂丰富实用的急救讲座。讲座内容包括避免公共场所发生踩踏事件的自救法——人体麦克法，异物阻塞时的自救和他救方法；当他人陷入危险可以给予帮助的心肺复苏（CPR）、人工呼吸、8字包扎法、前臂骨折固定、头部受伤包扎等项目的救助方法和注意事项。剧场里的每一双眼睛都聚精会神地注视着，两手随着老师的讲解认真地模仿着。

践行校训"明辨不惑，力行有品"的汉开人，在听完讲座后分连队集中进行实践操作，在红十字会老师的辅助下，用行动去强化"善待生命，安全确保未来"。

下午，小学部的童子军们乘车前往雨发生态园，走玻璃桥体验心跳的感觉，进葡萄园和嬉水王国水世界，用笑声来给自己的童子军生活做注解。

初中部·军事技能训练

初中部、高中部童子军们则稍作休整，投入到火热的日常训练：站军姿、队列行走、匕首操等。听着声音嘹亮，振奋人心的"声音更响，眼睛更亮，腰杆更直，胆子更大，两臂更有力，双脚更坚定"的口号，看着少年们那愈发挺拔的身姿，力达指尖的精气神，锐利灼人的眼神，无一不在预示着，他们用重复与坚持，汗水与泪水，韧劲与狠劲，将自己打磨得越来越具有童子军的气魄。

Day 4

当嘹亮的号角声响起来时，汉开的英勇少年们开始第四天征程。8月25日，小学部（三营）和初中高中（一营、二营）分场地训练，他们一部分前往雨发生态园参加 10KM 徒步、真人 CS，一部分留在五华园体验射箭拓展项目。虽然巡礼日程截然不同，但他们都在严格的训练中磨炼意志，在辛苦的训练中挥洒汗水，在他们身上，我们看到了汉开少年的风采。

一路上，在老师和教官的陪伴下，同学们昂首挺胸，或放生高歌，或欣赏美景，或互相鼓励……行至终点，无一人掉队，无一人放弃，团结、坚韧、顽强、互助，所有同学都在规定时间内安全到达。经过艰难跋涉，我们来到了河畔大堤。此时大堤之上，旗帜迎风飘扬。

看过美景，拍过集体合影，还有清凉爽口的西瓜和松软的面包，努力过后的获得格外香甜！

下午，小学部的同学们进行了真人 CS 训练，重温战火纷飞的年代，学会躲避、追击、对抗。稚嫩的脸庞上浮现令人动容的坚毅神色。

Day 5

"走向外面的世界"总是令人期待的。徒步十公里：迎着洒下的阳光，走在乡间小道上。一路上口号声、欢笑声、歌唱声都被这宝贵的时光所珍藏；玻璃栈道：高空之际，离蓝天白云更近一步，我们是"在天上行走"的人；嬉水王国："海啸"中翻滚的巨浪，皮划艇下激起的水花，彩虹梯上的浪花……仿佛溅起的颗颗水珠都在阳光下化作晶莹的宝石，封藏着我的记忆。

——高中部徐亦柯

英国诗人丁尼生说，"尚未经历的世界在门外闪光，而随着你一步一步

地前进，它的边界也不断向后退让。"童子军课程第五天，书院为学子们安排了丰富多彩的特色拓展项目，让他们在全新的课程中去体验、感悟、成长。

射箭

握紧手中箭，感受拉弓稳住的难度，感受瞄准靶心的坚定，感受放箭刹那干脆果敢带来的力量。凝神屏息，目标十环！谁说射箭不是一堂启发之课呢！

徒步是书院每年校庆的必备活动之一，也是书院童子军课程的必备项目。今年的徒步10公里在雨发生态园进行，一路上，同学们喊着口号，唱着军歌，看着风景，听着教官讲的故事，伴着偶尔热烈的阳光和习习的凉风，还有无限量供应的西瓜，"徒步10公里！"

徒步很快结束，而徒步的启发却留在了孩子们的《童子军手册》上，留在了孩子们心里。且看：

"今天进行了十公里徒步拉练，一路自在轻松中不由忆起初一第一次校庆十公里徒步的情景，那时满心都是'这是一个不可能完成的任务！'但再看今日，当得知徒步十公里时第一想法竟变成了'就这？'——人的潜力永远没有止境。但这份潜力是否能发挥，却取决于我们是否有勇气和毅力像更高目标发起挑战，是否有这份自信坚信只要肯付出，所有不可能都是镜花水月！"

——高中部 邱奕

真人 CS

徒步之后，是孩子们最为期待的真人 CS。与真正作战不同的是，每个人脸上都带着笑。戴好帽子，端起枪，是冲还是躲？心里有一点小激动，过程有一点让人啼笑皆非——"各种误伤对友，各种不要命冲锋"，这一切都化作了珍贵的感悟，留在了心中。

"一个人可以走得很快，但一群人可以走得很远。请对自己身边一同训练的战友心存感激。我们互相见证着彼此的成长，一句句关心与提醒都促使我们做更好的自己，让我们继续做彼此的引路人，一同登上山顶！"

——高中部 鲍羽彤

玻璃栈道

当害怕时，是退缩还是挑战？同伴需要帮助时，要不要伸出援手？玻璃栈道给孩子们出了一道题。经历之后，心中自有答案。

"我一向是恐高的，刚上桥时腿止不住发抖。但走了几步后，我渐渐放开胆子，向下看去，将整个雨发尽收眼底。此行，值了！"

——高中部 赵至一

海啸冲浪

换上泳衣，牵着手，直接与海浪面对面。高空冲浪，让笑容绽放，心情无限舒畅。能文能武，张弛有度。从"汉开雪铁足"到"考前嘉年华"，书院从不吝惜给孩子"放纵"的机会，因为教育机遇，无处不在。

篝火晚会

晚上，篝火点起来，明辨大厅，师生、教官坐下来，各连节目嗨起来。火一样热情，火一样奔放。这是学生的主场，凭本事欢唱。

走向"外面的世界"，让我们扩大世界的边界，让我们知道要拥有怎样的见识、勇气和力量，才能信步全世界。汉开学子们，加油吧！

"纵使汗流浃背，踏出的脚步也愈发坚定，抱着至死方休的决心，不后悔于每一次的声嘶力竭。再次唱响陪伴我三年的校歌，心中不禁涌过一丝暖流。当最后一抹夕阳的余晖消失在地平线，响彻天际的口号声划过天边……"

——高中部 谢绍航

Day 6

雏鹰经暴雨狂风，才能苍天翔翱，幼苗经严霜洗礼，才能抗击风雨；年少的汉开学子，经历第6天童子军课程的苦训，养成了良习，磨炼了意志，学会了坚持。成长让所有人看得见。

俗话说，真正的快乐是苦中作乐。在这目前六天的童子军课程中，学子们每天迎接着新的挑战，疲惫了身体，净化了心灵，展露出汉开特有的精气神——腰板挺得更直了，面孔也更刚毅了。在站立与蹲坐之间，有了军人的气质：挺拔、刚直。在立正和稍息之间，有了军校的精神：勇敢、胜利。

送别淮安汉开童子军

2020童子军课程，南京汉开和淮安汉开一同在五华路校区训练。第六天，意味着课程即将接近尾声，意味着，淮安童子军即将返程。

中午，校门口《送战友》的军歌循环播放着，南京汉开童子军全体师生，排着整齐的队伍，敬着标准的军礼，为淮安汉开童子军践行。感谢相

遇，感谢一同成长。

Day 7

童子军课程，很苦很累，但这是一种战胜自我，锻炼意志的人生体验。我是童子军，请看我决心。汉开新世界，能量无极限！

汉开教育总能书写绚烂，光彩夺目。"童子军"课程的影响力是汉开教育中最为重要的营养。只有经历那最炽热的火，将自己充分灼烧加热，才能将杂质褪去，让自己成为一块钢铁。伴着灿烂的阳光，唱着嘹亮的军歌，敬着崇高的军礼，8 月 28 日，为期一周的 2020 汉开书院童子军活动迎来了最后一个训练日。童子军结营仪式也如期在五华路校区拉开帷幕。

2020 童子军结营仪式

下午 3 点，童子军结营汇报表演在整齐有力的踏步声中正式开始。15 个连队方阵庄重有序进入会场，童子军小战士精神抖擞，精彩亮相。"爸爸妈妈好！"——这熟悉却不平常的问好，让与会家长们激动不已。

回首七天的时光，小战士们在炎炎烈日下，保持着笔直的军姿，迈着意气风发的正步。他们用最饱满的热情，重复着相同的动作，精益求精地训练，才换来了今天的飒爽英姿。

接着，悠扬的国歌声后，结营仪式文艺表演拉开帷幕。

15 个连队汇报演出

（1）军事技能展示

小学部同学们献上一首《强军战歌》，嘹亮的歌声让在场的每一个人都真切地体悟到了军营将士们的心声。

随后，带来"格斗术"和"队列展示"表演。他们步伐有力，动作整齐，展示了朝气蓬勃与积极向上的精气神。

初中部的小战士们带来匕首操表演。"一声狂吼震天响，飒爽英姿斗志强"——每一个动作的挥洒，都是他们几十次几百次练习后的最佳状态。他们以青春的斗志，留下了不朽的青春回忆。

高中部的《擒敌拳》表演将演出推向高潮。一拳出，斗志昂扬；二拳出，气壮山河。真是拳拳生风，步步含威。青春抒壮志，不论将和兵。

"拉歌"环节最能体现军旅文化。现场歌声嘹亮，响彻天空，回荡在校园的每一个角落。同学们的歌声气势如虹，铿锵有力，彰显着汉开学子敢拼敢赢的青春与朝气。

（2）拓展训练展示

高中部情景剧《急救》展示了救生训练的成果，给家长们留下深刻印象。

（3）内务良习展示

情景表演《内务展示》演绎了童子军的日常生活，展示了孩子们在内务整理方面的本领。短暂的童子军生活，却带来了不一般的收获——现场观众啧啧赞叹。

（4）成长感言

高中部学生带来成长感言——《我们的成长故事》。他们用真诚的话语抒发着在童子军生活中受到的精神洗礼，并表达了敢于迎接挑战，决战高考的必胜信念。

献上真挚的祝福语，送别教官节目汇报结束，分别之际，童子军小战士最难忘的人就是朝夕相处的军官了。瞧！各连代表给教官们送上带有真挚祝福的纪念品并与教官深情话别。

"雄关漫道真如铁，而今迈步从头越"——童子军活动虽然结束，但是童子军营帐中那钢筋铁骨的毅力与永不言弃的精神却留在每个人心中。家长们也深有感触：不经历这冰与火的淬炼，怎能在未来的成长中积极争先，迈向卓越！在"明辨不惑，力行有品"校训的引领下，汉开人将永不止步，继续用不懈的意志，用不放弃的奋斗去创造精彩，赢得未来。

2020.8.30

当汉开遇上恒哈图

——南京汉开书院人文艺术课程之走近呼麦艺术

时维九月，序属三秋。天蓝云洁，草木葱茏。在这风景如画的初秋里，汉开学子与世界乐坛的大师级乐队恒哈图相约"南京保利大剧院"，聆听"深入灵魂的最自然的声音"，感受源自远古的呼麦魅力。

有品质的教育总是精心设计与现场机制的结合。书院在 12 日、13 日分别对小学部与初二年级进行专业与教养的引导。

14 日下午五时许，书院初二年级 8 个班级，小学部 4 个班级，在老师的带领下排着整齐的队伍登上大巴前往"南京保利大剧院"。前往剧院的路上，同学们激动极了，雀跃不已地讨论着即将开始的音乐会，稚嫩的脸庞上满溢着期待和喜悦。到达剧院后，一个个小绅士、小淑女排着整齐的队伍安静候场，略为漫长的等待时间，孩子们没有一丝不耐，彬彬有礼，秩序井然，俨然成为了一道久违了的风景线。

汉开学子来到保利大剧院

"25 年的传奇之路""他们一开口，世界就安静了""震撼西方的呼麦鼻祖，深入灵魂的自然之声"……都是对恒哈图乐队的由衷赞美。《祖先们》——以呼麦技巧感谢祖先们流传下来的呼麦文化、《撒格拉部落》——吟唱流传于图瓦的动人传说、《沙漠商队的领路人》——歌颂图瓦人勇往直前的智慧与力量……神奇的呼麦歌唱技巧伴以简单的乐器，十首各有千秋的歌曲一一呈现，那柔软而富有灵性的呼麦声令观众仿若梦回千年，置身苍茫的草原之中，与自然融为一体，那种对心灵的撼动是无法用言语来形容的，唯有身在其中，浸润其中，感受着，并感动着……同学们听得如痴如醉，尽情沉浸在艺术的海洋之中。

最后一曲全场互动的《小调》更是将气氛推向高潮。当主持人问到同学们学校名称的时候，整齐响亮的"汉开书院"响彻整个大厅，满满的自豪，深深的感动。同学们还跟着主持人现学了图瓦语的您好以及一句《小调》的歌词，与四位国宝级艺术家们共同完成了《小调》的演唱，现场已然成为一片欢乐的海洋。演出结束，所有汉开学子自发起身鼓掌。短短几个小时，汉开学子所展现出来的言行与气度委实令人叹服。

今晚，汉开学子与来自图瓦共和国国宝级的乐队——享誉世界的恒哈图乐队的艺术家们相遇在南京保利大剧院，欣赏并体验到真正的音乐，这将汇入到他们的记忆与成长的故事中——在这个年龄，在汉开，我与我们！书院已经为每一个学生制作《汉开学生成长档案》，这次的票根与剧目单也许会成为收藏品——多少年后，这样的回忆再现，将会成为他们信步全球的格局与审美的源头溪水……

汉开书院，始终坚持浸润式的教育。孩子们所经历的事，所走过的路，所获得的成长，都会让他们一步一步成为独一无二的、最好的自己！

加油，汉开学子，未来属于你们！

2017.9.14

走进南博，厚积薄发

——南京汉开书院博物馆课程之考察南京博物院

江南佳丽地，金陵帝王州。历史悠久的南京自然孕育出了无数珍贵的博物馆，而博物馆的魅力就在于当历史洗尽铅华，化作博物馆的一件件馆藏，一段被封存的历史就此打开。2017 年 9 月 15 日下午，2017 级汉开之博物馆课程在南京博物院展开。决定孩子一生的绝不仅仅是书院内的学习，而是格局思维（历史的纵深与世界的宽度）与审美能力。汉开书院初一年级的博物馆课程打开了汉开学子深度学习的第一扇门。

井然有序地排队上车，安静耐心的等待，是汉开学子独特的一道风景线。

良习已然成为汉开学子们成长过程中不可或缺的一部分了！

远离城市的喧嚣，南京博物院静静坐落于中山门边，背靠紫金山，宛如一位饱腹经纶的智者。始建于 1933 年的它由梁思成担任设计顾问，威严肃穆的建筑外形让同学们叹为观止；丰富的馆藏珍品无声地诉说着过去的历史，翻开这本历史的书卷，同学们啧啧称奇，可谓大开眼界、一饱眼福。

民国馆，带同学们穿越时空，身临其境，如梦如幻。都说一条颐和路，半部民国史。民国在古城南京留下的烙印在展馆中一一呈现。展馆里，到处是惟妙惟肖的模型。民国时期的银楼、货行、典当铺、邮政局、报社，你都能找到踪迹，真实再现了民国时期人们的生活场景。同学们还与手工艺术家面对面，感慨着手工艺者匠心精神的伟大。

历史馆里，同学们畅游历史的海洋，这里记述着中华民族五千年的悠久文明，这里的每一件藏品都是中国劳动人民勤劳智慧的结晶，都在诉说着当时的风貌人情。

同学们在这里了解中华民族底蕴深厚的历史文化，想象着当年气势磅礴的场景，感受着人类的伟大及存在的价值，一页页历史启发着汉开学子们的思维；穿越历史，感受着历史发展变化的起伏，感受着文化承载的责任与使命，感悟到生活在这座传统文化与现代文明交相辉映的城市是多么幸运……

映入眼帘的是成百上千种古生物化石，同学们伸过手去，轻轻触摸着历史久远的化石，感受着古老文明的气息。这些零距离的体验，打开了同学们对历史世界的认知，启发同学们在回顾历史、感受历史中体验智慧的力量。

艺术馆，带领同学们徜徉在艺术的宝库中，是你不知不觉受到各种艺术的熏陶，同学们浸润于深沉的艺术卷轴之中，其形必美，其心必仁，其志亦必远。

在汉开，教学绝不局限于书院内，我们不仅要学习课本中的知识，更要走向社会，走向自然，生活处处皆学问。而博物馆承载着社会教育服务的功能，其环境、内容、氛围和特殊的人群会对学生的教养水平起着独特而深刻的唤醒作用。

路漫漫其修远兮，吾将上下而求索。历史的厚重，未来的使命，汉开学子是站在巨人肩膀上的，回望历史，放眼世界，他们追求品质与卓越，定将在汉开路上走得更加坚韧，更加坚定！

2017.9.15

山色浅深随夕照，江流日夜变秋声

——2020 汉开"秋之节"掠影

10 月 10 日下午，云霞衬在成美馆的深厚，显出一片婉约平和的景象，而此时，离成美馆不远的明辨大厅却人声鼎沸，2020 汉开"秋之节"正火热进行中……

秋之礼——秋社

与往年不同的是，今年加入了"秋社"仪式。古人春秋两季都会举行"社"的仪式，为感恩土地神赐予的丰收。今年还原"秋社"之礼除了让同学们了解古代秋天的礼仪，也是为了培养他们的感恩之心。

王立冬老师带领两排同学站于台阶之上。老师似剑客，身穿洁白古服，如亭亭仙鹤于其中；同学则身穿红、黑两色汉服，倘若不是一张张面孔我们都很熟悉，一定会误以为他们是从古代穿越至今的呢。

只见他们双手相靠，两个拇指夹着诵词纸，先拜一礼，接着由老师带领朗读颂词，抑扬顿挫的声音在明辨大厅上激荡成秋季的颂歌！

秋之趣

自古以来，秋天和"语文"总是分不开的，文人墨客们写诗作文赞秋、伤秋，给我们留下了许许多多关于"秋"的作品。于是本次"秋之节"也肩负着让提高学生语文素养的任务，将古诗、散文、成语等与小游戏结合起来，让学生们在玩中学！

活动打卡表

活动现场"乱"而有序，同学们以小组为单位前往关卡通关打卡。

有小记者发回现场报道：

学生1：按照往年"秋节"的传统，今年也设立了同学们最为喜爱的闯关活动。共设立了飞花令、艺术表达·比喻、艺术表达·夸张、艺术表达·拟人、诗句知多少、读准字音·古诗、读准字音·现代诗、读准字音·散文、找朋友、仿词 ABB、仿词 AABB、仿词 ABAB、同旁部首字、大家来找茬和成语接龙 16 项闯关活动。完成闯关的同学，便可以兑换书院精心准备的秋果。

学生2：游戏以语文知识为主，各方面俱全。有语法类（如找朋友、仿词等），有古文类（如诗句知多少、读准字音等），还有大家都喜爱的飞花令，增加游戏的趣味性。

学生3：随看时间的流动，同学们纷纷参与了进来。每个项目都排起了长长的队伍。前后左右都热翻闹地讨论起来可能抽到的题目，或者向已答完题的同学取经。好像都很害怕自己答不出来，呆滞在那。

记者有幸参加了打卡活动，印象最深的是"大家来找茬"。"一愁莫展"中有哪个字是错别字，当时难住了我们五六个人，仿佛在鸡蛋挑骨头，后来虽然我们抽了不同的题。却仍对这题有着不解的疑惑，后未我们一同去问语文老师，才发现"一愁莫展"的"愁"应该是"筹划"的"筹"。完成挑战主持人为我们留下了一个个不同的印章。

秋之果

闯关之后，根据闯关的数量可以兑换秋果。经过自己的努力获得的奖励格外香甜。

有小记者记录了当时获得奖励的感受：

我们组勇闯关卡，披荆斩棘后终于兑换到秋果的奖品。坐在最高的台阶上，手里红彤彤的苹果还挂着水珠，咬一口，清脆爽口，甜而不腻的香在口腔中蔓延。我看向旁边的两位好友，她们也正享受着这种奇妙的满足感。我忍不住打趣道："看张骏阳吃得多香！"果然，大家都笑了，笑得前俯后仰，眉眼弯弯。手中的苹果似乎也活了起来，顶着浅浅的牙印笑红了脸。

下午 16:30，活动结束了，同学们意犹未尽，带着秋果满载而归。

"秋之节"建校之初就开始举办，今年已经是第五年。作为汉开书院的传统节气课程之一，从中，我们感悟秋的收获带给我们的启示，同时又培养学科素养，让秋与文学结合，注重自然与节气的同时又氤氲出几分文学的浪漫。

够热血！生态园校区水上运动第一课

秋高气爽之际，汉开书院中学部的学子们首踏生态园校区体育艺术中心秋游，迎来水上运动第一课——皮艇球运动。为大家授课的老师是国家一级运动员沈拓。

沈 拓

国家一级运动员，

2018 年全国皮艇球锦标赛最佳射手，

2019CPSL 艇球超级联赛唯一中国大陆球员。

体育艺术中心的水上活动区域占地 26000 平方米，

主要开设：沙滩排球，水上皮艇球，橡皮舟等课程。

皮艇球运动展示

皮艇球运动救生衣的正确穿法及赛前演练

汉开师生们积极参与课程

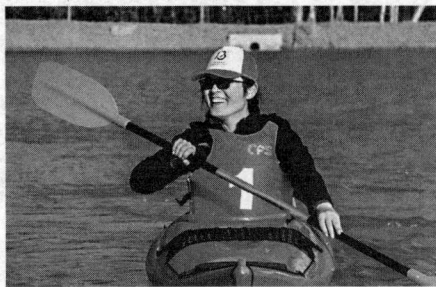

生态园校区体育艺术中心

水上活动区域：26000平方米，

主要开设：沙滩排球，水上皮艇球，橡皮舟等。

体育综合馆：3000平方米，主要开设：手球、篮球、羽毛球、排球、乒乓球。

森林课程拓展区域：50000平方米，主要开设：攀爬技能、涉水技能、定向技能、绳结技能、取火技能、净水技能、狩猎技能、自救互救技能、射箭技能、船桨技能、搭建技能等。

2020.11.16

体育综合馆

跑步机

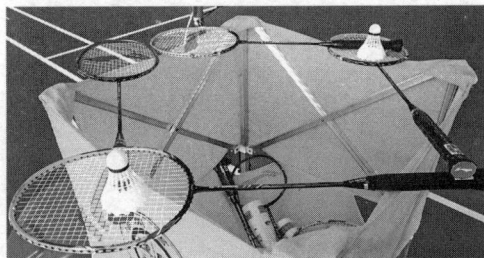

羽毛球

动感单车

陆上划船机

篮球

手球

森林拓展课程基地

2019 "为成长喝彩" 颁奖典礼暨贡献与功勋校史馆存念仪式

HKA 从盛夏蝉鸣声声到深秋落叶纷飞，短短 3 个月的时间，学子们，在良习和学业上，都突破自我，收获了成长——在期中联考中，42 人次获得汉开学业奋进奖，65 人次获得汉开学业卓越奖；在全国中小学象棋锦标赛中，获得团体金奖；在澳大利亚数学竞赛中国赛区中，获得卓越奖、一等奖……老师们，也用实力、魅力，将更多的贡献与功勋带回书院——汉开书院获批：南京市星光基地学校，全国足球特色学校，国标舞艺术等级认证注册单位，剑桥国际教师职业发展 PDQ 中心，西班牙语考试中心。

为此，2019 年 11 月 20 日下午，初中部全体师生在先锋剧场举行了隆重的"为成长喝彩"颁奖典礼暨贡献与功勋校史馆存念仪式。

本次活动，共设计了四个篇章，涵盖了 15 个充满意义的奖项。院长依次为拿到了结果与贡献的汉开人颁发收藏证书；初中部学业奋进奖、学业卓越奖的家长应邀盛装出席，和师生们一同见证汉开人的成长，分享汉开人的喜悦。

篇章一　学业表彰

在刚刚结束的期中考试中，初中部凭借稳定的发挥，涌现出许多卓越与奋进的汉开学子。当他们和父母一同上台接受学业表彰时，台下同学们掀起了一股热潮，有的高举展板祝贺，有的鼓掌欢呼。

同学们向院长递交 HKA 贡献与功勋登记单，留存校史馆，然后院长颁发获奖证书与校史馆收藏证书。

篇章二　竞赛佳绩

本学期，学子们带着汉开各类汉开文凭课程走出去，在取得骄人成绩的同时，向社会展示了不同寻常的汉开营养。三个月，一所新的学校，可以做到怎样，令人叹为观止……

篇章三　品牌创建

让优秀者更优秀，让平常者不平常，这是学子们选择汉开书院的初心，这也是汉开老师们为之奋斗的目标。今年在老师们的专业与勤奋的努力下，汉开新获得了一批市级、国家级、国际级的授权以及荣誉称号，台下掌声与兴奋的欢叫声，高潮迭起，我是汉开人，请看我可能……

篇章四　创造未来

走出去——把汉开带向世界，引进来——把世界引入汉开，让更多的汉开人汲取营养，收获成长。如今的汉开，开发了《追光记》学习工具、纯英文网站，以及公布了英文和西班牙文合唱的汉开书院校歌《善哉，汉开！》。

追求荣誉，追求实现自己的可能性，平凡的者可以不平凡，优秀者可以更优秀，每一个生命就会发出独特的光彩……

荣誉来自于奋斗，特别的荣誉来自于特别的奋斗。不断地追求荣誉，我们可以飞得更高……

为成长喝彩：

成长看得见，

成长受尊重，

成长有台阶，

成长促成长！

——这，也许就是汉开开发这门课程的价值。

汉开，为成长喝彩；

荣誉，让生命发光。

一所学校成为记忆、纪念、故事、骄傲……正是书院所追求的生动、情怀、有审美情趣的教育。

南京汉开，她从大汉走来，向世界盛开！

2019.11.20

汉开的冬季：玩的课程，嗨的校园

——2020 微马·冬节掠影

岁末隆冬，汉开冬节，悄然而至。

今年，汉开生态园校区启用。为了能够给学子们更好的校园生活体验、课程体验，12 月 25 日，书院在生态园校区举行 2020 冬节暨第二届微型马拉松活动，并诚邀小学部的学生家长共同参与。

院长发出开跑口令后，同学们如离弦的箭，向目标奔去。

微型马拉松活动

能长跑是汉开学子的形象特质之一。这次微马，小学、中学从汉开英语中心充气拱门处出发，分别需要跑完 4KM 和 6KM 路程。书院体育老师为了做到安全、有序、有趣的开展，在规划好路线的同时，张贴显著的地标，安排老师志愿者指引，还增设创意组，让大家领略长跑的魅力，体验沿途锻炼的乐趣。

小学部本次主题是：大手牵小手——亲子马拉松。跑道上，师生、家长脱去厚衣，轻装上阵。起初，他们步伐一致奋力前进，待完成一半路程后，彼此有些体力不支，开始手拉着手往前奔跑。偶尔，慢走喘口气时，沿途创意组的学子穿戴着奥特曼、孙悟空、宙斯、美国队长的服饰冒出来，令他们瞬间散去了疲惫，注入了动力。

中学部师生，参与这场比赛，各个兴致极高。瞧，短袖短裤穿起来，不惧严寒，钢铁的意志我来造。

品尝冬日美食

每年的冬节，书院都会邀请民间的老艺人们助兴。这个清晨，他们早早地来到了生态园，升起炉火，准备食材。家长们看到后，脑海里唤起了很多小时候的记忆。

此刻，食堂、宿管站的阿姨也出现在师生家长的视角里。他们排成一列，烤起吱吱冒油的羊肉串、分发冰糖雪葫芦。待肉熟飘着阵阵香气时，细心地把肉丁从竹签上剔下来，供大家食用。

动手搓汤圆包饺子

冬节到来，搓汤圆、包饺子活动是不可缺少的。此刻室内，小学部1—3年级学子围坐在长桌边，拿着面团分成若干个小份，使劲地搓成一个个小圆球；4—6年级则在同学、家长的帮助下，挖一勺馅料，装在面皮上，捏紧，挤压花边，一个个饺子就包好了。

体验趣味体育活动

体育与艺术中心，体育组老师为中学部的学子布满了二十项趣味益智游戏，等待着他们去发现、去闯关。

小学、中学部，半日的活动，汉开老师用"儿童视角"做教育，在玩中学，在学中玩，精彩而充满乐趣。

今年的冬节，同学之情，师生之谊，亲子之乐，汉开之爱，是这寒冬中最暖人心扉的温度。汉开的冬日，暖暖的春意从未离开。

2020.12.25

教师风采

一、汉开教师

（一）汉开书院，慎聘良师

好老师，就是好学校，就是好教育。

教育情怀选择生活方式，专业精神成就人生事业。使命和理想体现在行动，实力与魅力落实在育人质量——这是汉开老师的写照。他们对任教的学科有着虔诚的爱，他们洞悉学科的本质和思维，而且在学科前沿和学科审美方面有着独特的体验，因此能够引导学生进行深度学习、创造高峰体验。

汉开书院选聘老师的三个维度：学术素养，专业精神，审美情趣。

汉开书院的老师，有实力，有魅力，有国际视野。他们来自四面八方，对教育有着纯粹的情怀与理想，年龄、性别的结构合适合理，经验丰富而又朝气蓬勃，比较优厚的薪酬与可视的发展阶梯使他们感受到体面与尊重，家的氛围与正直诚实的价值观让他们体验到爱与简约。

书院学科教学实行首席教师负责制，首席教师特别优秀，具有深度的学科理解力和教学领导力。

书院对学生的成长实行导师制，导师既是学科教学者，也是学生生涯规划与人格发展的导师。

汉开书院的老师，他们对自己的期待是：让学生喜欢我这个人——让学生喜欢我的课堂——让学生喜欢我任教的学科——让学生中高考因为我而不同以往——让学生的人生因为我而尊重教师和教育。

所以，南京汉开书院是一所孩子们喜欢的学校。

（二）汉开教师的形象

汉开教育，成人之美——以美成美。

信仰，专业，奋斗，贡献，品位。

（三）汉开教师文化

学术素养，专业精神，审美情趣。

团结奋斗，科学奋斗，快乐奋斗。

质量立校，质量立人。

我们是一支球队，赢球，是我们的荣誉，更是我们的责任。

好人，能人，——拿到应有的成果之人。

每个汉开人在他的岗位上都应该是优秀的，每一个人都是汉开。

（四）教师公约

① 不接受家长宴请

② 不接受家长任何形式的馈赠

③ 不做有偿家教，不在外兼课

④ 不在校园内吸烟，不在工作日饮酒

⑤ 不在课堂上做与教学无关的事情

⑥ 不体罚和变相体罚学生

二、教师文萃

为未知而教，为未来而学

——汉开教育学术副院长、特级教师王为峰教授访谈实录

2021 年 9 月 1 日，盐城汉开书院正式开校，针对家长关心的问题，书院学术副院长、特级教师王为峰教授接受了专访。

问

您认为汉开课程具有哪些优势？

答

课程体系是育人活动的指导思想，是培养目标的具体化和依托，是保障和提高教育质量的关键，它决定了培养目标实施的规划方案。有什么样的育人目标，就会有什么样的课程体系。汉开书院的育人目标是：通过出色的学术教育与领导力培养，造就具有中国精神的世界公民与未来领袖。为实现这一高阶育人目标，书院将国内、国际课程的精髓融会贯通，构建了"国家课程、国际课程、汉开课程"三位一体的全方位课程体系。

具体的课程结构如下：盐城汉开书院提供 1—12 年级的中国国家课程体系（National Curriculum 简称 NC）和外教特色课程体系并行的双轨制课程。

汉开书院实行教学，要求所有学生选修外教英文课程，为学生提供优质的英语教育，培养学生能够使用英语深刻地去探讨问题、进行学术性阅读、写作、演讲与辩论的能力。

所有学生都要必修通识课程——"汉开六艺"，书院以此培养学生对中国教育优势的自我实现和中国身份的认同。**汉开书院特别警惕那种去中国化的"国际教育"，坚持走"第三条道路"，走到"太平洋"的中间，汲取中西，融汇古今，培养优势，善育英才，此乃"汉开"之名实也。**

汉开书院的学生可以选择文凭课程，来获得"汉开文凭课程"学分；

或者通过学科支持课程满足特殊需要，为学业打下更坚实的基础。

汉开书院的课程体系是完备的、科学的、优秀的，为我们高阶育人目标的实现提供了坚实的课程基础；汉开书院的课程是丰富的、可选择的、具有学术挑战性的。我们期望通过这些课程的教学，培养国际理解力、国际竞争力，帮助学生为未来的人生做好准备，引导学生创建一个更加美好的未来世界，并且乐在其中。

问

您认为汉开学子应该具有怎样的学习良习，能达到什么样的高度？

答

学习是一个广义的概念，学生的学习不仅要学习文化知识，还要学习如何做事，如何做人。汉开学子的学习良习，是由书院的育人目标决定的。这些具有中国精神的世界公民与未来领袖在学生时代应该形成如下良习：

（1）"致良知"的习惯；

（2）规划与计划的习惯；

（3）要事优先的习惯；

（4）开始就把事情做好的习惯；

（5）按时完成任务的习惯；

（6）勇于担当的习惯；

（7）讲究教养的习惯；

（8）提高效率的习惯；

（9）培养核心发展力的习惯；

（10）与所敬重的人保持接触，拒绝垃圾文化与食品的习惯。

习惯是积久养成的生活方式。"积久"说明要经历一定的时间和付出一定的努力，良习更是如此。我希望汉开学子的学习良习能达到自觉地、机械地反应的高度，就像一位优秀司机开车一样，不需回忆交通规则、不需背诵驾驶要领，就能自主迅速地做出正确的行动。**所以从不用橡皮、不用修正带开始，训练学生一次就将事情做好的习惯，提高时间利用率，培养核心竞争能力。**

问

您认为汉开书院的教师具备哪些优秀的素质？

答

我觉得，一个优秀教师应该是"有理想信念、有道德情操、有扎实知识、有仁爱之心"的老师，这是习近平总书记对广大教师提出的殷切期望。这样的教师会对教育充满热爱，并愿意把教育当成一种生活方式；这样的教师会用实力、魅力、良善和社会责任感，成为学生的榜样和领路人；这样的教师能洞悉学科本质和学科思维，关注学科前沿和学科审美；**这样的教师具有学术的素养、专业的精神和审美的情趣。**

好教师，就是好学校，就是好教育。汉开书院基于以上优秀教师的素质标准，组建了优秀的教师队伍，信仰、专业、奋斗、贡献、品位是他们共同的形象特征。汉开书院的老师，有实力，有魅力，有国际视野。他们来自四面八方，对教育有着纯粹的情怀与理想，年龄、性别的结构合适合理，经验丰富而又朝气蓬勃。他们以教育情怀选择生活方式，以专业精神成就人生事业。他们把使命和理想体现在行动上，把实力与魅力落实在育人质量上。他们对任教的学科有着虔诚的爱，他们洞悉学科的本质和思维，而且在学科前沿和学科审美方面有着独特的体验，因此能够引导学生进行深度学习、创造高峰体验。

汉开书院的老师对自己的期待是：让学生喜欢我这个人——让学生喜欢我的课堂——让学生喜欢我任教的学科。

汉开书院对老师们的期待是：让每个老师都成为师德的表率、育人的典范、教学的专家。

2021年秋学期，来自全国17个城市的老师加入到汉开书院，为文化融合提供了更多可能。

书院为促进教师的专业发展提供了制度保障，如《汉开教职工积分制方案》《汉开教师职级制方案》《雁阵计划》等。校内职级制、教师职称可同时进阶，比较优厚的薪酬与可视的发展阶梯使他们感受到体面与尊重，家的氛围与正直诚实的价值观让他们体验到爱与简约。这些都对教师的专业发展起到了较好的激励作用。另外，书院还形成了职前培训、学期中培训、假期培训的培训系统，每个阶段的培训都为教师设定了成长目标。吸引优秀师资、培养名师，实现教师队伍的持续进阶。

盐城汉开，善育英才，值得期待！

2021.9.1

（王为峰老师，现任职汉开教育学术副院长、盐城汉开书院教学副院长，特级教师。江苏省南京市鼓楼区教师发展中心原数学教研员，南京市

鼓楼区原名师工作站负责人，江苏省首批教授级中学高级教师、三级教授，江苏省数学特级教师，南京师范大学硕士生教学实践指导教师，江苏省正高级教师职评评委，江苏省优秀教育工作者，江苏省教学新时空（初中数学）、南京市名师公益大课堂特聘专家，江苏省乡村教师培育站优秀指导教师。"大目标、大概念、大问题、大结构"数学教学主张的提出者、倡导者、践行者。多次承担国培、省培工作。在省级以上刊物发表论文百余篇，多篇被中国人民大学书报资料中心全文刊载，出版专著《初中数学教学实践论》，主持过多项省、市级规划课题，其教学成果获江苏省基础教育教学成果二等奖。曾任公办中学校长、民办中学校长。）

淮安汉开这一年

淮安汉开书院执行院长　郑军

尊敬的院长、亲爱的老师、同学们：

洪泽之滨，槐树之下，我们与太阳一同升起，淮安汉开书院的校园光芒万丈。头顶是万里长空，远方有碧波荡漾，眼前是阳光少年。在这样一个美好的清晨，我们迎来了淮安汉开书院一周年校庆日。

从 2019 年 4 月 23 日开始，对于淮安，对于洪泽，对于今天在现场的我们来说，汉开书院就不再是一个抽象的名字，不再只是官方微信上的图文，而是丰富充实的课程，是和蔼可亲的老师，是灵动有品的课堂，是恢宏大气的建筑，是多姿多彩的活动。短短的一年中，我们可以具体感受到一所追求基础教育改进的学校的执着与努力，触摸到她的温度与厚度，体会到她的真诚与热情。我们共同参与创造了淮安汉开书院的历史，共同展现了教育本来应该具备的精彩。

一年中，洪泽区委区政府、区教体局以及多个部门和单位对书院的发展给予了大力的支持，他们放眼未来，高瞻远瞩，主动服务，热情帮助，解决了书院遇到的许多实际困难，我们对此怀着由衷的感谢；我们的家长，从观望怀疑，到释然心安，再到惊喜赞叹，对书院的各项工作给予了充分的肯定和尊重，发挥了教育共同体的作用，书院取得的成绩，有他们的一半！

一年中，书院的老师们走出淮安，走进南京、南通、扬州、黄山、上海、成都、温州……汉开书院，紧盯基础教育领域的前沿，探索、学习、优化、提升，全力打造一支"站在山顶上"的队伍，给汉开学子提供丰富的营养。我们的生活老师、餐厅员工、物业保安们，也尽心竭力，优质服务，共同为同学们营造了安全、健康、宁静的生活环境。

一年中，我们的同学们参加了童子军训练，参加了"与太阳一同升起"开学礼，进行了"庆国庆"文艺表演，组织了小学部亲子运动会，瞻仰了西顺河烈士陵园，组织了"为成长喝彩"颁奖礼，进行了首次秋游活动，举行了 2019 年公祭日活动……有思考力、领导力、学术力、创造力、教养

力的汉开学子，已经成为一道引人注目的风景。我们的同学们，不畏强手，勇于挑战，参加了区篮球赛、区合唱比赛、区英语口语大赛，和高年级同学同台竞技，锻炼自己；参加了第二十六届青少年科技模型大赛暨第33届中国头脑奥林匹克创新大赛并取得了省一等奖。在省、市、区的学业水平测试、抽考、统考中，同学们的成绩也令关心我们的各界人士欣喜。

一年中，我们迎来了淮安市和洪泽区的各级领导，迎来了市、区教育局的多次视察检查，迎来了区内外多所学校的参观团，也赢得了来自各方的认可。我们种下了校树槐树，"不忘初心，方得始终"；种下了首届级树杜英，"汉开学子，都成英才"，种下了各班师生和家长共同挑选的班级树。汉开人，将像树木一样，脚踏大地，心向蓝天，心无旁骛，奋力生长。我们建起了柿园、梅园、榴园、竹园、枣园、樱园，不久的将来，我们就可以欣赏立秋路上银杏叶飞舞的美景，品尝校园内的美味果实。

汉开这一年，是充满激情的一年，是令人欣慰的一年，是不负期望的一年！

老师们，同学们，我们的校庆徒步很快就将开始。此刻，清凉的晨风拂过我们的脸颊，这是春天的风，这是从洪泽湖上吹来的风，这是我们校庆日的风。是的，自然界的风时起时歇，但是，我们心中的奋进之风，向上之风，勇毅之风，却可以永远吹送。就像我们运风场上写的那样：跑起来，我就是一股风。跑，是追梦，是实践，是力行。只要跑起来，我们就可以将困难踩到脚下，将胆怯抛之脑后，今后，当你犹豫不决的时候，想要放弃的时候，怀疑自己的时候，记住书院送给你的这句话：跑起来！不要停，不要坐，不要躺，只要跑起来，你就可以永远是今天这样的追风少年！有今日之强健少年，方可建设未来之强盛国家。我相信，有了这样的身体和精神，在国家有难之时，使命召唤之日，我们的汉开儿女一定能够像钟南山院士、李兰娟院士那样，挺身而出，忠勇报国！今天的10公里徒步，将来的20公里、30公里徒步，既是书院对大家的身体上的锻炼，更是对西南联大"刚毅坚卓"精神的传承，是赠送给大家的一份宝贵的精神厚礼！千年古堰留脚印，万顷碧水映雄姿，淮安汉开书院的师生们，虽千万人，吾往矣！

有教无类，因材施教，善育英才。通过出色的学术教育与领导力培养，造就具有中国精神的世界公民与未来领袖。明辨不惑、力行有品的汉开书院，一定可以成为一所让校友们骄傲与欢笑的学校！

在这个特别的日子，祝福老师们，祝福淮安汉开书院的长子长女们，祝福我们的淮安汉开书院——生日快乐，明天更美好！

2020.4.23

（郑军老师，2016年6月入职汉开，2016年至2019年6月任南京汉开书院学务部主任，2019年7月起任淮安汉开书院学校执行院长。高级教师，现任教初中语文。盐城市亭湖区名教师，盐城市初中语文教学能手、学科带头人，盐城市优秀教育工作者。任备课组长期间，所带的语文备课组被评为"盐城市优秀备课组"。曾获盐城市盐都区、亭湖区及全市教学竞赛一等奖。多次获区级嘉奖，获"区优秀共产党员"称号。2016年调至南京市浦口区工作，教学实绩突出，曾获浦口区初三语文教师解题、命题能力竞赛一等奖，执教南京市公开课。）

办一所百姓家门口的好学校

盐城汉开书院执行院长　潘景茚

尊敬的张主任、尊敬的各位代表：

大家下午好！

首先特别感谢县委、县人大、县政府对汉开书院的鼎力支持！感谢教育局及各兄弟学校对汉开书院的倾力帮助！县委县政府高瞻远瞩，在公办学校满足学生义务教育需求的基础上，引进一所民办学校，给百姓提供更多的选择。

（建湖小学教育近五年转出学生情况）2016.9—2017.8 转出 104 人；2017.9—2018.8 转出 145 人；2018.9—2019.8 转出 219 人；2019.9—2020.8 转出 267 人；2020.9—2021.6 转出 236 人。

流失年份	初中	高中
2011 年	79	3
2012 年	76	1
2013 年	119	4
2014 年	143	5
2015 年	134	2
2016 年	197	2
2017 年	387	14
2018 年	311	12
2019 年	371	21
2020 年	361	23
合计	2178	87

（建湖近年来中小学转出情况一览表）

2019 年 10 月 21 日，建湖县政府与深圳汉开教育咨询管理有限公司签订合作办学协议，2020 年 7 月校区开工建设，2021 年 9 月 1 日正式开学，这是在建湖这片热土上创造的奇迹。

办一所百姓家门口的好学校成为我们共同的使命和责任。下面，我将从以下几个方面对开学以来的主要工作进行汇报：

（一）明确办学定位，培养具有丰富生命力的汉开学子

汉开书院的培养目标是通过出色的学术教育与领导力培养，造就具有中国精神的世界公民与未来领袖。

建校之初，书院就确立汉开学子形象为"有思想、有教养、能探讨、

能长跑、不睡懒觉、不请家教"的具有丰富生命力的汉开人。

"有思想"注重培养学生的学科思维能力，运用尝思美（尝试与美思）的策略学习和思考，每节课结束前5分钟进行达标检测；讲究"有教养"，是因为在南京校区看到了里下河地区受农耕文化影响成长起来的孩子在运动、舞蹈、音乐、朗诵、演讲等方面都与大城市的孩子有一定的区别，所以书院就从每一天的校服和问候礼仪做起，培养孩子的教养力；强调"能探讨"，书院借助STEAM、象棋、科学节等课程培养学生的创新与合作精神，这种精神不是简单的模仿和重复就能够做到的；"能长跑"，健康是生命之基，每个汉开的孩子都能会武术操、都能长跑，每个年级都要有跑步的达标任务，每年校庆的时候都会举行徒步活动，初一10公里、初二20公里、初三30公里，无体育不汉开；"不睡懒觉"，叫醒一个人的不是闹钟而是梦想，要做历史的创造者而不是历史剧的观看者，勉励所有的学生运用效能手册养成规划和计划的习惯，做人生的主人；"不请家教"这是早在2016年南京校区建校时就提出来的，不是说不需要辅导，而是说学生需要的，学校里都可以提供。

基于这样的办学定位，2021年秋学期第一届招生吸引了来自全国11个省市的学生，招收小学1—6年级、初中7年级的学生，共计24个班。

盐城汉开，善育英才。并不是说把最好的学生招来教，而是通过我们的努力把学生培育成英才，实现教育的增值。从每一节课、每一次作业、每一天礼仪、每一周运动、每一月总结开始，让优秀者更优秀，让平常者不平常。

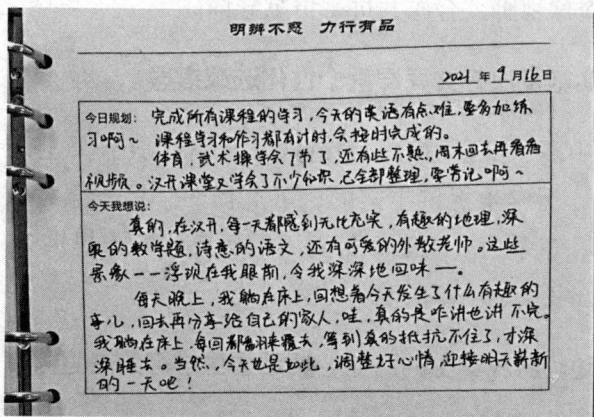

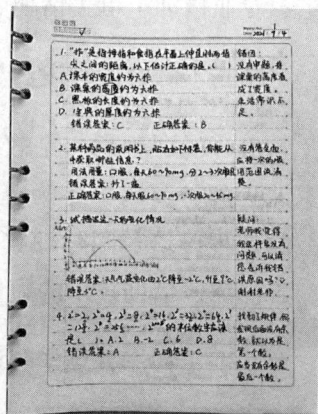

（二）依托集团化办学优势，培养山顶上的老师

一所学校里最应该学习的是老师。基于其他几个校区近几年来的办学影响，今年盐城汉开吸引了来自全国 17 个省市的教师，71 名专任教师中有 58 名来自外省市，其中包括来自南京鼓楼区教研室的特级教师王为峰教授，以及来自 3 个不同国家的 5 名外教，外教全日制坐班制为学生的英语学习提供了浸润式的环境，这在中小学里是不多见的，汉开的学生学英语不仅仅是为了高分，更是用英语表达，用英语思考，同时外教的孩子加入到学生队伍中，丰富了学生的多元结构。从全国各地引进教师和学生，促进了文化融合。

为了让来自五湖四海的教师更好地了解汉开文化和办学模式，适应建湖的地域特色，从 8 月 2 日起，所有老师统一参加线上培训（8 月 2—13 日）与线下培训（8 月 17—20 日），由汉开教育集团内部特级教师及骨干教师依据汉开实际教育经验和教学策略，从文化建设、班级管理、学生管理、教师专业化发展、教学等方面进行全方面的培训，得益于前期的充分准备，在 8 月 25 日正式进入校园后，班级文化布置、集体备课、教研组活动等工作均能快速进入轨道，为迎接学生的到来奠定了基础。

王占宝校长曾说："我是山上的一棵小草，不是我高，而是山高。"成为山顶上的老师，努力从学术素养、专业精神、审美情趣三个方面提升教师的整体水平，提高办学的整体质量，坚信好老师就是好学校。让学生喜欢我——让学生喜欢我的课堂——让学生喜欢我任教的学科，成为我们共同的期待。培训期间，老师们形成了共同的价值观：诚实正直、彼此尊重、专业精神、审美情趣、全球视野、合作共进、贡献导向。

（三）做好课程设计与实施及汉开文凭课程个性化选课指导

汉开的课程理念是教贯中西，学会理解，创造未来。除了开齐开全国家课程外，还以学年为单位，为学生提供丰富的、可选择的、具有学术挑战的课程，培养国际理解力和竞争力。本学年针对不同年龄段特点提供 35 门选修课，借助技术的力量，家长学生共同参与，完成线上选课。

（四）科学开展学科活动，激发学生的潜能，调动学生学习的内驱力

每个人身上都有太阳，主要是如何让它发光。暑假期间，书院就组织

各科组教师设计全年的校历，内含汉开各学科活动、每月主题活动。科学有序地开展学生活动，把每一项任务都做成作品，让每一天都成为台阶。

（五）顺应国家规范民办教育的趋势，扎实落实"双减"政策，让教育回到教育本身，形成教师教学良习和学生学习良习

汉开书院作为一所民办学校，面向世界和未来，努力培养学生的思考力、领导力、学术力、创造力、教养力，明辨不惑，力行有品。

双减政策中提到减轻学生的课业负担，减轻校外培训负担。汉开学生十大良习中有"按时完成任务的习惯"和"提高效率的习惯"、"开始就把事情做好的习惯"，要求每个学生在校期间，在规定的时间内完成相应的学习任务，由教师批阅完成后，放学回家，当日事当日毕。引导学生从不用橡皮擦、修正带的点滴努力开始，养成良习，然后良习塑造我们。

每一个都重要，每一个都被需要，这是汉开努力践行的学生观。教育，成人之美，这是汉开的办学使命。

生在塘河，遥望银河，作为汉开教育集团旗下的第三所学校，作为王占宝先生回归故里的匠心之作，盐城汉开要努力成为一所质量高、优势明、国际化、习惯好、身心棒、后劲足的学校，成为百姓家门口的好学校，让建湖的孩子从九龙口出发，奔向世界和未来！我们将在教育局的统一领导下，向兄弟学校汲取真经，为建湖教育的优质发展略尽绵薄之力！

谢谢大家。

2021.9.20

（潘景莤老师，2016 年入职南京汉开，2017 年参与创办南京汉开书院小学部，2021 年参与创办盐城汉开书院，现任职盐城汉开书院学校执行院长。任教期间曾被评为南京市浦口区先进教育工作者，南京市浦口区家长学校总校优秀讲师，浦口区第三届中小学班主任基本功大赛一等奖，南京市第二届语文教师教学基本功大赛二等奖；指导学生参加全国青少年冰心作文竞赛获省一、二等奖，参加南京市"汉语之星"竞赛获团体一等奖，获南京市中学生作文竞赛优秀指导教师等奖项；《通过小组合作的方式提高学生学习语文的兴趣》《星星点灯　慢慢引领——培养学生语文课堂中有效阅读的方法探究》等多篇论文及案例付梓。）

2020，HKA 高中来了！

中学部　倪晶晶

开办高中是南京汉开书院一直以来的顶层设计。在 2016 年创办初中时，书院就择优招聘一批高中骨干教师，让老师们了解初中教材及学生的认知规律，为创办高中做准备。这样的准备，四年来我们一直在向前推进。今年我们终于实现了自己的目标，拿到了结果。汉开高中部的办学定位是：一所学术性、国际化、高增值的精品特色高中。

回首往昔，四年来全体汉开师生与教职员工以自己的智慧、毅力、创造力及远大抱负推动书院整体良性循环，办学层次与实绩稳步提升。学术项目、艺术表演、体育活动、社团巡礼；篮球赛获胜时与好友的紧紧拥抱，考试失利时为低谷期流下的泪水；课间结伴溜去小商店购买零食、下自习后主动延长自主学习……这些校园瞬间与回忆填满了生活，塑造了今日独特的学子风采。

我期待大家都能为汉开的高中喝彩，我自己是一位目前 7 年级学生的母亲。我愿意与书院 240 多名教职工一起期待并迎接 2020 级高一年级的学生们。同学们，希望你们能继续在这片热气腾腾的校园里耕耘学业、培养领导力，给老师们留下精彩深刻的印象。五华路校园的高中岁月也一定会继续点燃我们的梦想、激情、思潮与友谊。

共享大厅的地下珍藏着我们在初一时写给未来自己的信；

小菜园里硕果累累，一如春华秋实的教育行为：躬身耕耘，桃李满园……

汉开高中 2020 级计划招生 4 个班。开学前老师想邀请你们一起参与高中的准备与决定：制定科学健康的作息时间；督促餐厅菜品推陈出新；讨论高中生的形象；设计校园里手机使用空间；女生是否可以化淡妆；邀请你担任低年级班级的导师；你也可以自己组织书院的篮球赛、时装秀等。我们想打造一个能让同学们参与、发声、见证成长与欢笑的高中。

上周四，普林斯顿大学校长 Christopher L.Eisgruber 面向空无一人的 2020 届毕业典礼发表演讲。有一句特别令我印象深刻：Throughout those good fortune in our youth, our heart were touched with fire. It was given to us to learn that life is a profound and passionate thing. 在我们年轻时遇到过所有好运之后，我们的心才能被火融化。这会让我们知道生活是一件深刻而且充满激情的事情。

　　2020 年很特殊，这是一场前所未有的劫难。上周三晚，美国新冠肺炎确认人数突破了 200 万，累计死亡 11.2 万人；截至本周一 6 月 15 日 24 时，北京新增确诊本土病例 106 例；疾病大流行造成全球范围内不可计数的岗位流失，经济崩塌，骚乱频发。我们突然发现世界是脆弱的，很多看似坚固的东西会转瞬即逝，消失殆尽。

　　2020 年有变数，也有机遇。停产停工期间，许多教育培训机构的负责人带领员工卖起了包子、做起了烧烤、朋友圈卖货自救以求度过经济寒冬，存活下来；4 月 18 日，Lady Gaga 联手世界卫生组织与"全球公民"举办"同一个世界，团结在家"的慈善线上演唱会，为遭遇疫情的人们加油打 Call，募集善款。

　　2020 年有苦难，也有美好。7 年级王迎沣同学春节后将自己的压岁钱捐给派出所的民警们；9 年级吴迪，胡蕊，张乃心，姜子皓等同学回收富余口罩，捐赠给地铁公司的职员们；首届高一陆伊凡、周易同学寒假发起网络捐款近万元，全部赠予浦口区红十字会；黄煜惠、王朱睿、郑彬伟、周易等同学家长向书院捐赠大量抗疫物资，保障顺利开学及校园日常防护需求。

　　同学们，信步全球不仅需要高分高能，更需要勇气、远见、执行力与同理心。这些品质能让我们更清醒地认识自己，分析问题；更善良地解决问题，引领他人。

　　高中之高，不在高楼，在于高手也。王占宝院长曾任南师附中、深圳中学、深圳科学高中、深圳万科梅沙书院等知名高中校长 28 年，引进并指导实施 IB、A Level 等国际课程，如今再回高中教育主阵地；负责教学管理的周院长曾任省四星高中校长近 20 年，大市级学科带头人，数学特级教师；上周五近 30 位高中骨干已陆续报到，开始深度专业的教研教学准备；位于雨发生态园，专为高中打造的英语学习中心与 STEAM 中心正在积极建设推进之中。

一所伟大的学校，若能汇天下英才聚于此，定会散发出更加旺盛的生命力。为开拓良性校园生态，打造更广更强的汉开教育社区，各位老师，如您熟悉身边优质同行，望不吝举荐；各位同学，欢迎你们与小伙伴一起选择汉开，共同成长；也感谢你们的家长一直认可汉开，向社会推荐汉开，分享汉开。

2016 年秋，江浦之滨，老山脚下，南京汉开书院带着"从大汉走来，向世界盛开"的愿景蹒跚启程。2020 年春，四岁的汉开踏上高中筑梦之旅。一切过往，皆为序章；直挂云帆，乘风破浪！

2020.3.10

（倪晶晶老师，2017 年 1 月入职汉开，2017 年 9 月接手国际课程，将国际课程从零做起，现任职南京汉开书院中学部主任。2018 年 Checkpoint 全球统考，剑桥科学与剑桥数学均分超出对标校常州威雅公学、重庆德普外国语学校；2018 年 4 月第二届 Checkpoint 考试成绩创新高，剑桥科学增长至 4.2/6.0，剑桥数学均分 5.8/6.0；2018 年 5 月组织书院首次 IGCSE 全球通考，数学 A&A* 率达 95.8%，英语 C 达 65.8%，均远超全球平均水平；2019-2021 年陆续参加 IGCSE 与 AS 全科统考，数据强势！HKA 一跃列于全国前 10% 国际课程；2020 年学生雅思首考出分，多名同学获得 7 分、7.5 分、8 分的好成绩；2021 年 11 月 3 名同学凭借卷面 100% 满分的优异成绩横扫全球竞争者，获得剑桥国际"全球顶尖奖"卓越学子；2022 届毕业生陆续收到剑桥大学（面邀）、帝国理工大学、爱丁堡大学、曼彻斯特大学、华威大学、香港大学（全奖、双学位）、香港科技大学（全奖）、墨尔本大学、悉尼大学、新南威尔士大学、昆士兰大学、阿姆斯特丹大学等 Offer。99% 的同学被世界排名 Top 80 的高校录取，创造历史！）

生命的力量
——写给一位伟大的学生谈欣颜

中学部　谢国栋

谈欣颜，一个初一的女孩子。

在寒假的时候，她找到我："**老师，我可以开一节汉开讲堂课程吗？**"我说："当然可以啊！你要讲什么主题？"孩子回答："**我要讲癌症！**"我很是好奇："你为什么要讲这个？"孩子回答："我得了癌症！"

我竟一下语塞。在片刻的沉默之后，我看着孩子的脸庞，微笑着，矜持却又真诚。两只眼睛很亮，她正看着我。我找不着别的词汇，只说："好，你讲！"

孩子继续问道："汉开讲堂有什么要求吗？"

我说："你可以先做一个PPT，还要准备好演讲稿。"

"哦，要不要英语？"

我又一次愣住了。毕竟是初一的孩子啊，一堂讲座，一个小时，而且是讲这么专业的话题，她能行吗？我并不是怀疑她的英语能力，我只是单纯地想着，这个要求对她来说会不会显得困难，或者突兀，让她觉得尴尬？

"你如果能用英语讲，那当然是最好了。"

"好的，我试试。"

……

在寒假快要结束的时候，我收到了孩子的ppt和演讲稿。她说："老师，你帮我看一下，里面估计有很多语法错误。"对于英文几乎一窍不通的我，哪能看得出错误呢？我将她的作品转给了英语老师，请英语老师帮忙修改、完善。

在准备好了这一切之后，当开学来临之后，我问她："你准备什么时候讲？"

"老师，我还没有准备好，我真的好紧张。"她依然是那样微笑着，矜持却又真诚。

"好的，你准备好了告诉我啊。别紧张，没事的。老师们都很支持你！"

在这样"紧张"了四五次之后，终于定下了分享的时间，2021年4月9日。在她一直"紧张"的"没有准备好"的过程中，她其实一直在准备。她和外教老爷爷克瑞斯频繁互动，一直在讨论相关的知识，外教老爷爷克瑞斯也一直在充满耐心和爱心地和她交流。具体谈了什么，我不得而知，唯一可以知道的就是，这样的师生互动，给予了她强大的力量。同样，这样一个孩子，也给了我们这些成年人巨大的力量。这种力量，叫作"生命"，叫作"成长"！

4月9日上午10点50分，当书院学部200多名学生和全体老师共同出现在图书馆的时候，也许有些孩子还不知道今天讲座的内容，但当开场白明确了今天的主题之后，现场立即安静了。这种安静，不是平时的"不要讲话"，而是清晰可闻的"尊重""震撼"。是的，孩子们从来没有想过，就在他们身边，一个初一的小女孩曾经、现在，和"癌症"进行过，也正进行着"抗争"。

这是一场怎样的演讲啊？

一个多小时的时间，这个初一的小姑娘，用全英文讲完了所有。尽管中间夹杂了一些中文，但那也是为了能让不了解癌症的学长和学姐们更加清楚的明白自己的表达。

这个初一的小姑娘，以微笑、诙谐、自我调侃的方式讲完了所有。包括对她化疗后脱发的回忆。 "你想，你是不是因为头发和你的父母吵过很多次架？现在没有头发了，有助于家庭和谐！" "你看，洗头发、梳头发，是不是很浪费时间。现在没有头发了，可以节省很多时间。" "你知道吗，有很多人喊我是个帅小伙，那可真棒！"

这个初一的小姑娘，她并不是没有痛苦，在她的眼泪就要掉下来时，她又很快的控制好了情绪，继续微笑着，把自己的故事将给大家听。当我感受到眼角有泪、心头微痛的时候，她却已"轻舟已过万重山"般云淡风轻地一带而过。

一个成年人，一个老师，在这样的一场演讲面前，我感受到了自己的卑微。在这样一个学生面前，我想我是虚弱的。世间，除了生死，都是小事。经历过死亡的威胁、恐惧，才能更加理解活着的价值和意义，对生命更加的尊重和敬畏。死去活来，这真是一个绝顶智慧的词语。这个初一的小姑娘，以她亲身的经历和当下的坦然、乐观诠释了她对生命的理解。她说，她只是想给大家做一些科普，让大家了解癌症，了解癌症的治疗。但她带给我，带给我们的，却是一个生命的坚韧、强大与不屈。

姑娘，感谢你，你以稚嫩的年龄里饱含力量的故事，给了我一次学习、成长的机会。你以娇小的身体下蕴藏的巨大的能量，给了我一次启迪和鼓舞！

我想，我们都要好好的活下去，好好的活出生命的精彩！因为有你这样的生命的精灵，人间的一切都变得美好，值得！

（谢国栋老师，2018 年 7 月入职汉开，现任职南京汉开书院学校学务部副主任，双语部副主任。现任教初中历史。曾获扬州市市级公开课优质课，扬州市维扬区青少年维权先锋。多篇论文在区、市、省获奖。历任班主任工作十八年，所带班级曾经创造平行班级，超过三十分均分差的记录。并多次获得优秀班主任称号。历任德育工作负责人十七年，对家庭教育和学生思想引导、心理状况，有丰富的专业能力和成功的帮扶案例。）

我们在财八路的精彩与记忆

初中部　张海平

时维十月，序属孟冬，告别财八路，搬入五华路。

老师们，同学们，本月底，我们初中部的同学们将陆续告别财八路，告别小学部的学弟学妹们，搬入五华路校区。从 2016 年创院到现在，财八路校区留下了很多精彩的记忆。

我 2016 年 5 月 16 日加入汉开，有幸见证了财八路校区的成长与自豪。2016 年，只有 1 个年级、8 个班级、212 名同学，60 名教职工，很多教室是空着的，操场是泥泞的，食堂是冷清的。今天，再看我们的校园，9 个年级，44 个班级，1200 多名学生，200 多名教职工。在这两年多中，我们收获了无数的精彩与自豪，经过 8 月的童子军，同学们眼睛更亮、声音更响、腰杆更直、胆子更大、两臂更有力、双脚更坚定；9 月，我们举行了《与太阳一同升起》全国最早的开学典礼；我们"致未来的自己"，相约 2029、2030、2031……怀着期盼，向未来许下承诺。我们在紫金山顶俯瞰金陵城、在珍珠泉攀登小长城、在明城墙上展示汉开武术操，指点江山，英姿勃发，少年意气，挥斥方遒；2017 年 9 月，汉开学子与享誉世界的恒哈图乐队相遇在南京保利大剧院，欣赏并体验到真正的音乐，当主持人问到同学们学校名称的时候，整齐响亮的"汉开书院"响彻整个大厅时，全场观众送来敬佩的目光，掌声经久不息；冬节的篝火晚会上我们一起爆米花、烤肉串、包汤圆、吃水饺，乐在其中，回味无穷；2018 年 1 月，南京迎来了一场大雪，院长和我们一起赤足雪地跑操，不仅迈过了对寒冷的畏惧，也跨越了内心对自我的设限；汉开春语，同学们通过自己的劳动将义卖所得捐献给中华慈善总会和青海藏族自治州河阴寄宿制学校，资助了 20 名孤儿，奖励河阴寄校优秀的藏族、回族、土族、撒拉族和汉族等民族学生；校庆——跑起来我就是一股风，小学徒步 5 公里，初一徒步 10 公里，初二徒步 20 公里，我们无一人掉队，我们有每天坚持锻炼而打造成的"能长跑"的体质；更重要的，我们有"虽千万人吾往矣"的气魄，这，已成为汉开学子的精神特质。

在这里也留下了同学们取得的诸多骄人成绩，我们的武术队获香港国际武术金奖；OM 社在国际比赛中即兴题达到世界冠军水平；2017—18 赛季中国英文拼字大赛全国总决赛冠军；"汉开岩羊"队获南京市阳光体育运动攀岩比赛初中组第一名，队长戴震宇同学在江苏省第十九届运动会青少部攀岩比赛获速度赛冠军；在上星期的南京市啦啦操比赛中，我们汉开代表队取得了市第三名的好成绩。这样优秀的成绩数不胜数，在刚刚结束的八城区期中联考中，首届的长子长女们取得了高出区均分 94.2 分的好成绩，初二年级高出区均分 58.11 分，初一年级首次亮剑，就高出区均分 40.03 分。每一天都很精彩，每一天都是作品。同学们，祝贺你们取得的骄人成绩！成绩也是你们送给财八路最厚重的礼物，希望你们不断进阶，我是汉开人，请看我可能！

我们是 NCC 教育中国首家教育信息技术课程授权中心，是 LAMDA（伦敦音乐戏剧艺术学院）授权的戏剧与演讲考试中心，还获得了英国 ASDAN 素质课程开设资质。亲爱的同学们，世界已经听到了汉开的声音。我们还是浦口区机器人项目科技特色学校，江苏省棋类特色学校，是中国少年科学院科普基地，是科普中国校园 e 站。我们的校园，是创新的校园，是思维的校园，是科普的校园，更是爱的家园。

祝福你，汉开！

在这里，我也见证了老师的成长与收获。汉开教师必须走在国际前沿，与教育英雄同行，2016 年，从筹办到开校，九个月，共 18 批次 48 人次；2017 年 22 批次 52 人次、2018 年至今，24 批次 77 人次参加全国性的高端学术培训，其中英国剑桥大学 3 人次、北京、上海地区国际学校共参训 17 人次。刘新飞、郭艳、宗慧等老师获得了浦口区基本功大赛一等奖，孙炜烛、白莲秀、樊澄、张景霄等老师在南京市各级比赛中获奖，孙晓明、孙蓉、王斌等老师带领学生在香港、美国等世界级比赛中屡创佳绩。很多同学在孙晓明老师的指导下，做出了行走的木偶人；很多同学在贺红老师、王斌老师的指导下学会了射箭。你们知道吗？刘松林主任曾赴联合国非洲任务区执行维和任务，先后荣获联合国勋章、国防部和平使命勋章，邢玉婷、龙有凯老师是全国武术冠军。这样优秀的老师在汉开很多很多，正因为这一批批优秀老师的专业、乐业与敬业，财八路校区才留下太多精彩，太多回忆。你们是财八路的英雄，是汉开的英雄，谢谢你，老师们！

老师们，同学们，这一路走来，我们留下的是精彩的记忆，是芬芳的鲜花，是一往无前的奋力拼搏。我真心地为我们这个集体骄傲。

小学部的同学们，你们会在财八路校区继续学习和生活，期待你们在这里能创造出更辉煌的成绩，延续汉开的精彩。"舞台是你们的，汉开的精彩也是你们的。"

初中部的同学们，我们即将搬入五华路校区，那里的历史等待我们去书写。让我们用最豪迈的精神书写属于我们的历史，书写汉开人的历史。我们都是汉开的英雄，让我们一起把汉开的事情做到最好，把未来的事情做得最好。

祝福财八路，期待五华路！心中有目标，脚下有方向。我们汉开人众志成城，必将取得一个又一个胜利！

2018.11.21

（张海平老师，2016年6月入职汉开，现任中学部副主任。曾获南京市第十届初中数学优秀青年教师；南京市初中数学青年教师基本功竞赛一等奖；南京市初中数学优质课比赛二等奖；浦口区解题、命题大赛一等奖；浦口区优秀班主任。）

遇见汉开　成就自我

初中部　居兰坚

犹记得，2018 年 8 月，刚入职汉开的时候，王院长讲过一句话：我要成为一名优秀的……

怎么做？最关键的就是成为一名有效的行动者：按时、精致、做到最好！

2020 年 4 月 21 日王院长又分享了这样一个教育观察：唤醒——需要驱动——我要去培养——目标引领——登阶。

那么，我就按照这个思路，和各位分享我在班级管理中的一些做法。

唤醒

良好的关系是一切工作的基础。因此，班级管理的前提，首先就是建立一段良好的师生关系。也许是一封信，也许是一段陪伴，也许是一个拥抱……在学生来汉开参加童子军的第一天，我就给每位家长亲笔写了一封信，并加了一块巧克力，放在密封袋里，送给每位来报道的孩子。虽然是熬夜写成的，但是看到家长的反馈，还是非常自豪的。前些日子，我们还聊到这个话题，原来有些孩子到现在都收藏着那封信和巧克力，那是他最初的"汉开记忆"。

每学期我都会请家长给自己的孩子写封信，唯一的要求：减少说教，用心沟通。所以，你会看到这一封封情真意切的书信，一直被每一位学生夹在书里。关系都是相互的，而每年的父亲节、母亲节都是孩子跟父母说说心里话的时候。学生们以卡传情，也让家长感受孩子的成长！

良好的师生关系建立了，孩子才会信任老师，才会愿意听老师的话，班级管理也才能有效开展。

记得离开财八路的前一天，我们在校园合影留念，在我喊下"一二三"的时候，我以为学生们会说"汉开"，谁曾料到，他们竟异口同声地连喊出了三声"居老师，我们爱你！"着实让我感动不已！

驱动

如果说，关系是教育的基础，而要进一步成长，稳定而能给自己有力

支持的环境就很重要。此刻，一份有力的支持就尤为重要。这就需要找到自己在这个集体中的价值感和归属感，即是汉开强调的每一个都重要，每一个都被需要。

在此过程中，我学习了王老师的方法，时时拍一些照片，在课间进行展示，有做的好的，有做的不好的，由此让每位同学知道，我们八班是一个整体，因为有你，所以才美；因为每一个你的进步，才有我们整个班级的进步；因为有你的认真负责，才有我们整个班集体的干净整洁……

在任何集体中，每个人都希望被看见，所以我会时时抓住孩子们的闪光点在班级进行展示，比如：方格笔记本、汉开汇、追光记……还专门开辟了相应的板块展示学生的优秀文学作品；当然最受欢迎的莫过于"赞美墙"，学生们互相看见，互相表达，最后，这块墙也成为了我们老师最喜欢的地方，你也会时时看到各科老师的赞美表达！

对于每位学生来讲，最幸福的时光就是在赞美墙上发现自己的名字。

在这样的班级环境中，学生们内心安定，积极向上。

可是，如何进一步激发内驱力？激发学习的动机？那就离不开书院的营养和力量。而前提，就是对书院的认同。

培养

我们都知道，家长选择汉开，都是因为王院长先进的教育理念。而理念落地，是需要通过各种活动和课程来体现的。如果，我们不能引领学生从活动中吸收营养、汲取力量，那就没法发现汉开的品质与独特。而活动也仅仅是活动，热闹一番过去就过去了。于我而言，每次活动，都会经过：前期思想渗透——中期全身心投入参与——后期思考总结，这三个步骤。

比如，4月份的"槐树课程"，在仔细阅读孩子们写下的对于槐树的思考时，有句话触动了我，她说：居老师说的很对，也许我这一辈子都会永远怀念着这棵紫槐了！

我想，是不是可以做些什么？以后孩子们无论在何处，看到它，就会想起我们的紫槐，想起母校。于是，属于每位同学自己的"槐树卡"应运而生。后期会做成属于每位同学自己的槐树书签。

再比如：种下一棵理想树，当我们齐心协力种下之后，每天都有学生去看，我也常常去拍一些照片跟大家分享，真心感受与班级树一起成长的乐趣，在"致未来的自己"里，有学生写道："虽然，我不会像那些女生一样，每天都会专门跑去看它，但是我知道，这棵树已经长在了我心里！"……点点滴滴，都是营养，不断滋养着每位同学，对于母校的认同感与日俱增，滋养之后就是力量，因认同，使命感也油然而生。

目标引领

学习的内驱力有了，此刻，就需要老师的推动及一些方法的指导，用目标引领，将力量感化为行动，力行有品。

于是，在考前，都会引导学生填写自己的考试目标，没有计划的目标仅仅是个愿望，因此，你会看到每位同学都能很清晰地知道，为了实现目标，我会这么做……目标展示出来，更是激发了同学之间的斗志，都要努力做到最好。而高期待也会转化为自主学习和生活的动力，自律也就自然而然。家长们也感受到了班级的力量，自然也就配合我们的工作。

以上就是我这两年担任初二八班班主任的思路与一些做法。最后，用此次校庆我们班级一位孩子在"致未来的自己"写的一段话作为结尾：**"每个人的青春都有不同的色彩，而我的青春一定是被各种各样的'汉开'所填满。不管是深受喜爱的汉开春语和春秋运动会，还是挑战极限的校庆徒步，抑或是温馨的秋节、冬节……这都将成为一段回忆，而它的名字叫作'汉开'！"**

最后，依旧用王院长送给我们的一句话共勉："在汉开，我们对自己最大的奖励，就是让自己成为更好的自己！"相遇汉开，成就你我。

2020.5.11

（居兰坚老师，硕士研究生学历，现任初中部语文教师，2018 年 8 月入职汉开，现任 2021 级级部助理。作为班主任，所带班级各方面都居于年级前列，多次获得"优秀班集体"称号；作为语文老师，是书院"优质教学奖"的获得者。此外，作为指导教师，所带学生参与的"浦口区汉语周活动话剧"，获得一等奖。）

"过气"班主任"多管闲事"小记

初中部　王春艳

2020 年 2 月，因为一种可怕的新型病毒，学习生活被赋予了诸多名字。不管承认与否，在老师们眼里的"线上校园""停课不停学""拉开差距的一个月"，在广大学生们眼中，确实是真真实实的"暑假式寒假""充值再充值"。除了不能出门，一切似乎都挺愉快的，葛大爷躺、水果拼盘、王者荣耀。即便要上网课，从起床到书桌前，手机里也清清楚楚地提示着步数——2 步。

好在，总有一些尝到过自律甜头，依旧"沉迷学习，无法自拔"，比如南京汉开书院很多同学。每天的网课，从热气腾腾的"加油"签到开始，"加油 +1"，"加油 +2"，直到"加油 +26"。满屏的"加油"，无一例外，每一个都重要。越自律，越自由。从家庭会到"免打卡"荣誉申报，班主任王老师扛着"蓝焰班"的大旗，带着一帮劲头十足的小旗手，飞奔在逐步实现自我管理的康庄大道上。

作为一个班级里"慈祥的老母亲"，王老师日常喜欢晒娃，晒娃的床铺和闹钟，厨艺和大课间。这些照片，最近又多了一些观众——上一届王老师班的毕业生们——也是王老师嫡亲的娃们。

汉开首届 3 班，这个曾经直到初三结束，良习积分依然居高不下的班级，离开汉开迈入高中后，在超长假期的冲击下，显然也有些失控了，毕竟，还是孩子。而家长，有时是最不被娃接受的人——监督，无效，何况已陆续复工；争吵，无效，房门一摔，只气得自己要吐血身亡；糖衣炮弹，无效，只吃糖衣，炮弹免疫；高一的孩子了，难道还能暴打一顿？好在，家长们还有最后法宝，求助热线直拨，集体行动抬出了已经"过气"的班主任王老师。

能力越大，责任越大，过气又何妨？于是，王老师抄起办公神器——手机，沉思片刻，"计"上心头。

计策一：重温旧时光。"被上岗"的当天晚上，王老师把首届娃们初中三年几乎上万张照片看了一遍，看到去年娃们母亲节的小视频时，她忍不住跟娃们 QQ 群留言："去年你们在母亲节的小视频，看得我好感动好感动，转眼母亲节又要到了，你们还是那个懂得感恩的孩子吧？身体好，学习好，懂感恩，是我们熟悉的 9 个字啊！"曾经的汉开娃也忍不住了，他们说："我花了两小时翻了一遍您的朋友圈，一翻就停不下来，全是回忆……"

计策二：仪式感唤醒。给做得不好的曾经一个重新开始的机会，简单的接龙就是重塑环境的一个重要方式。30 个人，加上班主任，无一例外，每个人都接龙喊出"XX 从此会明辨不惑，力行有品"时，相当于给了自己一个重启的机会。

计策三：对立面刺激。用榜样的力量，激励学生自己对内心环境的管理，使生生之间，甚至家长之间彼此影响，彼此正能量传递。汉开关于线上学习的官微、初一的日常随拍发到群里，看到现在初一甚至小学部的学弟学妹们充实的学习生活，现在高一的娃们心里也痒痒起来。

计策四：自我"打假"，行动佐证。号召娃们真诚自我剖析，与缺点较量。"老师，其实我最近有时间还是会玩游戏，但也总是发现每次打完游戏再去学习，都很难静下心来。每天早上玩一下的话，一天都很低效……每次打完游戏以后也会懊悔，一天怎么这么快就过去了，但又克制不了。打游戏那会儿有点快乐，但是打完以后也是觉得空虚……"说完这些，这个娃发来一个视频，删除了所有游戏……"所以，这次我下决心的，以后都不会下回来！"

计策五：点对点"问诊"。留下手机号，告诉孩子们，如果有困惑，可以跟老师"一对一"。听到熟悉的声音，孩子们仿佛又回到了"王妈妈"身边。说着自己烦恼与困惑，也说着自己的梦想和期待。王老师特别提到一个男孩子的电话："他的理想是本科去读北师大，然后进一步学习本领，希望自己将来回到汉开工作。他说他记得院长说过一句话：'未来汉开的院长，希望是汉开学子接任。'他说他想努力尝试去实现这个梦想。"

面对王老师的接手，家长们喜不自禁："王老师对孩子们操的'闲心'太让我们感动了，我从来没有遇到过这么为孩子着想、付出这么多心力的老师，谢谢您还时刻牵挂这些已经从汉开离开的孩子……""离开了学校，难免会懈怠，汉开的精神也逐渐退化。好在王老师强化了保质期……""有一股久违的正气又回到了孩子们身边……"

其实，甭说这是"计策"12345，肯用这计策的，都是肯为学生花时间的。王老师现在算是娃们的编外班主任，但是，期待娃们越来越好的想法，从来不变。

"这个职业其实需要担当很多，有时候也比较辛苦，但是看到孩子们被唤醒，看到家长的期待，听到家长无奈的叹息，真的觉得自己还需要做点。"况且，"多管闲事"王老师说，"我用洪荒之力在行动！我是尽力的！"

2020.2.28

（王春艳老师，2016年4月入职汉开，现任职南京汉开书院学务部主任。任教初中语文26年，同时担任班主任工作23年。在汉开任教的首届3班，获得南京市优秀班集体荣誉称号。所教班级总分以及所任教语文学科均在汉开首届中考获得全区第一名。2018荣获浦口区优秀班主任荣誉称号；2020年荣获浦口区优秀中青年教师称号；曾获得盐城市"三八红旗手"称号与盐城市亭湖区"优秀教育工作者"称号；多次获得亭湖区"嘉奖"。）

"种子"与"柳叶刀"

——学科早读任务设计

高中部　任艳

一个民族，

千百万人里面才出一个天才；

人世间数百万个闲暇的小时流逝过去，

方始出现一个真正的历史性时刻，

人类星光璀璨的时辰。

——斯蒂芬·茨威格

2021 年 5 月 22 日，"杂交水稻之父"袁隆平、"中国肝脏外科之父"吴孟超两位学界巨擘驾鹤西去。

两颗璀璨的星居然在同一天缓缓坠落。两位老人不仅在研究成果和躬身实践上福泽苍生，更在精神上给每一个中国人留下巨大的精神财富。这笔宝贵的精神财富被中学部语文组的老师转化为课程营养的一部分，于是，5 月 24 日，语文科组设计了这样一节早读课。

感性派——诗歌与感想 Mangrove Seed

看完追忆两位院士的视频，你有什么感触？你想对袁爷爷和吴爷爷说什么？老师鼓励学生创意性的表达，很多学生选择写一首小诗来表达情感。

袁隆平
中国杂交水稻之父
1930-2021

吴孟超
中国肝胆外科之父
1922-2021

2021年5月22日
共和国痛失两院士

同学们观看吴孟超院士生前在《朗读者》
中的影像

01 诗歌

烛光
初三（9）班高毅
一个农民
用尽一生与粮食打交道
用尽一生改变一个国家
为祖国燃尽最后一丝生命
将金黄的稻子洒满大地
一个阴雨连绵的日子
离开了他所热爱的土地
人们为他点起一盏盏烛光
仿佛深秋稻田里
那一株株金黄的稻芒

双梦双生
初三（9）班倪子媛
有位年迈的老人
用一生去守候心中的禾田
稻谷漫山遍野
是梦想在飞腾

老人安详地闭上眼——

绿荫，清风

暖阳，水光

禾下乘凉，虽梦犹真

有片青葱的禾田

用米粒去取悦年迈的老人

沙漠里播满水稻

是幸福在欢腾

不同肤色的孩子跑满地——

烈日，土地

稻粒，金浪

种满全球，虽梦犹真

致袁吴

初三（10）班葛琪钰

神农来到人间播下种子

留下满仓稻谷回到天国

弃疾一刀肝胆留

悬壶济世度春秋

一团火，丰田振农

一把刀，起死回生

您们国士无双

让人间医食无忧

种子的梦想

高一（5）班董嘉颖

那年的早春

他沿着田埂高歌

播种下一粒粒希望的种子

脉脉流水洗涤后的稻壳

澄黄、透亮

他在试验田的那一头欢笑

"你们要好好吃饭，好好长大"
耕耘、挥洒、迸发、蓬勃
那灼灼发光的汗珠
沉醉在无边的稻田中
天地间，只剩一片诗意

五月的初夏

雷声闷响
他与潮湿的泥土为伴
蝉鸣空绝，褪去炙热
泥土里酝酿的芬芳
芬芳里酝酿的梦想
是他一生渴望的彼岸
麦粒饱满，麦浪金黄

02 感想

初二（8）班陈佳怡：你看到的所谓幸运，大多是背后辛勤付出换来的。不要总想着天上掉馅饼的事，不如脚踏实地走好每一步，为你的目标与梦想尽情挥洒青春的汗水！

初二（8）班王微笑：两位先生在 5 月 22 日这一天离开了我们，他们的离开对于中国人来说是巨大的损失，甚至于全世界都是这样的！看着早读视频里他们慈祥又可爱的面孔，我不由地更心痛了几分。

初二（8）班刘建祺：我们是新时代中国青年，肩负着中华民族伟大复兴的使命，未来赋予了我们这个责任，我们必会在追求真理的道路上躬行实践，厚积薄发！

高一（5）班白欣悦：作为中国公民，我们要向两位伟人学习，我们现在应该思考的是：如何在有限的生涯中造福他人，如何在服务社群、改善他人的处境上有积极作用，如何用自己胸中的一团火点亮世界。

高一（5）班蒋嘉怡：山河因而色变，草木为之含悲。袁老的精神和事业早已不止承载于身体，更承载于祖国的大地上，承载于金黄的稻穗之上，承载于每一个中国人的饭碗里。我辈将沿着您铺下的道路一往无前！

高一（5）班万苏瑶：他们高大的身影永远矗立在我的心中。在我们日复一日的平淡生活里，有了他们，我们才不会为一粥一饭而忧愁恐慌；有了他们，我们才会健健康康，无病无灾；有了他们，我们的民族文化才会如此丰富璀璨，薪火相传。因此我们要把老一辈为了改变子孙后代而艰苦奋斗的精神传承下去，将他们的故事，讲给我们的下一代听。

初二（7）班雍正熙：袁隆平，一个让全世界都吃饱饭的国家大功臣。被选评上工程院院士以后，他依然风尘仆仆地骑着摩托车去试验田。春夏秋冬，日复一日，种水稻、研究水稻。他除了日渐增多的条条皱纹，没有任何改变。

他是一位真正的耕耘者。当他还是一个乡村教师的时候，已经具有颠覆世界权威的胆识；当他名满天下的时候，却仍然只是专注于研究，淡泊名利。甘做一介农夫，播撒种子，收获富足。袁爷爷毕生的梦想，就是让所有人远离饥饿。如今您走了，相信后人的努力会让您在天堂看到这个梦想实现。

理性派——思索与讨论 Mangrove Seed

在感性的表达之外，老师想启迪学生运用理性来思索，何为科技创新？一个人的成功，靠的是努力还是幸运？年轻人应该追什么样的"星"？以及由反转新闻引发的思考：我们是否应该相信所有的媒体报道？

《论创新精神》初二（8）班刘敬元

19 世纪末，世界上知名的物理学家们齐聚一堂。开尔文说："物理学的大楼已经建成了。"但是，他当时可能不知道，爱因斯坦的相对论会把这座物理学大楼击得粉碎。如果没有人敢于创新，每个人心中都只有那座"物理学大楼"的话，那我们的世界将会停滞不前、毫无进步。

杂交水稻涉及多个生物学领域，是一项极为复杂的项目。当时，中国科学落后，人民生活没有保障。即使是当时号称"科学家港湾"的美国，在这个问题上也一筹莫展。大家都认为，袁老是一个不折不扣的"疯子"。

现在，这位巨人已经离我们而去了，而我们能做的，就是记住他的言传身教：在生活中，我们一定要跳出既定思维，去尝试一些看起来做不到的事情，这样我们才能拥有创新的原动力！

《努力与幸运》初一（5）班郭奥

我认为成功靠的是努力以及幸运。罗伯特·波义耳，这个名字，大家都不陌生，小学时有一篇课文也曾描述过他其中一项成就——石蕊试纸。他的研究过程就和袁隆平很像，一个实验的小插曲，让他发现了紫罗兰变色的现象，进而创造了石蕊试纸。

作家钟惠也曾出过一本书叫《越努力，越幸运》，其实，袁隆平能发现"野败"，是努力与幸运并存而促使的。如果没有之前坚持不懈的努力与付出，他根本就不会在沼泽地里发现那株"野败"。其次，"野败"曾经肯定也有人发现过，而那些人不在乎它，甚至都不认识它，从而错失了这个机会。所以从中还可以看出，只有对的人遇上对的事物，才能够去将它发挥到淋漓尽致。

在这件事中，还有一个成功因素就是团队合作，如果仅一人单枪匹马，成功会变得很渺茫。中国首位获诺贝尔医学奖及生物学奖的"三无"科学家——屠呦呦，她也和袁隆平一样，组建了自己的研究团队，与威廉·坎贝尔、大村智及她的团队一起攻克了疟疾的难题，拯救了2亿多的生命。这也恰恰体现了团队合作的重要性。

《成功源自于勤奋加灵感》初二（6）班翁锦珊

相信许多人都有一个一夜成名或拥有一个天才大脑的梦吧，但成功要靠的仅仅是偶然吗？又或仅仅是高智商吗？

俗话说"书山有路勤为径，学海无涯苦作舟"，梵高也说过"我越来越相信，创造美好的代价是努力、失望以及毅力。首先是疼痛，然后才是欢乐"。努力是成功的必经之路，也是成功唯一的捷径。

2002年的一位诺贝尔化学奖得主田中耕一。在获奖之前，他是一个不折不扣的"不羁少年"。但令人敬佩的是，在往后的16年中，田中耕一并没有因为获得了诺贝尔奖而洋洋自得，放飞自我，相反的，为了让自己"德才配位"，他选择让自己消失在大众的视野中，沉下心来做研究，终于通过化验血液，提前30年检测出阿尔兹海默症的征兆。

没有人知道，他当初如何坚决地远离人人艳羡的名利场，是下了多大的决心；也没有人知道，这16年间他如何顶着外界的质疑默默坚持研究，付出了多少努力；但他的努力让我察觉到成功的人再幸运，我们也总是能够在他们的身上看到努力过后的影子。

《幸运不是凭空而来》初二（6）班孔青

成功是靠"七分努力，三分幸运"而来的，我们所认识的大多名人中，都是当付出努力到一定的时候发生转折而取得的成功，如果不努力，再如何幸运也会与之错开，有了努力以及其目标，幸运便随之而来。

幸运的背后是为此付出的汗水。袁隆平之所以可以幸运的找到"野败"，也是因为他做出许多努力和突破，才能如此找到的，如果袁隆平不去突破老旧的科学，创新思想以及没有之前所做出几年的努力和实验，就算有机会，也不一定能成功做出杂交水稻。

世上没有不劳而获，没有什么事情不用付出的，你想要好的成绩，那么你就要相对应的去努力，自己的路还是靠自己去走，去感受，成功要靠自己争取，有句话叫做"天助自助者，成功者自救。"孟子在生于忧患，死于安乐中也写过："故天将降大任于是人也，必先苦其心志，劳其筋骨，饿其体肤。"没有这些经历何来的幸运？

《努力与幸运》高一（5）班李润峰

我认为，那些既努力又幸运的人往往能够取得成功。

"幸运之神眷顾勇者。"幸运可以是成功的门槛，而胆大和努力是成功的关键。自信且果断的人常常凭借过人的胆识来帮助自己成功。正如商业巨头麦考密克所说："运气是设计的残余物质。"约翰·洛克菲勒解读道，运气是策划之后所剩的东西，是自信与大胆的结果。人不能没有运气，但如果总在等待好运的到来，也不难有所成就。洛克菲勒为了统治炼油界，精心安排计划，评估其他竞争对手，最终成为石油业的大亨。刘邦出身草根，身份低微，但却知人善任，师出有名并最终凭借果断战胜项羽。因此，自信、果敢有助于创造好的运气，铸就成功。

然而即使没有令人艳羡的运气，人们也可以通过不懈的努力走向成功。稻盛和夫年轻时在事业上一路碰壁，处境十分困难。然而即便在他屡屡受挫，困难重重之时，他也没有气馁，将挫折与困难看作自我磨炼与成长的机会，最终迎来了成功。所以，在逆境之中，我们也不应放弃，要怀着积极的态度和热忱的心。褚时健在跌入人生谷底之时，凭着不服输的个性与持之以恒的努力，再度登上成功之巅。褚老在自传中写道："年轻人，不要总想着找运气。"努力可以帮助我们跨越挫折之海，走出困境。

《网络媒体报道是否全都可信？》初二（6）班孙卢萍

我认为，答案是否定的。首先，任何网络媒体都无法做到百分之百的准确无误。其次，新闻的真相不仅来源于媒体、平台的专业性和权威性，也来自于受众自我新闻素养，如新闻事实判断力、自我思考力的提升，同时也来自于事件的进展，真相终会浮出水面。在目前的新闻环境下，静观其变，坐等真相，未尝不是一种好做法。我也认为，对待新闻的真实与否，我们应该保持一定谨慎的态度。有些报道为了个人的名利，为了赚取更大的利益，就夸大事实，对广大的人民群众造成了误导，对社会造成了负面的影响。

《"反转新闻"之我见》初三（9）班　王呈羽

借助互联网，信息飞快地传播，如同爆炸一般席卷全球。其中新闻信息的传播尤为引人注目，"反转新闻"不断出现，刺激着观众的神经，更有媒体为了迎合观众的趣味无底线地造谣。身为观众的我们，是否应该相信所有的媒体报道呢？我认为不应该。

很多媒体会出于获取新闻首发权或蹭流量的考虑，对事实加以捏造或者歪曲。比如5月22日上午报道了袁隆平趋势的消息，随后的几个小时内不断有袁隆平的家人开始辟谣，这就是典型的反转新闻。

"反转新闻"的背后是什么？究竟该由谁来为此负责？是那些网络暴民吗？是那些乌合之众吗？2016年，斯坦福大学曾做过一项调查，他们让三类人群去识别网络上的假新闻。他们分别是大学历史教授、斯坦福本科生和专业的事实核查员，结果只有事实核查员能够识别出来，前面的两类人群可谓是精英，连他们都可能被假新闻所迷惑，进而成为传播假新闻的一环，这个时候，我们还能把罪责加到"网络暴民"的身上吗？相信他人并不是原罪，真正应该做出改变的是媒体，媒体应该把"真实性"作为第一准则。

当然作为观众的我们也要负起责任，在听到一则新闻后，多一点耐心，给真相一点时间，让我们看到事件的全貌，不轻易相信，不随意传播，那么"反转新闻"将会从这个世界上逐渐销声匿迹。

从踏入稻田到仙逝而去，袁老的一生历经磨难，然而却始终用他的乐观豁达、幽默真实的人格魅力给予我们温暖的力量。从诊室到手术台，吴老从未忘记自己从医的初心"把病人一个一个背过河去"，用不竭的爱照亮一个个受苦的灵魂。"我们无法抵抗浪潮，但永远记住灯塔。"有人称袁老是"稻圣"，有人将他们比作灯塔，还有人把他们比作星辰。在我看来，他们是把有益于人类的事业坚持做到极致的凡人。他们如果身后有知，一定不希望自己被供奉在神坛之上，更希望后辈可以不断地传承他们的精神，世代绵延。

2021.6.3

（任艳老师，四川大学比较文学与世界文学硕士，2020年8月入职南京汉开书院，现任职中学部语文组组长。在2020年10月浦口区初中生"汉语活动周"系列比赛中被评为"优秀指导教师"，2021年6月带领的IG学生在全球统考中获得90%以上的达A/A★率，2021年9月带领中学部语文组获得"汉开英雄"荣誉。）

一场"照片墙"引发的班级风波

初中部　夏承华

一天早上，作为班主任的我照常在教室里踱步巡视，无意间发现班级后墙上的照片区有些异常。凑近一看，原来很多同学包括我本人的头像照都"挂了彩"，准确地说，很多头像照在不同程度上被彩色工字钉戳满了一个个密密麻麻的洞。其中，以我头像上的洞数量最多，简直可以说是触目惊心。老实说，一瞬间，我的内心是无比愤怒的，甚至有点受伤。为了不影响任课老师的正常上课，我只是默默地把大家的头像照都扒了下来。我至今都清楚地记得，当我走出教室的那一刻，泪水瞬间夺眶而出。回到办公室的我，第一时间就向身边的老教师寻求帮助。师傅在安慰我的同时，也指出："首先要认识到很多时候，处于青春期的孩子在情绪的表达上还把握不好度，和成年人相比还不成熟，所以不要把他们当作成年人来对待，说白了犯不着和孩子置气。其次，作为一名老师的我，正好可以将这场恶作剧当作一次宝贵的教育机遇，及时地对孩子们进行思想上的引导，在人际关系的处理上给孩子们上一课……"听了师傅的指点，我很快就平复了自己的情绪。同时，也开始思考：作为班主任的我应该如何恰当地处理好这件事？

中午，利用午休前的空闲时间，我给孩子们临时开了这样一节班会课。

教师：首先，我想和大家分享一个教育心理学上的著名实验。1969 年美国斯坦福大学的心理学家菲利普·津巴多 (Philip Zimbardo) 进行了这样一项实验。当时，他找来两辆一模一样的汽车，把其中的一辆停在加州帕洛阿尔托的中产阶级社区，而另一辆停在相对杂乱的纽约布朗克斯区。停在布朗克斯的那辆，他把车牌摘掉，把顶棚打开，结果当天就被偷走了。而放在帕洛阿尔托的那一辆，一个星期也无人理睬。后来，辛巴杜用锤子把那辆车的玻璃敲了个大洞。结果呢，仅仅过了几个小时，它就不见了。

以这项实验为基础，政治学家威尔逊和犯罪学家凯琳提出了一个著名理论——"破窗效应"理论。该理论认为：如果有人打坏了一幢建筑物的窗户玻璃，而这扇窗户又得不到及时的维修，别人就可能受到某些示范性的纵容去打烂更多的窗户。久而久之，这些破窗户就给人造成一种无序的感觉，结果在这种公众麻木不仁的氛围中，犯罪就会滋生、猖獗。

对此，我们可以从中得到什么启示呢？请大家谈谈自己的感想。

学生甲：我觉得生活环境对一个人的成长很重要。故事中，明显停在社会治安比较差的地方的车子最早遭到破坏。

学生乙：第一印象很重要。故事中，本来停在中产阶级区的汽车经过一个星期仍然完好无损，但当实验者用锤子在汽车玻璃上敲了几个大洞后，很快，车子也被偷了。因为，人们看到车窗上的洞，以为是一辆无人问津的车子。

学生丙：亡羊补牢，为时未晚。故事中的车窗被打破后，并没有及时地得到修补，以至于遭到的人为破坏越来越大，最终被偷走。所以，告诉我们，发生问题后，应该尽可能地第一时间去解决，这样才能减少损失。

……

教师：感谢大家的畅所欲言，相信大家对此都有自己的感悟。同样，咱们班最近也发生了一件不太愉快的事，具体情况想必大家都有所了解。在这里，我不想去追究，到底是哪些同学所为。但是，我还是觉得有必要和大家将一下这件事情的来龙去脉。请换位思考：这场恶作剧的始作俑者们他们的动机是什么？我觉得可能存在以下几种情况：

第一种：有人说，我和班主任／同学有矛盾，所以我……

第二种：有人说，我就是闹着玩，想恶作剧一下，所以我……

第三种：有人说，我看着别人这么做了，所以我也……

……

教师：针对现象一，我觉得我们应该认识到"金无赤金，人无完人。"每个人都是独立的个体，都有自己的习惯。在人与人的相处过程中，也总会不可避免地产生一些矛盾、纠纷。"牙齿跟舌头，有的时候还打架呢"。有了冲突其实并不可怕，但如何化解矛盾才是关键。是用拳头解决？还是用脑袋解决？很明显，后者才是智者所为。而解决矛盾的第一步就是沟通，有效地沟通，学会换位思考，"退一步海阔天空"，互相理解，互相尊重，和而不同。

教师：针对现象二，我的理解是人与人之间的交往，要把握好度，保持适当的距离。"好言一句三冬暖，恶语伤人六月寒。"做人做事都要讲究方寸，有原则。君子有所为，有所不为。"仁者爱人"，善待别人，别人也会善待你。都是第一次做人，谁也不欠谁。

教师：针对现象三，邯郸学步、东施效颦的故事想必大家都听过。《乌合之众》中有这样一段话："人一到群体中，智商就严重降低，为了获得认同，个体愿意抛弃是非，用智商去换取那份让人备感安全的归属感。""群体不善推理，却又急于行动。群体只会干两种事——锦上添花或落井下石。"人在社会群体的无形压力下，不知不觉或不由自主地与多数人保持一致行为的心理现象称之为从众。从众心理具有两面性：消极的一面是抑制个性发展，束缚思维，扼杀创造力，使人变得无主见和墨守成规等。因此，我们应该避免盲目从众，"择其善者而从之，其不善者而改之"，时刻保持自己的独立思考，明辨是非。

教师：在班集体中，我们每个人应该怎么做呢？理想中的班级又是什么样的呢？

我理想中的课堂是这样的：学生在课上认真地听课，积极主动地回答老师的问题。在举手回答时动作标准，声音洪亮，表达清楚。学生的学习主动刻苦，能够做到"做一事，成一事，少一事"，从不把今天的作业拖到明天去完成。一走进教室，你就能真切地感受到一种浓厚的学习氛围。

我理想中的课间是安静有序的：学生在课下不大声喧哗，不追逐打闹。累了的同学，安安静静地坐在座位上或趴在课桌上休息，三五个同学在小声地讨论问题或谈笑风生。想看书的同学，也能安静地坐在自己的座位上读书。谁也不会因为对方的行为受到干扰。

我理想中的学生是这样对待集体荣誉的：学生的集体荣誉感很强，非常重视集体荣誉。他们对班级有一种强烈的归属感和认同感。在学校组织的各种集体活动中，能主动参与，积极准备，做到"人尽其力，物尽其才"。每个同学都能积极地为班级荣誉尽一份自己力所能及的力量。"一荣俱荣，一损俱损"的观念牢牢地根植在他们每一个人的心中。

我理想中的同学关系是这样的：每个同学都有很强的责任心，他们尊敬师长，富有爱心和同情心。同学之间和睦相处，团结互助。当一个同学遇到困难的时候，其他同学也在第一时间里主动热情地伸出援助之手。真正践行"每一个都重要，每一个都被需要。"的教育理念。

......

当然，作为班主任，如果：我不努力，那我的理想只是空想！作为班级的一员，如果：我不努力，那只能被他人超越！作为班集体，如果：我们不努力，那我们凭什么获得优秀班集体的荣誉称号！

教师：最后，我重新打印了一份班级同学的头像照，至于由谁来布置，我不作强行要求。我想：如果你愿意为班级做一份贡献，真心热爱我们这个班集体，那么，你一定会抓住这次机会。

……

故事后续：下午课间，当我再一次回到班级的时候，惊喜地发现班级后墙上的照片墙早已被同学们布置成了一个漂亮的同心圆。也不知是谁把多余的彩色工字钉摆成了三个字——"对不起"。那一刻，我的内心觉得很温暖，照片墙风波也就此圆满地画上了一个句号。而且，我相信：类似的事件在我们班一定不会再次重演，这一点，我有信心。

（夏承华老师，2018年10月入职汉开，现任职初二年级历史老师。2019年12月荣获南京市第六届中小学教师微课竞赛一等奖；2020年1月荣获南京市初中历史普适课堂优秀教学案例一等奖；2019年5月在浦口区教师命题能力竞赛中荣获二等奖；作为班主任带领班级多次获得"优秀班集体"等荣誉称号。）

上好第一课

初中部　李晓东

（一）上好初中物理第一课

苏科版第一章第一节"声音是什么"教学案例点评

【课题引入】

师：从某种意义上说，学习物理的任务就是从各种物理现象中提取出有价值的信息进行研究和利用。下面请你听听这样一段声音，看看你能从中听出些什么？

情境设置：在讲台后面向保温瓶中灌水。

生1：正在向保温瓶中灌水。

生2：从声音的变化中，我知道水要灌满了。

师：你还能列举一些在日常生活中人们从听声音中获取有用信息的实例吗？

生1：司机从敲轮胎的声音中判断轮胎是否有气；

生2：工人通过敲墙壁上的瓷砖来判断瓷砖是否贴实。

……

师：声音真是平凡而又奇特。那么关于声音，你想研究和学习哪些内容？

……

【点评】

向学生渗透"从复杂的生活环境中提取有用信息"的意识，同时也让学生品尝"自己提出科学探究问题"的乐趣。

【声音的产生】

情境设置：把手放在喉部，大声说"我们都是好样的"。

师：说说看，当你在说话和不说话时，有什么不同的体验？

生：说话时手感觉到了声带在振动，不说话时没有。

师：据此，你能提出什么问题？

生：声音是由物体振动产生的吗？

师：结合你刚刚的体验和平时的生活经验，你对这个问题的猜想是什么？

生：声音是由物体振动产生的。

师：在科学探究过程中，仅凭生活经验或 1~2 个实例作出判断是不严谨的，必须要通过实验验证。你将设计哪些实验来验证你的猜想呢？

（学生边展示便说明：敲鼓、拨动琴弦、拨动钢尺。）

师：选择上述实验器材说明"声音是由物体振动产生的"有什么局限性？

生：这些发声的物体都是固体，由此得出的结论不具有普遍性。

师：怎样解决这个问题呢？

生：观察水（液体）、空气（气体）发声的情况。

……

情境设置：用小锤敲击音叉。

师：你在听到音叉发声时，看到音叉振动了吗？

生：没看到。

师：于是有人就说"有些物体发声时不振动"。请问这种说法合理吗？

生：不合理，可能音叉振动不明显。

师：如何让音叉的振动"看得见"呢？

（学生边展示便说明：贴在脸颊上、放水里、紧贴音叉吊一个乒乓球……）

师：这种方法在物理学中经常被用到，我们称之为"转化法"。

……

【点评】

让学生体验科学探究的基本过程，了解研究物理问题的一些基本方法，同时也让学生感受到科学结论的获取过程是严谨的、科学的。

【声音的传播】

师：我们彼此能听到对方讲话的声音，说明什么？

生：说明空气能传声。

师：在了解空气（气体）能传声之后，针对声音的传播，你打算提出什么新问题？

生：声音能否在液体、固体中传播？

师：针对这个问题，你的观点是什么？依据是什么？

生 1：液体能传声，例如：在鱼池边拍手鱼儿会被吓跑。

生 2：固体也能传声，例如：隔墙有耳、伏地听声就是很好的例证。

师：小组讨论一下，你们打算设计什么实验来验证这些猜想？

……

情境设置：通过不同途径（空气、棉线）听敲击衣架的声音。

师：这个实验说明什么？实验中，你还有什么意外的收获吗？这个意外的收获说明什么？

生1：这个实验说明声音可以在气体中传播，也可以在固体中传播

生2：实验中我们发现，虽然两次敲击衣架的力度相同，但通过棉线传来的声音要比由空气中传来的声音更响一些，这说明棉线（固体）的传声效果比空气（气体）好。

师：声音的传播必须要借助介质吗？真空能否传声呢？我们接着观察。（先描述观察到的实验现象，再分析现象产生的原因，最后思考实验指向的结论。）

师：小组讨论一下，通过上述活动你们对"声音的传播"有哪些认识？

……

情境设置：一人轻敲桌子，一人听，调节敲击的力度，当在空气中听不到声音时再将耳朵贴在桌面上听。

师：这一小实验除了说明声音能通过固体传播，还说明什么？

生：还能说明固体传声效果比气体好。

师："伏地听声"仅仅是利用了大地能传声吗？

生：还利用大地传声效果比空气好。

【点评】

让学生进一步了解科学探究的基本过程，同时也让学生体验"意外发现"的乐趣和"意外发现"的实际价值。

【声音是一种波】

师：声音在气体、液体、固体中以什么方式传播的呢？

情境设置：观察"弹簧中的疏密波"；将手掌挡在嘴的前方，阅读一段文字。

师：结合观察和体验，请你描述一下"当你讲话时嘴前方空气疏密的变化"。

……

【点评】

在观察和体验的基础上，让学生自主建构声波的模型，这样能有效地

避免在学生的脑海中出现"鱼儿眼中的牛"。

【声速】

师：你有什么证据能说明声音在空气中传播需要时间吗？

生：雷雨天，总是先看见闪电后听到雷声。

师：你有办法估测出声音在空气中的传播速度吗？小组讨论一下。

（要求说出测量方法、所需器材和注意事项，特别要说清楚什么时候计时，什么时候停表，两人之间的距离能否过近等问题。）

阅读课文：了解声音在其他物质中的传播速度。

情境设置：声波熄灭点燃的蜡烛。

师：这一现象说明声波具有能量，你能用生活中的实例来说明声波具有能量吗？

……

【点评】

培育学生实验设计能力和将所学知识应用到实际生活中的意识。

【教学意图】

本节内容是学生开始系统学习物理的第一课。怎样才能做到"第一锤就敲在学生的心上"呢？笔者以为教师要解决好以下几个问题：

① 学生在学习新学科前普遍存在的心理是兴奋、期待和焦虑。新学科好玩吗？都有哪些内容呢？怎么学？我能学好吗？因此"打消学生对新学科的学习顾虑，实现由兴奋向兴趣的过渡"应是新学科起始课的重要教学任务之一。

② 教师只能帮助学生学到整个学习领域中相对很小范围里的观点、范例、事实和技巧。因此"帮助学生将内在的有限知识迁移到许多其他环境、情况和问题中去"应是新学科起始课的重要教学策略之一。

③ 课堂中要有足够的"留白"时间去让学生思考问题，当学生思维遇到障碍时，教师需要提供帮助，这种帮助不应是现成的"果实"，而应是学生在"摘果"过程中所需要的"台阶"（问题串），且"台阶"的设置不宜过低、过密，要给学生留有跳一跳的空间，否则学生很难有成就感。

（二）上好章节第一课

苏科版第五章第一节"长度和时间的测量"教学案例点评

【课题引入】

情境设置：欣赏唐诗《早发白帝城》。（看图片、听录音）

师："千里江陵一日还"，作者李白想说明什么？

生：说明小船运动得很快。

师：诗句中借用了哪些词来描述小船运动得很快？

生："千里""一日"。

师：诗中还有这样的词句吗？

生："啼不住""万重山"。

师：要想描述物体运动的快慢，你认为必须要借助于哪些物理量？

生："路程"和"时间"。

……

【点评】

将"唐诗"等这样的中华文化资源引入初中物理课堂，不仅能让学生感受到物理学科学习内容的亲切，还能让他们体验到中华传统文化之博大精深，进而激发他们对中华传统文化的热爱和探究的热情。

【长度的单位】

情境设置（一）：通过目测，比较课桌的长、宽、高。

师：目测可靠吗？让我们再目测一次。

情境设置（二）：①目测一叠书的高和一本书的长；②目测两条端点带有不同方向箭头的线段的长短。

（大部分同学目测的结果是错误的。）

师：通过这一活动，你有什么感受？

生1：目测是不可靠的。

生2：要准确的比较，必须要测量。

师：不用尺，你将用哪些方法测出课桌的长、宽、高？

（小组活动：讨论方法，实际测量，记录结果，全班交流。）

师：归纳一下，这些方法有什么共同之处？

生：都先取一个标准，然后用被测物体的长度与这个标准作比较。

师：分析一下，这些方法有什么缺陷？

生 1：“标准”不统一。

生 2：太随意。

生 3：不便交流。

师：通过对上述问题的讨论，说说你对“秦始皇统一度量衡”和对“英尺（foot）”的理解。

生 1：他们利用自己的特殊身份，统一了“标准”，促进了社会的发展，但“标准”的制定具有随意性。

生 2：为促进社会交流，应制定一套统一的、科学的“标准”。

……

【点评】

师生共同演绎“长度单位”的发展历程，既锤炼学生严谨求实的科学态度，又激发他们对国家的热爱和对历史上杰出人物的尊敬。

【长度的测量】

师：你会使用刻度尺吗？

（现场录制一位同学用较厚的刻度尺测量物理课本长度的全过程。）

师：他的测量过程正确吗？请大家阅读课文中有关如何正确使用刻度尺的内容后加以点评。

（检测自学效果，点评视频中存在的问题，归纳规则要点。）

师：你能测出物理课本中一张纸的厚度吗？

（交流测量方法和测量结果。）

师：请利用刻度尺找一找你身体上有趣的尺度。

……

【点评】

采用“在尝试中暴露、在自学中自省、在交流中纠错、在应用中重构”这一基于建构主义理论的学习策略。

通过“寻找身体上有趣的尺度”这一活动，让学生认识成长中的“我”，这对学生的身心发展有帮助。

【教学意图】

如何上好章节第一课呢？笔者有以下几点建议：

① 就知识点本身而言，“长度和时间的测量”不是很难理解的，加之学生自认为早就掌握了这部分内容，这就容易导致学生产生懈怠心理。针对这样的内容有效的策略是：创设与教学内容有关联的、容易引起学生注

意的学习情境作为教学的起点；在生活场景中让学生主动感知未来学习内容的主体结构和重要内容。赞科夫认为："不管你花费多少力气给学生解释掌握知识的意义，如果教学工作安排得不能激起学生对知识的渴求，那么这些解释仍将落空。"

② 对于学生在日常生活中累积形成的、顽固的错误认知要采用"先暴露后矫正"的策略，直接告知往往很难达到纠错的目的。

③ 将生活场景巧妙地移植到学生的学习生活中，不仅能让学生感知到学习内容的有用，更能让他们体验到学习的乐趣，这一点对于低龄的学生来说尤为重要。

④ 敏锐捕捉教学内容中有效的德育资源，使学科德育落在实处，不再浮在口号上。

（李晓东老师，2018 年 8 月入职汉开，现任职南京汉开书院教务部主任。高级教师，第九届"南京市学科教学带头人"，第八届、第九届南京市先进教研组长，南京市初中物理优质课大赛一等奖，多篇教学论文在专业期刊上发表，多项课题获省、市级奖项，多名徒弟在省、市级技能大赛中获得杰出成绩。）

运用创新思维，提升解题能力

高中部　殷鹏展

【摘　要】

创新思维能够从不同视角、突破性地打破常规思考问题的方式找到另一种解题的方法。结合几则典例，提出创新思维求解问题的路径，即灵活运用"运动"与"静止"相结合的观点分析问题；灵活运用直线与圆有"公共点"分析问题；灵活运用函数与导数的"交汇"分析问题；灵活运用"解析法"处理解三角形问题。

【关键词】

创新思维；高中数学；解题能力

具体解题时，如果遇到某些数学问题按照常规思维较难分析求解，那么就应该在解题思维上进行创新，以新的视角去分析、解决问题，往往会获得巧思妙解，有利于提高解题能力。

思维创新一：灵活运用"运动"与"静止"相结合的观点分析问题

唯物辩证法告诉我们：分析、解决具体问题时，要善于运用"运动"与"静止"相结合的观点去处理问题，其优点是有利于从动态变化的角度对问题进行一系列的探究。处理与图形有关的数学问题时，往往会涉及动点、动直线、动圆等，这时我们就可以灵活运用这种动、静结合的观点对问题进行全面分析，以便获得简洁、新颖别致的解法。

例1：已知正方形 $ABCD$ 的边长为 2，对角线 AC, BD 相交于点 O，动点 P 满足 $|\overrightarrow{OP}| = 1$，若 $\overrightarrow{AP} = m\overrightarrow{AB} + n\overrightarrow{AD}$，其中 $m, n \in \mathbf{R}$，则 $\dfrac{2m+1}{2n+2}$ 的最大值为_____。

解析：结合题意，本题需要建系思考，求解关键是考虑坐标运算，理清 $\dfrac{2m+1}{2n+2}$ 的几何意义，以便从"形"的角度灵活考查最值问题。

如图，建立平面直角坐标系 xAy，则由题设知点 $B(2,0), D(0,2)$，又

$\overrightarrow{AP} = m\overrightarrow{AB} + n\overrightarrow{AD}$，所以可得点 $P(2m, 2n)$，所以 $\dfrac{2m+1}{2n+2} = \dfrac{1}{k_{PM}}$，其中点

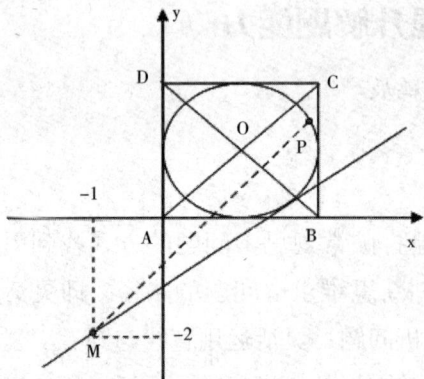

$M(-1,-2)$。因为 $\left|\overrightarrow{OP}\right|=1$，所以易知点

P 的轨迹为圆 O，且圆心坐标为 $(1,1)$，

半径为 1。

于是，让过点 M 且与圆 O 有公共点的直线绕着定点 M "旋转分析"。

易知：当过点 $M(-1,-2)$ 的直线与圆 O

的右下方相切时，直线 PM 的斜率取得最小值。设过点 $M(-1,-2)$ 的直线为

$y+2=k(x+1)$，则根据相切得 $\dfrac{|2k-3|}{\sqrt{k^2+1}}=1$，解得 $k=\dfrac{6-2\sqrt{3}}{3}$ 或 $k=\dfrac{6+2\sqrt{3}}{3}$

（舍去）。从而，k_{PM} 的最小值为 $\dfrac{6-2\sqrt{3}}{3}$，故所求 $\dfrac{2m+1}{2n+2}$ 的最大值为

$\dfrac{3}{6-2\sqrt{3}}$，即 $\dfrac{3+\sqrt{3}}{4}$。

评注： 本题难度较大，综合性较强，求解关键在于通过建系，有利于从"数形结合"的角度理清题设已知条件；而求目标式的最大值时，关键在于根据目标式的几何意义加以思考。

思维创新二：灵活运用直线与圆有"公共点"分析问题

如果试题本身没有给出直线和圆，但是题设条件与直线和圆的方程紧密联系，那么我们就可以构造直线和圆，以便灵活运用直线与圆有公共点的充要条件是圆心到直线的距离小于或等于圆的半径，灵活分析、解决目标问题。

例 2 （2014·湖北卷）：设 $x,y,z\in\mathbf{R}$，且满足：$x^2+y^2+z^2=1$，

$x+2y+3z=\sqrt{14}$，则 $x+y+z=$＿＿。

解析： 将 z 看作"常量"，则方程 $x+2y+3z-\sqrt{14}=0$ 表示直线，方

程 $x^2+y^2=1-z^2$ 表示圆。根据题意可知该直线与圆有公共点 (x,y)，所以

$\dfrac{|3z-\sqrt{14}|}{\sqrt{5}} \leqslant \sqrt{1-z^2}$。从而，两边平方整理得 $14z^2-6\sqrt{14}z+9 \leqslant 0$，即

$(\sqrt{14}z-3)^2 \leqslant 0$，所以 $\sqrt{14}z-3=0$，所以 $z=\dfrac{3}{\sqrt{14}}$。

同理，可求得 $x=\dfrac{1}{\sqrt{14}}$，$y=\dfrac{2}{\sqrt{14}}$。故所求 $x+y+z=\dfrac{6}{\sqrt{14}}=\dfrac{3\sqrt{14}}{7}$。

评注： 本题求解的关键在于先将变量看作常量，灵活构造直线和圆；再根据直线与圆有公共点的充要条件，构建不等式，将"不等"转化为"相等"。

思维创新三：灵活运用函数与导数的"交汇"分析问题

根据函数的零点存在性定理和函数的单调性可得如下一般性结论：如果连续函数 $f(x)$ 在 $[m,n]$ 上单调，且 $f(m)f(n)<0$，则函数 $f(x)$ 在 (m,n) 上有且仅有一个零点。该结论可称作函数零点唯一存在性定理，具体运用该定理解题时，往往需要先根据导数知识准确分析函数的单调性，再结合两个函数值异号，即可顺利求解目标问题。

例3： 函数 $f(x)=1+x-\dfrac{x^2}{2}+\dfrac{x^3}{3}-\dfrac{x^4}{4}+\cdots+\dfrac{x^{2021}}{2021}$ 在其定义域内的零点一共有（ ）

A.0 个　　　B.1 个　　　C.2 个　　　D.3 个

解析： 对函数 $f(x)$ 求导可得 $f'(x)=1-x+x^2-x^3+\cdots+x^{2020}$，易知：当

$x=-1$ 时，$f'(x)>0$；当 $x \neq -1$ 时，$f'(x)=\dfrac{1\times[1-(-x)^{2021}]}{1-(-x)}=\dfrac{1+x^{2021}}{1+x}$，无论

$x<-1$ 还是 $x>-1$，易判断知均有 $f'(x)>0$ 成立。于是，当 $x \in \mathbf{R}$ 时，必有

$f'(x)>0$，所以函数 $f(x)$ 在 $\mathbf{R}$ 上单调递增。

又由 $f(-1)=1-1-\dfrac{1}{2}-\dfrac{1}{3}-\dfrac{1}{4}-\cdots-\dfrac{1}{2019}-\dfrac{1}{2020}-\dfrac{1}{2021}<0$，$f(0)=1>0$，

得 $f(-1)f(0)<0$，从而根据函数零点唯一存在性定理知：函数 $f(x)$ 在开区间 $(-1,0)$ 上有唯一的一个零点。又注意到函数 $f(x)$ 在 $\mathbf{R}$ 上单调递增，所以

函数 $f(x)$ 在其定义域内的零点一共有 1 个。故选 B。

评注： 本题求解关键是利用"分类与整合思想"准确分析导数与零的大小关系，突出地体现了函数零点唯一存在性定理在解题中的灵活运用，对学生综合运用能力的要求较高。

思维创新四：灵活运用"解析法"处理解三角形问题

众所周知，解三角形问题主要涉及正、余弦定理以及面积公式在解题中的综合运用。如果遇到某些解三角形问题按照这样的常规思路不易求解，此时可考虑借助"解析法"灵活探求解题思路，以便获得较为简捷、明了的解题过程。

例 4 如图，在边长为 a 的等边 $\triangle ABC$ 中，经过 $\triangle ABC$ 的中心 O 的直线交 AB 边于点 M，交 AC 边于点 N，求 $\dfrac{1}{|OM|^2} + \dfrac{1}{|ON|^2}$ 的最大值和最小值。

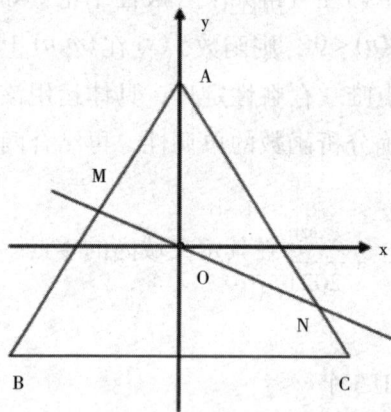

解析： 如图，建立平面直角坐标系 xOy，其中 x 轴与 BC 平行，y 轴就是线段 BC 的中垂线，则点 $A(0, \dfrac{\sqrt{3}}{3}a), B(-\dfrac{a}{2}, -\dfrac{\sqrt{3}}{6}a), C(\dfrac{a}{2}, -\dfrac{\sqrt{3}}{6}a)$。

从而，可求得直线 AB 的方程为 $y = \sqrt{3}x + \dfrac{\sqrt{3}}{3}a$，直线 AC 的方程为 $y = -\sqrt{3}x + \dfrac{\sqrt{3}}{3}a$。

根据图形，可设直线 MN 的方程为 $y = kx$，通过联立解方程组可得点

$$M(\dfrac{a}{\sqrt{3}k-3}, \dfrac{ak}{\sqrt{3}k-3}), \quad N(\dfrac{a}{\sqrt{3}k+3}, \dfrac{ak}{\sqrt{3}k+3}),$$

所以 $|OM|^2 = \dfrac{a^2(1+k^2)}{(\sqrt{3}k-3)^2}, |ON|^2 = \dfrac{a^2(1+k^2)}{(\sqrt{3}k+3)^2}$。

于是，$\dfrac{1}{|OM|^2}+\dfrac{1}{|ON|^2}=\dfrac{6k^2+18}{a^2(1+k^2)}=\dfrac{6}{a^2}\left(1+\dfrac{2}{1+k^2}\right)$。

又结合题意及图形易知 $|k|\leqslant\dfrac{\sqrt{3}}{3}$，故当 $k=0$ 时，得 $\dfrac{1}{|OM|^2}+\dfrac{1}{|ON|^2}$ 的最大值为 $\dfrac{18}{a^2}$；当 $k=\pm\dfrac{\sqrt{3}}{3}$ 时，$\dfrac{1}{|OM|^2}+\dfrac{1}{|ON|^2}$ 的最小值为 $\dfrac{15}{a^2}$。

评注：上述求解的关键在于准确分析点 M,N 的坐标，转化为求函数的最值问题。解题感悟：借助"解析法"可帮助我们顺利求解一些看似较难的解三角形问题，其关键在于通过建立平面直角坐标系，利用相关解析几何知识加以灵活处理。

总之，通过上述归类举例可知，解题思维的创新往往需要关注唯物辩证法观点在数学解题中的灵活运用，需要关注所学数学知识、方法在不同情景下的创新运用、综合运用，以便帮助我们不断拓展解题思维视野，进一步提升数学核心素养。

参考文献

[1] 戴向阳,戴向前.联想思维激活创新解法[J].中学数学教学参考,2017(17):43-44.

[2] 周云.变换思维的视角谈创新解题[J].数学教学通讯,2016(36):33-34.

[3] 王志山.对解题过程中的思维定势和思维创新的认识[J].中小学数学(高中版),2016(06):59-60.

（殷鹏展老师，2016 年入职汉开，目前担任南京汉开书院副院长。数学教育硕士，大市高中数学教学能手，区学科带头人，国家奥数教练员，市高中数学基本功竞赛一等奖、中青年教师数学优质课一等奖。在引领教师团队专业成长中，构建了"HKA 基于教－学－评一致性的目标管理模式"，注重个人 PBL 尝试教学风格的塑造，曾带领教师团队获得南京市 2019—2020 学年度中考质量特别贡献奖。在核心期刊《中学数学》《中学数学教学参考》等发表论文多篇，参与了《高等几何》和《师范生高级技能训练》两本教材的编写工作。）

情境教学法和议题教学法的应用与比较

——以《追求民主价值》课为例

初中部　李筱琴

【摘　要】

情境教学法和议题教学法是道德与法治课程中应用较为广泛的两种教学模式。在九上第四课《追求民主价值》这一目中，对于"民主价值"课题的探讨，我尝试使用了这两种不同的教学法进行阐释并进行了比较。情境教学法的使用采取了比较大众和传统的模式，而议题教学法则做了些突破，尝试让学生根据大议题自行构建小议题。两节课的教学效果证明，两种教学法都非常适合初中的道德与法治课程，都有自己的特点和优势，但也有着不足和挑战。所以在教学中应当将不同的教学法结合起来使用，扬其所长，避其所短，做到情理相通，从而更有效地完成知识传授和价值引领，实现价值性与知识性的统一。

【关键词】

情境教学法　议题教学法　民主价值　优势　不足

在九年级上册第三课《追求民主价值》的教学内容中，对于"民主价值"的认知是本课的首要论题。民主是什么？追求民主价值何在？民主价值如何体现？……这些问题是否清楚，对于进一步学习新型民主的相关知识、培养民主意识和精神至关重要。

如何让学生对民主价值有一定的了解和思考？我搜集了一些案例和视频，制作了PPT，决定以视频展现情境让学生进行探讨。同时在预习作业布置中，给其中的一个班增加了一项额外作业：给了他们一项议题，即如何理解民主价值，让他们用一句话概括他们的认知，并且把其中比较有代表性的表述也放到了PPT上。在实际教学中，对于同一教学内容，即民主价值的探讨，我在五班使用了视频设置情境，带领学生们进行分析探讨；在八班，则采用了议题分析的方法，将搜集的学生见解作为一个个小议题进行分析探讨，剖析议题的正确性或者错误原因，再推导出合理的理论。两节课下来，颇有感触。

（一）两种教学法中问题的引导过程

1. 情境教学法中，问题和答案都围绕着情境展开

本节课的第一个情境名为《选班长》，老师让关婷婷推荐班长人选，关婷婷推荐了班级最差的学生洛小乙。老师提出让品学兼优的安静当班长，认为她能起到带头的良好作用。但是关婷婷坚决认为应该听取她的意见，否则就不民主。老师认为应当尊重洛小乙自己的想法，如果他不想当班长，不能强迫他当。但洛小乙却回答"愿意试一试"，并且得到了全班同学的掌声。可惜老师最后还是指定了安静。

根据案情，我首先设计了一个开放式问题：如何看待老师的言行？学生们的发言不出意料的一边倒，认为老师不民主，不尊重大多数同学的看法。学生们也很容易地就得出了关于民主的一个结论：民主应该尊重大多数人的看法。我接着要求学生继续分析：老师的言行有没有可圈可点之处？通过回放老师的话，引导学生思考老师所说的"应当尊重洛小乙的想法"是否应该。学生们一点就通，很快就得出结论：民主也应该尊重个体或者少数人的想法。并且了解了什么叫"辩证地去看待问题"。对于民主的价值，学生们也有了理性的认识：民主在价值上要求大多数人当家作主。但是，也要尊重个体和少数人的意愿。

第二步，根据《选班长》的视频，我提出了第二个问题：如果按照关婷婷的建议选洛小乙为班长，是民主的方式吗？为什么？接着我假设了一个场景：让同学们无记名投票选班长，洛小乙是候选人，那最终选择他的票数会和鼓掌的人数有区别吗？学生讲述的结果颇为一致，基本都认为洛小乙不爱学习、成绩不好，这样的人做班长，可能大家都不服管。所以按关婷婷的提议选，可能也不民主。因为大家鼓掌可能只是起哄，并不能表达大家的真实意思。因此学生们得出了结论：缺乏形式和制度的民主是不可靠的。大家对"民主价值的实现要靠民主形式和民主制度的建立"有了直观的认识。

第三步，我接着提出了"多数人暴政"这个词，并且讲述了"苏格拉底之死"的故事，通过这个故事引导学生进一步思考：多数人的意见会不会出错？如果出错，怎么办？如何避免多数人暴政？学生们一致认为多数人的意见会出错。但对于"出错了怎么办"这个问题学生们开始有点迷茫，苏格拉底的"恶法亦法"的结论他们似懂非懂。这时我启发他们回忆八年级学过的个人与集体的有关理论，以及遵守规则的重要性。个人意愿与集体规则发生冲突时要服从集体规则，集体规则不是一成不变的，可以积极地改进。每个人都有遵守规则的义务，社会规则是社会有序运行的保证……由此学生们知道了如果多数人的意愿出错了是可以纠正也是应该要纠正的。那么如何避免多数人的意见出错呢？学生们提出要加强教育，让提意见的人具备公平正义的品质，就可以避免提出违背公平正义的意见。在学生的这个认知基础上，我进一步引导他们思考怎样用制度保证公平正义，让他们认识到法律才是最公正的制度，由此学生们得出了"用法治保障民主"的结论，认识到民主价值的实现还需要通过法治来体现和保障。

2.议题教学法中的问题引导

给八班同学的中心议题是"如何理解民主价值"。这是一个开放式的议题，涵盖内容可涉及民主的内涵、价值追求、民主价值实现方式等等。八班教学中采用的小议题是学生们自己的见解。这些表述具有一定的代表性，我将它们作为小议题，一个个拿出来让学生们进行分析、判断，依此推导结论。通过对小议题的分析发现，同学们对民主价值是有一定的思考和见解的，但也有一定的迷惑。我将他们的议题分为两个方面：正方、反方。

（1）正方议题的引导分析

正方

1. 民主是要听大多数人的意见，但又要确保多数人的意见是正确的。

2. 民主是大多数人当家作主。

3. 民主是以人民为中心，人民利益至上，人民当家作主。

4. 民主是让人们各自的意见都可以被考虑，并且是被公正地考虑。

5. 民主是要全体人民每个人都可以参与。

6. 民主是大家都可以给国家提建议。

7. 民主是人民当家作主，每个人都享有公平的权利，有事一同商量。

正方观点一共有7个，占有大部分比例。之所以归结为一方，是因为它们的中心思想比较一致，都认为民主应该是大多数人或者全体人民当家作主。可见大多数同学赞成民主价值体现在尊重大多数人的看法，实现大多数人当家作主。在议题的具体分析中，尽管都属于正方议题，但其中内涵有所不同，侧重点也有所差别。

讨论议题2"民主是大多数人当家作主"、议题3"民主是以人民为中心，人民利益至上，人民当家作主"时，我展示了"五个人游玩，四人想游泳，一人想打球的团队计划"的情境帮助同学们进行分析。对于这两个议题，同学们的倾向比较明显。八班的学生比较乖，课堂的内容因为事先让他们预习过，所以他们会很自然的接受"民主就是要尊重多数人的意见"，因为书上是这么写的，所以他们对这两个议题会很快有"赞成"的定论。通过对"游玩"情境的分析，大多数同学认为如果听一个人的想法去打球，四个人会不开心，当一个团体中大多数人的意愿没有得到满足，会影响整个集体的凝聚力，所以四个人的想法必须要被尊重。大多数人的意见被尊重，这个群体才能很和谐，工作才能够开展下去。但是，那个想去打球的人怎么办？学生们基本倾向于可以轮到下一次，大家可以考虑改变下自己的想法以照顾少数人的需要。可见大家还是顾及个人的感受，但是对于"少数服从多数是民主的表现"这一点很坚定，希望通过沟通合作将"打球"变成大多数人赞成的计划。

当展示议题1"民主是要听大多数人的意见，但又要确保大多数人的意见是正确的"的时候，学生们是有些迷茫的，他们不知道该如何去确保多数人的意见正确。所以我给大家补充了"苏格拉底之死"的故事作为议题的载体，引导他们进一步去思考为何要尊重大多数人的意见并且如何确保正确。同学们通过分析认知到：在"苏格拉底之死"中，被多数雅典人认可且保证雅典社会有序运行的法律也必须要遵守，否则就会导致社会秩序混乱，损害法律权威。利用苏格拉底的观点来引导学生们正确认识个人意愿和集体规则的关系，将法治和民主相联系，认识到不管是谁提出看法都需要遵守法律，遵循公平正义的原则，认识到多数人的意见如果错误是应该也可以被纠正，从而得出"民主价值的实现要通过法治来体现和保障"这一结论。

"民主让人们各自的意见都可以被考虑，并且是被公正地考虑。"议题4与上一个不同，它强调的是个体被尊重。学生们可以利用之前的"游玩"故事，或者自己举例子评析这个观点。对于不够灵活的学生，我引导学生从自身出发，想想自己和父母之间的交往。学生很快引起共鸣，开始谈起在家庭中父母对于自己的想法所持有的态度和做法，这让他们通过亲身体会理解了民主需要尊重个体或者少数人的意愿，并且要有制度去保证这一要求的实现。由此他们不仅对民主的内涵有了一定的理解，还认识到

民主价值的实现需要依靠民主形式和民主制度的建立。

议题5、6、7则强调的是个体的参与性，反映出学生们对于个人尊严的重视，对于个体被尊重的渴望，对于参与国家生活的需求，这是主人翁的意识和责任感的表现，也体现了民主意识和民主精神。通过同学们对这三个议题的分析，我们得出了对于民主价值更深层次的思考，即民主价值还应当表现为大多数人能够通过各种途径参与和表达，表现为大家有机会一起坐下来商量各种与自身有关的事情，这让同学们进一步认识了民主价值以及民主价值的实现途径。

（2）反方议题的引导分析

反方

8.民主是土地私有、有投票选主席的资格、国家听老百姓的意见、不管事情大小都进行投票。

9.民主是在听取大众的建议后，为人民服务所做的一系列事情。

10.民主是让人民促进国家的发展，而不仅仅是国家政府的管理与规划。

为什么将这三个议题作为反方？

议题8显然并不反对由大多数人当家作主，但是对于民主价值的操作存在不当。"民主是土地私有、有投票选主席的资格、国家听老百姓的意见、不管事情大小都进行投票。"这是一个反向议题，我让学生使用逆向思维进行分析：土地全部私有后，是否存在公共利益？如何尊重多数人的意愿？采取土地公有制，是否存在公共利益？如何尊重多数人的意愿？引导学生认识到民主不等同于土地私有，土地公有制依然可以发展民主制度，但是土地公有后大家的共同利益更多，更需要众人的事情众人商量，更有利于达成一致，实现大多数人当家作主。同时也告诉同学们在公有制下个人利益依然要受到尊重。"不管事情大小都进行投票，大家都有投票选主席的资格。"针对这个议题，我假设了我国十四亿人全民直选的场景，让学生们进行分析。学生们惊讶于我国的人口体量和选举的惊人成本，从而得出全民直选不适合我国的结论，也由此了解到民主并不等同于全民直选，知道并非所有事都适合投票的方式，民主的形式不是单一的，有选举民主也有其他民主的形式，比如协商民主。从而对民主的相关知识有了更全面的了解。

议题 9 和 10 则属于不完整的理论，同学们在之前分析的基础之上很快得出结论：议题 9 的侧重点在于民主是政府的行为，即使所有的行为都建立在尊重大多数人的意见基础上，也不能以偏概全地与民主价值等同。议题 10 的侧重点在于民主的结果，也不能够用来针对性地解释民主价值。

三个反方议题的讨论帮助同学们厘清了对于民主价值的错误理解，纠正了认识中的偏差，让他们对于民主价值有了更加清晰和全面的认知。

（二）两种教学法的效果分析

1. 情境教学法的优势和不足

（1）情境教学法的引生入境、引知入境，能够较好地激发学生学习兴趣，促进知识理解。

首先，情境教学法因为有具体的情境，显得教学设计生动灵活。尤其是选择与学生生活相关的情境，很容易让学生身临其境，感受会更为深刻，学生也有话可说。从引导的角度看，更容易将学生引入话题。其次，因为场面感相对较强，课堂气氛比较轻松甚至愉悦，师生距离被拉近，师生之间、学生之间的交流比较容易开展。第三，情境教学法将情境与知识进行密切联系，学生的观察会比较直观，对于知识点的理解更为轻松、透彻，也容易激发学生思考学习的兴趣，帮助学生集中注意力。同时这种立体展示方式也能够激发学生展开联想，有利于通过现象分析本质，使教学的主题性、整体性、融合性更强。

（2）情境教学法最大的不足之处在于将情境和系统知识完美结合的难度。

情境教学法是围绕一个或者几个情境展开，通过情境引导理论，但是选择能够系统体现理论的情境并非是很容易的事情。情境本身会比较有趣，知识点的铺陈往往与情境相关，由点及面。由于很多情境往往只涉及部分场景，点的限制约束了面的幅宽，容易导致系统性不足，可能在一定程度上限制理论引导的发挥。就这次的教学过程而言，选择的情境虽然很契合，但针对性引导下来，依然存在对理论是否可以完整系统进行阐述的不确定性。这次选择的《选班长》的视频主要围绕着两个理论展开：民主价值的内涵、民主价值的实现。应涉及的点和面都有，但是都没有系统的拓宽拓深，没有能够形成很好的闭环的理论系统。

2. 议题教学法的优势和不足

（1）议题教学法的优势更多地在于设计性和系统性。

首先，议题教学法因为大议题和小议题都是根据需要精心选择的，所以可以按照知识系统去进行设计和引导。在议题体系中，由一个或者几个大议题作为主导，根据大议题精心设计小议题，让小议题的答案能够充分体现大议题的主旨，并且能够通过小议题将整个知识体系贯穿，形成完整的知识结构。在八班的教学中，因为学生能力的局限，小议题是受到限制的，但依然能够挑出正面和反面的议题，对大议题进行深入的阐述，较好地诠释了"民主价值"的内涵，形成了对"民主价值"较为完整的认知。所以议题教学法是可以造就系统的知识体系的，这能够帮助学生建立良好的知识框架。同时能利用议题本身的不同属性培养学生的学科思维，比如本节课中的辩证思维、逆向思维等。

另外，议题教学法可以设计一定的情境作为载体，比如八班课程中的"游玩"和"苏格拉底之死"两个情境，设计学生一定程度的入境，既有理论上的系统性，又利用了情境的引生入境的优势，可谓一举两得。这是情境教学法欠缺的整体和精确的设计性。

（2）议题教学法的不足也主要在于设计性，以及学生能力的影响。

在议题教学法中，议题是中心，议题的设计、议题的质量就显得至关重要。设计一个有价值又有较强引导性的议题并不是件容易的事，大议题要可以多元思考，小议题要能够完整系统地阐释大议题，并且还能够有学生发挥的空间。还可能要面对大议题比较枯燥而且有难度的情况。在议题之外，往往还要设计与议题相关的情境作为辅助。所以，议题教学法的设计性是最大的优势之一，也是最大的挑战之一，必须慎重和精心。

议题本身的难易度会影响到学生的发挥，对学生的思维能力和理论联系实践的能力有一定的要求。所以议题教学法最终能否达到预期的教学效果，学生是重要的因素。八班的课堂上比较明显的不足之处在于学生对于议题的理解和阐释。学生因为预习有一定的先入为主，议题又是出自他们自己，他们会很轻易的产生对议题的接受。但是，他们对议题本身也受到预习的影响而半知半解，有判断而缺乏详细的阐释，甚至不能阐释。所以，议题法对学生的能力要求比较高，对老师的设计议题体系的能力和引导要求都比较高。我尝试了结合情境法来进行引导，有一定的效果。说明议题的设计一定要根据学生的状况进行，同时，对于初中阶段的学生，必要的辅助教学不可或缺。

（三）对两种教学法应用于道德与法治课程的结论

（1）两种教学法都很适合道德与法治课程的教学，可以结合课程进行进一步探讨。

（2）两种教学法各有利弊，应发挥各自的优势，避免不足。

可以根据需要阐述的理论设计情境或者议题。理论比较简单易于探讨的可以考虑议题教学法，老师设计议题，或者学生设计议题，让学生做课堂的主角，"谁主张，谁举证"，发挥学生的主观能动性。理论较为深入的可以设计情境教学，充分利用情境教学的优势，强调老师的引导作用，帮助学生理解。比较分散的知识点可以采取情境教学法，也可以采取议题教学法，利用一个或者几个情境，形成一个或者几个议题，充分发挥两者的专业性。需要系统掌握的理论，如果情境法不能解决，可以考虑议题教学法，同时设计一定的情境，使其成为议题的有效载体，给学生适当的引导，用一个个议题帮助学生建立起知识系统模型。

（3）两种教学法在道德与法治课堂上应用时都应坚持价值性与知识性相统一，落实价值引领。

情感价值目标是道德与法治课程的重要教学目标，将知识传授和价值引领进

行融合教学，既通过知识引导学生理性思考，建立正确的价值观，也要将价值观念贯穿整个教学内容和过程，让学生在每一节课堂、通过每一个情境和理论体会价值理念，实现道德与法治课程价值性与知识性的统一，有效培养学生核心素养。

对于"追求民主价值"这一命题，在两个班采取了不同的教学法，虽然课堂形式有很大的不同，但通过适当的引导，和师生间的配合，基本达到了预期的教学效果。可见，不管何种教学法，只要设计得当，教学过程饱满，师生相互配合，坚持价值性和知识性相统一，都会获得较好的教学效果。

（李筱琴老师，2020年8月入职南京汉开书院，现任职道德与法治教研组备课组长。自入汉开以来，李老师参与了浦口区的"原创命题大赛"和教育论文评比，参与学校组织的教育论文比赛，均获得一等奖，并带领教研组成功申报了校级和区级课题，课题的新颖性和实用性获得一致肯定。）

高效课堂，从备课开始

——在 2021—2022 学年新教师培训大会上的发言

初中部　周金萍

各位老师：

大家好！

墨子在《七患》中指出："凡事预则立，不预则废。"备课是教师工作的重要内容之一，决定着课堂教学质量的高低，是教学的起点和基础，是上好一节课的前提，只有备得深才讲得透、析得准、练得精。今天和大家分享的题目是"高效课堂，从备课开始"。以部编初中语文教材课文为例分享我的备课实践。

本次分享分成两个部分，由面到点，也就是先从整体宏观看整个备课过程，接着是聚焦一节课的备课流程。

第一部分

一、备课原则

备课，以学生为中心，设立两个基本原则，第一个是超前善后的闭环思维原则，第二个是整合借鉴的创新思维原则，这两个原则是贯穿我整个备课始终的。

（一）我们来看一下"超前善后的闭环思维"原则具体应用。

册次	专题	主要活动	能力培养点	口语交际	类别
七上	有朋自远方来	专题资料搜集、讨论会、自我介绍	继承和发扬传统文化；资料搜集与研读能力；介绍和讲述能力	介绍	传统文化类
	少年正是读书时	主题活动：读书问题讨论会	非连续性文本阅读能力；倾听能力；比较分析能力；内省力	倾听	综合实践类
	文学部落	读书交流会，编辑班刊	交流分享能力；组织策划能力；文学阅读与创作的兴趣；语言文字运用能力	发言	语文生活类

册次	专题	主要活动	能力培养点	口语交际	类别
七下	天下国家	故事会、朗诵会、展示会	继承和发扬传统文化；讲述能力；朗诵能力；资料搜集与研读能力	讲述	传统文化类
	孝亲敬老，从我做起	主题活动：孝亲敬老月	非连续性文本阅读能力；组织策划能力；实用文写作能力	发言与倾听	综合实践类
	我的语文生活	调查访问；搜集整理	拓展语文学习空间；梳理探究能力；当代文化参与	提问与建议	语文生活类

　　以上是我在七年级教材还未开启的新学期之初的课程梳理。超前的点在学期开启新课之前，我会对整个教材进行梳理。我要授课的知识是七年级语文知识，所以我把七上和七下的语文教材梳理出了六大专题、各个活动能力的培养点，这样我就能对初中七年级教材有了基本的教学方向。

春／朱自清	诵读揣摩，想象画面，体会情味
济南的冬天／老舍	温晴、温情、温婉，写景手法（统一基调、层次性、虚实等）
雨的四季／刘湛秋	细腻的感受，细致的描摹，浓郁的情味，诗化的语言
古代诗歌四首：	巩固诵读能力，发展理解能力；借助联想和想象，体会诗歌情境（设身处地）
【单元目标】1.学会朗读（重音和停连）：声韵之美；进入情境；体会情感 2.发挥联想和想象，获得情感体验 3.揣摩和品味作品语言：（1）感受和品味语言之美；（2）通过品味语言，探情寻意 4.学习比喻和拟人等修辞手法：（1）体会表达效果；（2）不做辞格的辨析	

　　然后在单元备课前提前梳理好单元的知识点，建立知识清单。
　　"善后"，包括每一节、每单元、每个阶段的善后。反思笔记是"善后"可视化的体现。

（二）整合借鉴的创新思维

我会事先研究别人已实践过的教学活动，博众家之长，或者干脆另辟蹊径进行教学活动的设计。

二、备课模式——"六个一"

下面说下备课的模式，即"六个一"：

一个单元主题、一次深度解读、一个训练重点、一条横纵坐标、一组主题阅读、一篇单元作文；

从六个方面进行备课形成单元导读课、单元精讲课、群文阅读课、整理复习课、单元作文课。

（一）一个单元主题

以七上第一单元为例，一共四篇文章，观察发现主题与四季有关，所以我们在读写设计的时候，首先拓展了与四季有关的诵读资料，在写作的部分，扣主题特点，设计一些与之相关的写作活动：在《济南的冬天》，借鉴课文的某些写法，围绕家乡的风景写作文片段；《春》，依照"春花图"的内容以"秋叶"为描写的对象，自拟文题仿写一则短文。

（二）一次深度解读

解读文本是备课过程中，非常重要的环节。

"一次深度解读"即对一个单元内容的梳理以及单篇课文的解读，包括一个单元中的课文、注释、课后题、文中插图、课文导读、阅读链接、回顾拓展、作者、原文、写作背景等。

（三）一个训练重点

我们把单元的重点罗列在以下：

1.学会朗读（重音和停连）：读出声韵之美；进入情境；体会情感；

2.发挥联想和想象，获得情感体验；

3.揣摩和品味作品语言：（1）感受和品味语言之美；（2）通过品味语言，探情寻意；

4.学习比喻和拟人等修辞手法：（1）体会表达效果；（2）不做辞格的辨析。

（四）一条横纵坐标

梳理并确定本单元的训练重点在本册教材，以及在整套教材中的作用，以便在教学过程中能够承接以往的学习方法，并且为后续的学习做好衔接和铺垫。

比如，学习默读，如果不列出横纵训练序列，就很难确立本课侧重点，也难以把握到底要学到哪个程度。反之列出知识点的横纵序列，则会很清晰地确立三个不同阶段学习的目标：

阶段一：1.学习默读，侧重保持感知的完整性：（1）不出声，不分心，不停顿，一气呵成读课文；（2）猜读法和跳读法。

阶段二：继续学习默读，侧重圈点勾画：（1）读书"三到"；（2）词句、理解、结构层面。

阶段三：继续学习默读，侧重摘录：（1）文笔精华；（2）关键信息；（3）内涵语句。

（五）一组主题阅读

根据本组课文的训练目标，制定与本组课文相应的拓展阅读计划。可以利用教材配套的同步阅读资源，也可以由教师安排，从一篇课文到一个作家，再到作家的一本著作，然后到一个系列作品的阅读。

（六）一篇单元作文

根据本组单元的主题以及训练重点确定单元的习作要求，运用在课文中学习到的方法进行写作。

第二部分

下面从单篇文章，以《与朱元思书》一课的备课为例，说一说整个备课的过程。我把备课的思路分成了以下 8 个流程：

确定课题—研究课标—研究教材—研究学生—研究环节—撰写教案—课堂实录—反思优化

（一）确定课题

首先要确定好位置，单元的位置乃至教材的位置；其次要确定好文本特质；最后要确定课型，实践活动课，自读课、导读课等。

根据以上，可以确定八上第三单元第三课《与朱元思书》，是南朝梁文学家吴均创作的一篇山水小品（文言文），文言文自读课。

（二）研究课标

为了使《与朱元思书》教学目标确立准确，我们要研读课标。

中考近两年也不仅仅只注意对字词大意的考察，更注重学生对文章的个性化阅读。培养整体阅读和个性化阅读的习惯，从而促进学生自主学习。

通过课标的解读我们确定了《与朱元思书》教学的大方向。

（三）研究教材

研究教材最重要的环节：文本解读。

1. 什么是文本解读？

文本解读：文本解读是对书面语言形式存在的文件进行分化、解析，从中获取信息的过程。文本解读是对文本所展示世界的理解、解释和应用。文本解读是阅读者运用自己的人生经历和知识对文本进行诠释和丰富。

2. 文本解读的原则：

一是多重身份相结合的原则，我们要从"作者""编者""自己""学生"不同的身份去解读文本。

二是通赏细品相结合的原则，通赏——即整体把握。《与朱元思书》，通篇多以四字句构成，笔调清丽，尤显洒脱之姿，读来让人仿佛亲临山水画境，一幅富春江山水长卷徐徐展开，令人神往，这便是通赏带来的整体美。

细品——就是潜心会文。要从语言文字入手，要细细推敲它们的含义和作用。《与朱元思书》"共色"细加玩味，便生境界阔大，令人神清气爽之感。

三是共识创见相结合的原则，共识就是提倡个性阅读体验，但不等于可以完全忽视作者的创作意图、教材编写者的选编意图、课标要求和教学的主导倾向。

创见就是独到的、创造性的见解。文本是有生命的，需要解读者进入到其特定的情境中寻找那些令自己怦然心动的细节，用自己的思想感情和文学修养去激活、去点燃，这样便可能从文本中见人之所未见。

四是知识文化相结合的原则，"我们今天搞课改，不是不要知识，而是要整体素养，知识结构要更能够适应课改的要求。"这是于漪老师的话。

3. 解读分为素读和联读

所谓的素读就是不看任何的资料，拿到文章自己先去读，沉浸式的读，然后把你的想法、观点、阅读的体验批注出来，或者说用其他的方式呈现出来，就叫素读。在读《与朱元思书》的时候，我就是把整个文章进行了批注，批注完了之后形成这样的一个思维导图（屏显）。批注好了，对文章就有了初步的印象。素读其实很重要，因为素读能够读出与别人不一样的见解和看法。

素读做完之后就是联读，要联系一些作品，别人的一些作品，别人的一些解读，包括教参，以及可以拿来我们联读的音频、视频材料。备《与朱元思书》的时候，我从 8 月 21 号开始，逐步进行联读，因为这是在新学期之前，是在暑假的时候读的，时间比较充分一些，读得就比较多一些，包括单篇文章的解读，比如说《〈与朱元思书〉的情感运动》。另外也有部分教学的实录，比如说有《答谢中书书》资料，这就是横纵坐标的策略。这个时候，我们要把这些类似的文本进行一个比较式的阅读，所以这里面，我们也涉及了其他文本的阅读，比如说，概念化的阅读《南北朝山水散文略论》。除了这个阅读之外，也有一些教学实录和教学设计，当然，也包括我们教参的阅读，以及我们的教学视频。把这些解读提取整合后，我写了一篇文本解读的文章《着意山水，境由心生——〈与朱元思书〉和〈答谢中书书〉文本共读》。

4. 研究学生

素读和联读两个环节之后，要研究学生，作为八年级的学生，基于他们在日常学习、生活经验中的积累，对文言文字词的学习有了一定的基础，但是对于有较大价值问题的研读能力有待提高，对经典美文的鉴赏能力也有待于提高。这一课的古汉语语言现象比较多，也比较典型，但是学生的自主学习能力不高，教师应该重视对学生自主学习方法的引导，让学生自主完成对文言现象加以分类整理。

以上解读的是八年级学生的共性特质，还要读自己的学生个性特点，我教了两个班，学生的特质很不一样，4 班学生的思维比较活跃的，但是容易走神，5 班则安静一些，他们喜欢独立思考，但是思维可能不够那么敏捷。所以在设计活动的时候，我们要充分考虑到学生特质，据此，我就把《与朱元思中》同样学习内容设成了不同分活动。

"备学生"，不单单要备学生呈现阶段特点的整体思维风貌，也要备班情。根据以上备课的过程，就可以确定教学目标，我们把这个目标设成：

（1）根据提示和注释自读，疏通文意，掌握文中基本的文言知识；积累一些常见的文言实词、虚词、句式；有感情地朗读并背诵课文；

（2）朗读课文，能说出本文骈文的特点；

（3）通过比较阅读，掌握把景物写得富有生命力的方法；

（4）通过了解作者生平，品析关键句子，感悟作者寄情山水的高雅的审美情趣。

设定教学重点：

（1）通过比较阅读，掌握把景物写得富有生命力的方法；

（2）通过了解作者生平，品析关键句子，感悟作者寄情山水的高雅的审美情趣。

设定预习清单：

（1）给生字注音，朗读课文，朗读注释；

（2）借助工具书，梳理课文，用词卡积累文言词语；

（3）说说课文中描写了哪些美景，口述文中所描写的美好景色。

设定教学活动的创意：

两个板块：比较吟诵、比较赏析。每个板块又分为铺垫活动与主体活动。

教学环节：

（1）读入画境，品形式之美；

（2）聚焦山水，品生命律动：

①品奇山蕴秀，山之精神；

②品异水涵情，水之神韵；

（3）聚焦精句，品抒情之味；

（4）诵读美文，品余音袅袅；

（5）妙笔生花，抒生命意识。

接着就是撰写教学设计，展示一下这一课的教学设计（屏显），最后要积极反思并撰写反思笔记（屏显：反思笔记）。

以上就是单篇备课的过程。

最后总结一下："备课不轻松生为本；课标导向目标精准，活动多元学得高效"。谢谢大家！

（周金萍老师，2017年8月入职汉开，现任南京汉开书院初中语文教师。2018年指导学生作文竞赛获得省一等奖；在浦口"五小"活动成果评比中获优秀指导奖。2019年论文获市一等奖；微课作品获市二等奖；被评为南京市"汉语周活动"优秀指导教师；教学叙事获区二等奖；课题综述获区一等奖。2020年论文区一等奖；诵读比赛区二等奖；课堂教学比武区二等奖；教学叙事区三等奖；"汉语周活动"浦口区优秀指导老师。2021年论文省二等奖；教育叙事区二等奖；指导学生演讲比赛获得南京市一等奖。在南京汉开书院任教期间多次开设校级区级讲座。）

数学教育中的善

中学部　谢淑平

　　英国乔治小王子就读的学校叫 Thomas's Battersea，这所学校的校训只有一句话："Be kind"。前不久微信朋友圈里火了一篇文章，题目是《你教室里的每个孩子，都是一个家庭的整个世界》，也有句话这么说："生而为人，请你善良"。生活中，我想做一个善良的人；工作中，数学教育中的善，便是我一直的追寻。

　　作为一名数学老师，我发现，数学教育中的善首先在于数学学科本身的真、善、美。举世闻名的斐波拉契数列、莫比乌斯环，高中阶段的科赫雪花、汉诺塔，初中阶段的因式分解、勾股定理，"宇宙之大，粒子之微，火箭之速，化工之巧，地球之变，生物之谜，日月之繁，无处不用到数学"，数学其形之美、用之广，千百年至今吸引着一批又一批的天才和学者沉迷其中，更有无数学子为之倾倒。在我们汉开就有一位不折不扣的"数学小王子"——首届学子周易（现就读于英国排名第一的私立高中卡迪夫），他的爱好之一就是推导数学公式，"每一步都自己推导出来，用最基础的公理去证明，我总是乐此不疲"。数学是一门"善良"的学科，它默默而又无私地支持着几乎所有的学科，它竭尽所能为人类的生活创造便利、提升幸福感。

　　作为一名中学数学老师，在我看来，数学教育中的善也在于善解孩子们的心意。曾经有一位老师和我说过："中学老师不好当。"因为，人的身心发展规律决定了初中阶段的孩子往往处于矛盾状态：独立与依赖的矛盾，自负与自卑的矛盾，生理成熟与心理滞后的矛盾等。初中的孩子，已经开始明白人生的道理，但也会像孩子一样任性。有时他喜欢一门科目，但因为不喜欢这门课的老师，他可能会学得不好。王院长对老师们提出过要求："让孩子喜欢你这个人，进而喜欢你的课堂，喜欢你任教的学科。"如果你不是一个"善解人意"的老师，不能主动让孩子们喜欢你，不能主动去创造孩子们喜欢的课堂情景，那么大概是当不好一名中学老师的。

有研究表明，孩子一节课集中注意力听讲的平均时长是 15 分钟。试想若是一节课 40 分钟的满堂灌，即便是成年人，也难有不走神的。因此，在新授课上，我喜欢设置一串问题让孩子们小组探究，以对话的形式让学生自己得出数学的结论。比如教授 7 年级下册"探索直线平行的条件"时，我让同学们用一个简单、明了的图加简单的文字解释什么是"三线八角"，再用一个复杂、隐蔽的图加简单的文字展示如何在复杂情景中快速、准确找出"三线八角"。

习题课，我喜欢和孩子们玩各种各样的游戏，班级对抗、线上答题、手机炸弹……我常用各种各样的游戏和互动让孩子们参与进来。前几天，我把班上孩子的一次考试成绩拿出来，让大家小组合作制作一个茎叶图比较男生成绩和女生成绩，结果无论从平均数、中位数、众数还是极差来分析，女生的成绩都要好于男生，紧接着我又让大家分析产生这种结果的原因，女孩子们纷纷雀跃，男孩子们想各种反对这一结果的理由……

复习课，我喜欢将重要的定义、定理和公式用板书系统、清晰地呈现给孩子们，并辅以相应例题讲解易错点，但我更欣赏孩子们课后主动梳理、总结呈现的成果，我常会心一笑，哦，原来他是这样想的，原来还可以这样。孩子们总能带给我惊喜。

最后，作为一名老师，在我心里，数学教育中的善还在于善待孩子们的不足。曾经有一位我们学校的外教老师说："如果学生上你的课迟到了，这不是学生的错，而是你的错，如果你的课足够吸引他，那么他一定早早做好准备期待着你的课开始，而不是拖拖拉拉或者迟到。"

这样的说法当然有待商榷，但是作为一名老师，它却引发了我对另一个问题的思考：课堂反复强调的知识，大多数同学都掌握了，却总有几个不理解，真的是学生不可理喻吗？还是作为老师，我们其实并没有把这个知识点以孩子们的思维模式解释呢？我更倾向于选择后一种答案。如果学生犯了一些在老师看来不可思议的错误，而老师只是一味的训斥学生，那老师其实就像一个独裁者一样毫无善意。遇到类似问题，我最常的做法是利用课外时间进行一对一辅导，并且适度降低练习题的难度，以最简单的例题为载体，不做深度拓展。同时，我也会采用分层教学、分层作业的方法，在课堂设置不同小组，布置不同难度的任务。

如果我是一个学生，我希望的数学学习是在老师深入浅出的讲解后，理解问题的本质和解决的策略，体会数学逻辑的严密性和数学知识的系统性；或是在老师的引导下，经过自己独立的思考最终得出经得起推理验证的答案，享受成功的喜悦，体会数学的真善美；或是在和同学们讨论之后得到思维的突破，一起分工合作解决一个复杂的问题，一起感受学习的快乐，友谊的美好。作为一个老师，我把我的希望带到我的教学里，把它变成我的目标——我希望我的每一个学生都被善待，他们敢于提出自己的猜想，并能推理证明，他们不惧挑战，也不会是孤军奋战。

（谢淑平老师，2018 年 9 月入职汉开，现任职中学部数学组组长。多次在汉开书院"善育英才"教育教学论文评比、中学部青年教师基本功大赛中获奖。辅导学生获得袋鼠数学竞赛满分成就奖、澳大利亚数学竞赛一等奖、美国数学竞赛全球优秀奖等，2021 年带领中学部 9 年级参赛学生获得滑铁卢数学竞赛世界排名 14 的团体成绩。）

上帝为你关上一扇门，定会为你打开另一扇窗

——"成长型思维"在英语教学中的一点尝试

初中部　程颖

斯坦福大学心理学教授 Carol S. Dweck 在她 2006 年的著作 "Mindset: The New Psychology of Success（思维模式：成功的新心理学）"一书中提出后，获得很大的反响。Dweck 指出，有两种类型的思维方式（mindset）：成长型思维方式（growth mindset）与固定型思维方式（fixed mindset）。如图所示：

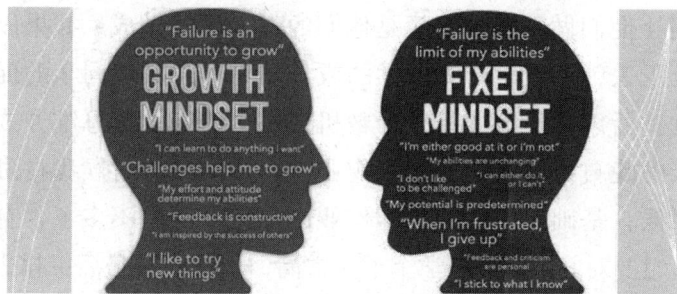

图 1

根据人们的思维和行动，特别是对失败的反应，来加以区分。具有"固定型思维方式"的人认为，能力主要是天生的，并且将失败解释为缺乏必要的基本能力，而那些具有"成长型思维方式"的人则相信，只要他们投入精力或学习，他们就能获得任何特定的能力。Dweck 认为，成长型思维方式"将允许一个人过着压力更小，更成功的生活"。在多项研究中，Dweck 及其同事指出，通过"赞扬实现成功的过程"（而不是结果），可以实现思维方式的改变。

随着大量研究并付诸教育实践，结果表明，拥有成长型思维的娃做事不易放弃，更能从过程中享受到乐趣，更容易寻求帮助，抗挫力、复原力更强，也就是更加坚毅（grit）。

他们会更在意自己从一件事中是否真正学到了东西，而不仅仅是结果（例如通过考试）。

成长型思维对学生非常重要，所以这个概念风靡了整个美国教育界，几乎每个学校都用各种方式在日常教学中融入这一思想。我在平时的教学中做了一些尝试，果真收到了一些意想不到的效果。

（一）不羡慕你"天赋异禀"，只钦佩你"废寝忘食"

当我告诉 L 同学，我要在文章中写他的故事的时候，他立刻反应："老师，你一定要告诉大家，我的成绩是努力得到的！"他特别强调了"努力"二字，我笑着答应了。

L 同学是班级里公认的"活字典"。作为一名初三学生，他的词汇量已经达到了大学四级的水平。有了词汇量的积累，他的阅读能力很强，语感也很出众，大家都觉得他"很有学英语的天赋"。其他同学对他望尘莫及，都觉得他是"天赋异禀，非正常人所能及也"。根据我在"成长型思维"学习方面的认知（如下图 2 所示），正确的鼓励方式应该是不要让孩子认为是他们的智商让他们做到某事，而是他们的付出才能做成。如果以目前这样的方式继续下去，无论是对 L 同学的成长还是对于其他同学的促进都没有太大的好处。所以，我在寻找一个契机，一个改变大家思维方式的契机。

有一天的晚自习，我看班，在作业时间快结束的时候我在班级里转了一圈。这时候，基础比较好的同学作业已经完成的差不多了，有的同学开始坐不住，想要对答案。L 同学个子非常高，坐在教室最后一排，我看他低着头，很专注地往下看。我悄悄走近，这个契机终于被我找到了。L 同学正在很认真地看一本很厚很厚的书，用杨绛老师的一句话来说是"一个字一个字的书"，我立刻拿出相机给他拍了一张照片。

第二天，课前 3 分钟，我在大屏上展示了这张照片，L 同学正在低头读书，他的左手扶书，右手指着书上的内容，神情严肃而专注。我问同学们："大家知道 L 同学在读的是什么书吗？"很快就有同学猜出了答案："是字典。""没错，是字典。大家现在知道 L 同学的词汇量为什么大了吗？在学有余力的时候，L 同学用刻苦的钻研来充实自己，这只是老师抓拍到的一次小细节而已，更多更多的时候，当大家觉得自己没什么事情做，可以休息休息的时候，L 同学在看着这样一本没有故事情节的书，所以，哪里有什么'天赋异禀'，有的只不过是'废寝忘食'的努力罢了！只要你有 L 同学的毅力，你也可以和他一样优

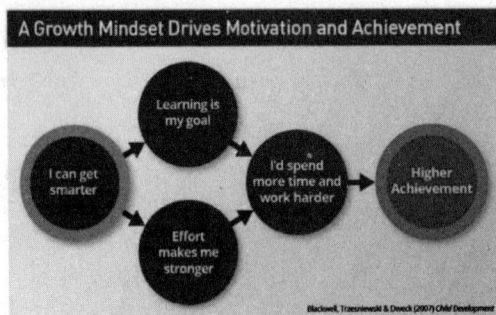

图 2

秀。L同学，我也想告诉你，很多优秀外交家都和你有同样的爱好和品质，我觉得你非常有成为外交家的潜质，请继续努力！"

从那次之后，班级的学习氛围更加浓厚了。特别是L同学，他各方面的表现更加的突出，我想可能是"外交家"的预言在他的内心深处扎了根，也可能是他认同了优秀来自于努力的观点。

如何培养孩子的成长性思维，德韦克教授给出了以下建议："比如用更明智的方式表扬孩子"。不要表扬孩子的智力或能力，不要给孩子贴标签。对孩子的表扬一定要具体明确，要表扬过程而不是结果，比如他的努力、专注、坚持、创意、策略等等。教育的关键是要让孩子自信，让他们拥有变得更好的力量。

（二）上帝为你关上了一扇门，必然会为你打开另一扇窗

根据 Carol S. Dwec 的理论，对于固定型思维模式的人来说，失败从一种行为转变为一种身份（失败者）。而对于成长型思维的人来说，虽然失败也是一种痛苦的经历，但它不会给一个人下定义，它只是一个你需要面对和解决并能从中学习的问题。我把这个理论用在了 X 同学的身上，并得到的很好的效果。

X 同学是班上一位非常优秀的同学，文化考试的成绩经常是班级的前三名，但是他对自己并没有正确的认识。他是一位非常刻苦的同学，但是他似乎更乐于表现出自己的"聪明"，其实每一次的考试他在背后都付出了艰辛的汗水，他也非常在乎考试的成绩，所以有时候他考试会非常的紧张。中考前的体育测试，大部分同学都得了满分，他却因为不自信，发挥失常，丢掉了一分。面对这样的失败，他非常的沮丧，甚至对自己产生了怀疑。

如何才能让他从这种"固定型思维模式"转变为"成长型思维模式"呢？我在当天晚上给他的作业评语中写了这样一段：

"小 X 同学：

老师曾经教过一名和你一样优秀的学生，她和你有相似的经历。她在进入中考考场前的体育测试中失掉了一分，当所有人都在为她感到惋惜的时候，她却异常平静。她说失去了，伤心也是徒劳，不过我知道了考试时候一定要注意每一个细节，不能大意。接下来的中考备考中，她更加努力了，更加珍惜分分秒秒，更加认真地对待每一次作业，更加细心地对待每一项任务，更加谨慎地对待每一个小错误。中考成绩揭晓，她以 739 分（总

分 760）的高分摘取了当年的市榜眼。

塞翁失马焉知非福！真正的重头戏还在后面呢！男子汉，老师看好你哦！"

第二天早上，他早读特别认真，下课的时候，他红着脸对我说："老师，你真的感动到我了！我知道怎么做了，谢谢你！"接下来的备考中，他好像成了我笔下的另一位学生，虽然，他内心牢记这 1 分的痛苦经历，但是行动上并没有把自己当成 Loser（失败者），以更高的标准来要求自己，更加的努力，最终他的中考也取得了非常优异的成绩。上帝为你关上了一扇门，必然会为你打开另一扇窗。转换了一种思维方式，行动上也会呈现更加积极的一面，结果当然也会向好的方向发展。下图 3 的研究结果能够给我们更加清晰的认识。

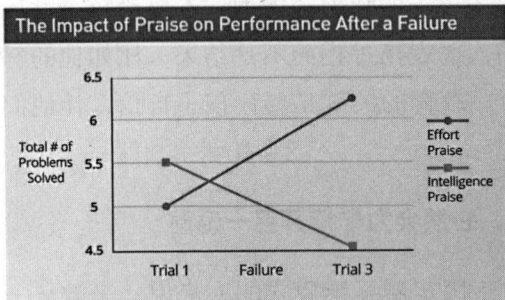

The Impact of Praise on Performance After a Failure

图 3

（三）如果你看到面前的阴影，别怕，那是因为你的背后有阳光

Carol S.Dweck 相信，智力是可以靠后天努力而改变。"拥有成长型心态的孩子，会相信通过努力学习、坚持不懈、良好的策略和他人的指导，可以提高自身的禀赋和能力。"

J 同学是班里基础比较薄弱的一名同学，刚上初三，J 同学换了一批新的老师。J 同学重新燃起了希望和表现的热情，上课认真听讲，认真记录笔记，认真完成作业（尽管作业的质量仍然不高）。老师会对每一次的作业进行点评，被表扬的人总是没有她；第一次单元测试，各科的成绩公布，她小心翼翼地藏起了画满红叉叉的试卷。经历了一次次的打击，她似乎已经失去了奋斗的激情和自信的颜色，渐渐地，她又回到了那个低着头混日子的小 J。幸运的是，J 同学遇上了一群懂教育的好老师。进入初三之后老师们针对 J 同学的情况开展了一次座谈会，会上大家统一意识，J 同学需要鼓励和正确的引导。

我们的评价方式发生了改变，不再是仅仅停留在结果层面，更多的评价倾向了过程，小 J 因为认真的态度多次受到了表扬，尽管她的作业和考试上的表现仍然不是很好，但是她在慢慢地进步。成长型思维模式告诉我们，不要让孩子觉得自己的能力不足以做某事，只是可能是方法没有选对，我们要把主要的精力花在帮助孩子摸索策略上，花在让孩子看到正确的策略如何带来成功上，花在告诉孩子们——当他们被困住了，他们要做的不只是努力努力再努力。因为任何不讲策略的努力，其实都是在浪费时间。所以，我在小J同学的作业里留下了这样的一段话：

"小J，老师看见了你的努力，虽然你现在还没有排到班级的最前列，但是请你不要被一次次的考试名次所吓倒，你现在缺少的只是一点点更适合你的方法。如果你不介意，可以向每个老师请教一下如何让自己更快地提高，也许你会有很大的收获。孩子，请相信如果你看到面前的阴影，别怕，那是因为你的背后有阳光！"

J同学真的去请教了每科老师，因为她的主动，老师在课堂和课后也都更加关注了她，渐渐地，自信的笑容回到了她的脸上，她在慢慢地进步，她在更好地融入集体，她甚至在默默关心着为她付出的老师。一天，我因为在班级辅导几位英语薄弱的同学耽误了吃饭，她竟然记在了心里，自己吃完饭后买了一块面包和一杯牛奶放在了我的办公桌上。纸条上写着"老师，吃点东西吧！您辛苦了！"她没有署名，可是我认得她的字。从J同学的身上，我看到了思维方式引导的重要性，只要你相信有阳光，就算它被乌云遮住了脸，但终会露出灿烂的脸庞。

（四）结语

采取不同的思考方式，注定会有不同的结果。因为这是规律，是具有可预见性的。幸运的是，不论是成长型思维还是固定型思维，它们都不是天生的，是可以后天培养的。只要我们从现在开始，从小事入手，当学生面对稍微困难的事情时，我们应该鼓励他们采取更加积极的处事态度，让自己更加专注克服困难的过程，看淡当前的表现。相信，最后的结果不论成功或者失败，有一点可以肯定的，在克服困难的过程中，学生的能力将得到极大的成长。

（程颖老师，2018年入职汉开，现任职南京汉开书院初中英语组教研组长。曾荣获2009年江苏省优秀毕业生，2017年获县政府表彰，被评为"优秀教师""三名工程培养对象"。入职半年后就在市优课评比中获一等奖，此后多次在市区优质课、基本功、论文和教学案例评比中获一二等奖项。所带班级学生学习热情高涨，学业成绩推进明显，受到家长和学生的一致好评。）

小学语文阅读教学"尝思美教学范式"初探

小学部　梁勇

【摘　要】

《语文课程标准》（2021 年修订版）中提出，"语文课程还应通过优秀文化的熏陶感染，提高学生的思想道德修养和审美情趣。"而汉开教育理念的核心就是"成人之美"。正是在此背景下，"尝思美教学策略"应运而生。"尝思美"顾名思义就是"尝试、思维、成美"。在小学语文阅读教学中，我们对"尝思美教学范式"作了初步探索，形成了从课前预习、课中学习、课后巩固三大课堂教学板块。

【关键词】

语文阅读教学　尝思美　学科思维　教学范式　成人之美

南京汉开书院学校成立于 2016 年 5 月，创校之初就把"成人之美"作为学校的办学理念，学校的图书馆也命名为"成美馆"。同时，"会学习、能思考"也成为汉开学子特质的重要内容。如何把先进的办学理念落实到课堂中，成为汉开教育人共同思考的问题。正是在此背景下，"尝思美教学策略"应运而生。"尝思美"顾名思义就是"尝试、思维、成美"，其中，"尝试"则是充分发挥"尝试教学法"的精髓，做到"先试后导、先练后讲"；而"思维"则在于强调课堂教学中重过程，重"学科思维训练"，学科思维的核心是其特有的思维方式。把握了学科特有的思维方式，便抓住了提升学生学力的金钥匙。"成美"即"成人之美"。第斯多惠曾说："教学的艺术不在于传授的本领，而在于激励、唤醒、鼓舞。"思想家、教育家孟子说："充实之谓美"，而汉开书院的课堂应该是让师生共美，互成彼此之美的充满生机的课堂。

自"尝思美教学策略"实施以来，我们对于在小学语文阅读教学中如何应用"尝思美教学策略"作了一些有益地探索，形成了初步的小学语文阅读教学中"尝思美教学"范式。在这样的课堂中，完全以学生的"习"为中心，教师退居幕后，以课堂教学的组织者、旁观者、指导者的身份出现，让学生成为课堂学习的主体。同时，导学案成为主要学习形式，学生活动占课堂教学时间的 55%，教师精讲拨占 45%。

（一）语文阅读教学中"尝思美教学范式"解析

"尝思美教学范式"按课前预习、课中学习、课后巩固（预习）三个阶段整体着手设计，包括"自主预习——同伴互学——让问深学——自测检验——反思悟学——作业固学"六个环节。"自主预习"属于课前预习，"作业固学（自主预习）"属于课后延伸，"同伴互学""让问探学""自测检验""反思悟学"则属于课堂中学习。具体流程如下图：

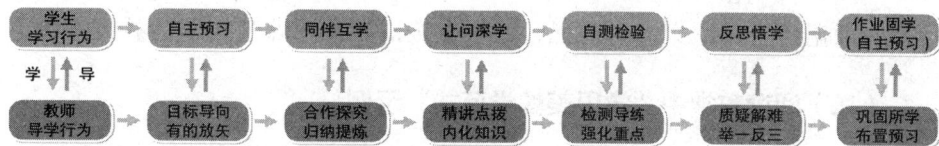

自主预习：尝试教学法重在让学生"未教先学，先学后导"。因此，在课前预习中，教师要以培养学生的预习能力为目标，从扶到放，由一开始的教师布置预习作业逐步过渡到学生自主预习，预习作业的核心以解决课后习题的问题为出发点。

同伴互学：此环节是学生学科思维训练碰撞点，也是学生预习中发现的问题、形成的观点相互交流表达的一次集中亮相，是对课前预习情况的反馈交流。阅读教学中"听、说、读、写"诸要素的训练都在此环节展开，教师要针对阅读教学的重点、难点认真研读学情，精心预设，才能让学生在课堂中形成精彩的生成，锻炼学生学科思维，提升学生学力。

让问深学：这是教师的精讲导学环节，教师要根据课堂实时学情有针对性地进行点拨，及时给予必要的指导，如朗读、书写、课文要义梳理、阅读与表达等各方面的训练点，要求教师课前备课时就要设计好精讲内容，同时，善于捕捉课堂中学生交流时的错误资源，因势利导，培养学生有深度有宽度的学科思维。

自测检验：以导学案为主，当堂检测学生学习任务达标情况。当然，导学案编写的质量高低直接决定了检测效果的有效性，这就要求加强集备管理，充分发挥教师集体智慧，提前编撰好有质量的导学案，作为课堂效果检测的"量尺"，为教师改进教学提供直接的依据。

反思悟学：交流课堂学习所得，指出存在的不足，通过反思促进学生进一步领悟文本中的精髓，提高学生的审美能力。

作业固学：布置课堂知识巩固作业（完成未完成的课后作业或练习）

和预习作业。这样，把练习移到课中进行，既有效减轻了学生的作业负担，又使课堂教学有的放矢，切实解决实际问题，达到学生学习有效甚至高效的课改目的。

此六个环节并非一成不变，依次展开，而是根据不同的文本，不同的阅读教学要求，灵活运用。如精读课文可以全环节使用，而对于自读课文教学则可以在自主预习、同伴互学、自测检验、作业固学四个环节中循环即可。同时，对于让问探学，教师点拨也不必要等到学生全部交流完毕再进行，要根据学生讨论交流的情况，适时点拨讲解，让课堂教学效益最大化。

（二）阅读教学中"尝思美教学范式"示例

以小学高年级精读课文《爱之链》为例，教学主要环节设计如下：

1. 自主预习

布置学生预习任务：

① 通过查阅资料，制作作者简介；

② 读通课文，扫清字词障碍，能简要概述课文内容；

③ 课文涉及哪些人物？人物之间是什么关系，尝试用思维导图表达；

④ 学生自己觉得预习中感兴趣或需要解决的其他问题。

一般来说，学生自主预习阶段，预习问题可由学生自主提出，也可由教师指定，或师生共同确定，视学生预习习惯以及具体教学内容而定，无论采用哪种方式，教师都要明确：自主预习的"主干"问题就是本节课学生应达成的学习目标，是引导学生自学文本的提纲。

2. 同伴互学

通过生生互动的方式检查"自主预习"情况，共同解决预习过程中难以解决的问题。这些问题既包括预习过程中的问题，也包括互学探究中派生出的新疑问。"同伴互学"一般包括两种形式：一是提问与评价。让学生学会表达、学会倾听、学会思辨、学会评价，主要在这一环节培养和体现。二是讨论。通过提问检查，如果学困生答对了，说明这个问题全班都基本解决了，不需要在此浪费时间，立即转入下一个问题。如果中等生也难以解决，则需要讨论，难度小的问题让同桌讨论，难度大的问题小组讨论，小组讨论要定主持人，定先后发言顺序。教师在此环节更多的充当组织者和课堂协调人的身份。

3. 让学深问

在同伴互学过程中仍解决不了的问题或大部分学生仍存疑的问题，教师此时要及时予以讲解、点拨。讲解的原则是"三讲、三不讲"。"三讲"即讲学生自学和讨论后还不理解的问题，讲知识缺陷和易混易错的问题，讲学生质疑后其他学生仍解决不了的问题；"三不讲"即学生不探究不讲，学生会的不讲，学生讲之前不讲。如在教学《爱之链》中，学生对于如何画出一条准备的爱之链产生了争执，老师此时及时点拨讲解：老妇人、乔伊和他的妻子在日常的生活中只帮助文中了提到的人吗？他们每个人又形成新的爱的传递链条，学生顿时豁然开朗，爱之链是一个开放的链条，爱心在善良的人之间传递，共同描绘一幅幅温馨的画面。

4. 自测检查

由教师编撰导学案，分基础性练习题和拓展性练习题，基础性练习题作为教学任务的"底线"，拓展性的练习题作为课堂学习内容的延伸。自测检查主要是检查本节课的教与学的效果。

5. 反思悟学

教师鼓励学生大胆质疑，敢于质疑，勇于向课本、教师以及其他权威挑战，让不同学生针对本节所学知识再次提出更高层次的疑难问题，再次进行深入探究学习并且引导学生自己解答，从而达到查漏补缺、深化知识、发散思维、求异创新的目的。

例如教学《爱之链》时，教师在此环节引导学生思考：通过梳理我们可以发现，三个人物中，总是有两个人在场，而另一个人不在场。所以他们三个人之间总有一些知道的和不知道的。

请完成填空：（谁）知道 _____，不知道 _____。学生经思考，马上给出了许多意想不到的答案：① 老妇人还知道乔伊帮她修车要给钱，不知道乔伊不会收钱。② 老妇人知道餐馆女主人很辛劳，不知道她是乔伊的妻子。③ ……学生在思考中对文章中心——"爱"的认识又深入了一步，对文章结构的理解又更进了一层，升华人性美的感知。

6. 作业固学（自主预习）

布置课后作业，内容有两个方面，一是本节课的巩固作业，二是下节课的预习作业。

汉开教育，成人之美。"尝思美教学策略"在汉开校园内已然发芽、长叶，让我们一起静待花开！

参考文献

[1] 徐文彬 . 培养学科思维，发展学生学力 . 江苏教育，2015（17）.

[2] 语文课程标准（2021 年修订版）.

（梁勇，2020 年 8 月入职南京汉开，现任职小学部主任。曾获得苏州市优秀德育工作者、苏州市优秀教育工作者等荣誉称号。曾获得苏州市优秀教育教学成果奖二等奖。主持的课题《高质量发展背景下民办学校卓越建设路径研究》在省十三五规划课题审批中正式立项。）

用产品思维教语文

——在语文教学中追求"善育英才"的几点尝试

高中部 孙玮烛

在执教初中语文以来，我一直在想，除了"被安排"的无法选择，学生究竟凭什么要上我的语文课？如果我的语文课是个 APP，学生究竟会不会下载？选择我这个"产品"，他们究竟能获得什么好处？

如果语文教学是个"产品"，那么我需要做的工作包括：了解用户需求——设计产品服务用户——在与用户的交互反馈中去迭代优化——创造更多用户价值。在这其中，用户所产生的确定性和依赖感，不正来自于产品本身的影响力吗？在语文教学中追求"善育英才"，也许可以换一种思路，即让"语文教学"这个产品，更好地服务我们的用户学生，在服务中成就塑造和影响。

（一）着眼用户价值，明确本质问题

如果把语文教学当成一个"产品"，首先要考虑：用户需要什么？这个产品能给用户提供怎样的价值？学生对语文课的疑问在于："我为什么要学语文？我为什么要跟你学语文？"与此对应，老师必须回答两个问题，即"语文教学的本质是什么？我能带给学生什么？"这也是南京市初中语文教研员袁源老师来书院指导时，特别提醒我们思考的。

语文教学的本质，我非常认同袁源老师指出的，要教给学生那些能激荡他心灵的东西，以及语文学习的方法。而我能给学生什么？我希望是一份语文知识与生活的共鸣，一份发现和表达的自觉和惊喜。

2017 级 7、8 班是去年我新接的班级，语文并不算他们的优势学科。着眼于要带给学生这些"用户价值"，我想，首先需要一种语文氛围的营造，唤起学生对语文之美的向往。

在开学前，我给自己设定了语文教学的学期目标——要让学生能够"投入情感"去学语文，浓缩为一个便于学生记忆的主题词——"生活情趣"。我会在各种时机向学生传递：我们要做对生活敏锐、富有情调、有品质追求、有个性力量的人，而语文学习，正好能带给你这些。

开学第一课，我准备了"语文课前小菜"，跟学生谈谈我心目中的语

文及语文学习的基本方法，以唤起他们对语文的美好感觉。学期末最后一课，是"学期总结课"，回顾一学期在语文学习上的收获，感受成长，发现台阶，唤起斗志，启动寒假计划。

在这种氛围的营造下，7班学生自发创建了一个文学社团"红豆巷"，起初是利用平板班级空间，定时分享诗词文句；现在阵地已转移到后黑板文化墙。8班学生则将两个班的班级文集定名为《逐慧漫言》，寓意"语文使人变得聪明"。

（二）立足创新模式，致力发展优势

著名产品人梁宁说："没有创新的产品，根本不应该去做。"而面对一群喜欢新鲜的新时代的少年，一成不变的授课方式和没有设计感的教学设计，很难让他们为产品买单。考虑到这一点，首先，我尽可能在教学中选择贴近生活又能引发学生兴趣的切入点，争取每一个安排都有让学生意想不到的设计。

因此，检查预习，我们用"3秒速答"，即3秒钟内要答出课文指定句子的下一句，否则要自领一首诗词背诵。这样，学生便能在预习时，自发用荧光笔在课文中勾画出重点词句。课文讲解——《诗词五首》来个"合并同类项"，让学生从不同角度谈诗词异同；郦道元的《三峡》，我定义为"一个从没到过三峡的地理老师抄袭前人文章却进了语文课本"，带学生诵读比较盛弘之《荆州记》与袁山松《宜都记》，看郦道元的改编怎么样；朱自清先生的名句"快乐是他们的，我什么也没有"，在唐诗中的表达，难道不是王绩《野望》"牧人驱犊返，猎马带禽归。相顾无相识，长歌怀采薇"吗？体会意外之美，寻找生活中与"采菊东篱下，悠然见南山"最相似的瞬间；学完李贺的《雁门太守行》，我们也来写写，如果颜色会发声，那红黑金紫，又将发出怎样的声音？这样，学生就愿意大开脑洞，体会到主动表达的快乐。寒假作业更是逍遥自在可以选做，摘抄可以做成美貌的手账；敢挑战每日一文的，欢迎加入"荒岛求生"主题写作群，只不过到点交不出，你就出局；喜欢打游戏、听音乐的，就参考诚品书店御用文案李欣频《诚品副作用》一书，写一篇广告文案，向我推荐APP；喜欢旅游的，体验一下"旅游体验师"，来一篇图文并茂的旅游攻略；喜欢摄影的，更可以文艺一番，制作一套原创主题明信片；喜欢唱歌的，去学"经典咏流传"，为古诗谱个曲录一段——谁说这不是语文呢？况且，这

些不仅与下学期课本内容息息相关，还让学生玩嗨，在反复的修改、斟酌中，体会到语文之美，涌现出许多惊艳之作。

其次，一个产品与一张画、一幅字、一盘菜一样，背后都是一个人。因此，如果能让学生通过语文课，真实地感受到一个内心丰富的老师的存在，更能促发他们对语文学习的喜爱。我的体会是，常常跟学生推荐书、分享阅读感受，甚至一起诵读一些美好的文段，都是非常有效的方法。讲杜甫《春望》，我分享了龙应台《天长地久》关于二战之后"一辈子就这一刻"的时代情绪；讲《美丽的颜色》，我读了几个版本的《居里夫人传》，给学生讲讲居里夫人少女时代的故事；讲茨威格《列夫·托尔斯泰》，我介绍了《一个陌生女人的来信》《安娜·卡列尼娜》……常常在我介绍的当天，学生就去图书馆寻来了这本书。我还把试卷中出现过的阅读语段汇集起来收进《逐慧漫言》，早读与学生一起诵读。当我动情地朗诵王维《山中与裴秀才迪书》后，惊喜地发现，不少学生在作文中用到了"辋水沦涟，与月上下。寒山远火，明灭林外"这些美好的词句！

第三，"教育机遇，无处不在。"承担着德育使命的语文教学，其实更不能忽略教育的机遇。

2019年1月23日，林清玄先生去世当天，我跟学生分享了他的文字："我多么希望，我写的每一个字、每一篇文章都洋溢着柔软心的香味；我的每一个行为都如莲花的花瓣，温柔而伸展。因为我深信，一个作家在写字时，他画下的每一道线都有他人格的介入。"以此纪念先生的同时，启发学生无论写字还是做事，都要有作品意识。

大课间进行到一半，一场突如其来的大雨之后，被淋湿的学生边吃课间餐，边听我兴奋地讲苏轼《定风波》"莫听穿林打叶声，何妨吟啸且徐行"，回味着刚才淋雨的滋味，他们何尝不曾感受到苏轼那样豪迈的爽快！

当学生对杜甫、文天祥的义举不屑时，我给他们讲照顾小羊的外教、野生动物救助的志愿者，让他们感受到，世间还有那么多令人激荡的人始终坚持着自己的信仰，而我们，虽不能至，但心向往之……

（三）强化内部激励，重视用户反馈

产品要设计好用户激励系统，让用户"上瘾"，并在与用户的交互反馈中迭代更新。

首先，在语文教学中，内在激励尤其值得关注。"外在激励和内在激

励，是两个心理学名词。外在激励即驱使人的行为发生改变的外部因素，如奖品、荣誉等；内在激励则是让人能够找到感觉，持续深入，把事情做到位的方式。"我的尝试主要是进行多种多样的展示，如每周作业大屏展示、《逐慧漫言》结集展示、在教学反思中记录学生精彩的回答、学生推荐书单等，让学生通过有仪式感的展示得到认同，进而形成内心的满足感，提升学习品质。明显的进步是，学生开始期待每周作业展示，并"挖空心思"地在作业上出彩，希望得到大家点赞。同时，让学生推荐书单值得一提。老师推荐的书单往往遭到排斥，于是我让学生自己推荐自己读过或一直想读的书，一则是学生阅读品位的展示，一则让学生获得成就感。令人惊喜的是，学生的推荐中，不乏大部头的经典著作，也有梁衡《数理化通俗演义》这类熟悉作家不常被语文老师推荐的著作，更有连我都正准备看的《柏拉图和鸭嘴兽一起去酒吧》这类新出版的好书。当晚，我便逐条核查作者与书名，并附上出版社推荐语，形成88本学生推荐书单，印发给学生挑选寒假阅读的书籍。因为是自己推荐的书，学生寒假看书打卡也是热情高涨。

其次，要重视学生反馈。学期末，我会让学生点评我最好和最烂的一节课，既能让他们回顾所学，又能强化他们的满足感、仪式感，也能得到直接的教学反馈。另外，与落后学生多多交流，发掘他们的亮点和兴趣点也十分有益。C层次学生一般都对语文学习缺乏兴趣或信心，加上长久习惯不良造成了学习上的恶性循环。如果能发现他们的兴趣点，适当激励，点燃他们学习的热情，也许会在短期内就收获惊喜。初二（8）班赵至一、韩珂、李嘉涵、陶宏宇、钟载丰等几位同学一直在C层停留，在这次期末中，钟载丰、韩珂达到B+，其他几位都进步到B。而我所做的，无非是一些小事：时常念出赵至一作文中诗歌般的语句；帮韩珂修改作文结集展示；在讲到《射雕英雄传》的时候，特别提一下喜欢武侠的李嘉涵；在陶宏宇父母面前夸奖他；给钟载丰定下君子协定——如果达到目标，就继续给他推荐好看的书……分数的进步可能不是最重要的，更可贵的是，陶宏宇觉得没有达到目标时，长叹着捏紧了拳头；李嘉涵说，灵光一闪想起了我讲过的某个文言词语的意思，欣喜若狂；赵至一则参加了寒假主题写作群，从头至尾坚持17天，贡献了许多佳作……

书院对老师的期待，是让学生喜欢我这个人——让学生喜欢我的课堂——让学生喜欢我任教的学科，深以为然。同样的，用心设计一个语文教学"产品"，让学生喜欢你的产品，进而愿意接受影响，从而达到教育的目的。

（孙玮烛老师，2017年入职汉开，现任职高二年级语文备课组长。曾荣获南京市初中语文基本功赛一等奖；南京市中华经典"诵写讲"大赛一等奖；南京市高中语文基本功赛二等奖。）

汉开工具的使用

初中部　田梅

　　上周一，院长作了《良习——一开始就要做到最好》的主题发言，汉开学子不仅每天要看到张贴在教室的学习良习，更要把它作为我们独特的竞争力，真正地培养起来。今天我和同学们一起探索如何正确使用两种重要的学习工具——方格笔记本和《汉开汇》，培养学习良习。

　　方格笔记本有三个版本。

　　第一个是《汉开文章》。《汉开文章》中方格的大小与中考作文纸是一致的，同学们平时就要注意字迹的大小适中；最后几页是空白页，留给同学们写作前列提纲用的，这是写作的良习之一，需要限时、坚持练习。

　　第二个版本每页只有一个大方框，这是为数学、政治学科设计的。因为中考时数学、政治的解答题是空白的分块区域，是没有格线的，所以我们在平时要培养布局的意识和习惯。有的同学布局合理，间距得当，老师很容易看到得分点；有的同学从中间开始写，或者前面的字写得很大，导致后面就混乱无序了，这也是思路不清晰的表现。

　　第三个版本是淡色网格线，这个网格线不是要求把每个字写在小格子里，而是为了沿着格线能方便的划分区域。我们通常划分区域的方法是"三分法"，左边是记录重要的知识点和题型，右侧是自己的思考、疑惑或者易错点提醒，下方是总结重要的方法、思想或解题清单。很多同学利用这种做笔记的方法培养自己像学科专家一样思考的习惯，把重点放在核心概念或者观点的辨析、推导、典型的错因、及时总结上，而不是照抄原文或者定理，因为没有融入思考的笔记就不是真正有效的笔记。另外，同学们如此用心的笔记若是没有得到很好的利用就可惜了，每天晚自习前，先复习笔记内容，把最重要的概念、定理、公式、语段不看书能复述出来，然后合上笔记，再写作业。相信同学们能理解方格笔记本的设计，把它的优势真正地"用"出来。

　　经常听到同学们在分享心得时提到《汉开汇》，它仿佛是一个宝典，把你的痛点一一击破，也听到有同学说："我也及时使用《汉开汇》了呀，而且做得非常整齐和精致，可是感觉没什么效果。"老师建议你从这两个方面思考一下。

一是使用《汉开汇》的时间分配，如果给你 10 分钟，你会怎样分配呢？5 分钟抄题目，4 分钟把过程抄上去，1 分钟写错因：因为没有看清题目。这样使用的结果就是浪费了 10 分钟。不妨做这样的改变：1 分钟搞定题目（可以裁剪或者专门胶带粘贴），4 分钟独立订正，5 分钟深入地思考错因：我是哪里错了？是公式记错了吗？那公式应该怎么推导出来的，翻开书本或者笔记找找类似的题目再练一练；是哪个知识点漏洞吗？还有哪些和它相关的知识点我都清楚吗？能说出相关的定理和概念吗？如果不能，把相关的知识也梳理一遍；是因为审题没看清条件吗？也许不是因为没看清，而是看到这个条件你没有做出应有的联想或深度思考，说明你对它不够敏感，还要加强……如果你能像这样把深度反思的习惯坚持下去，"一错再错"的事就不会发生了。

二是《汉开汇》的"出镜率"。上周午自习时，看到初三 8 班两位同学在互相提问《汉开汇》上的错题，感觉这是一种创意使用。错题通常是我们的弱点，是需要"针灸"的，隔一段时间就要把它拿出来再次检测一下自己，不断精简，把你的《汉开汇》越变越薄，直到每一道错题都真正过关，《汉开汇》才能功成名就退隐江湖了。

同学们，方格笔记本和《汉开汇》是重要的学习工具，智慧的使用能够帮助我们培养学习良习，解决学习中的普遍问题。上学期我们在成美馆展出了部分同学的优秀作品，期待大家都能明白使用的要点，坚持去做，高效与快乐的学习体验一定和你不期而遇。

（田梅老师，2016 年 6 月入职南京汉开，现任职教务部副主任。曾荣获江苏省初中数学青年教师优质课比赛二等奖；南京市初中数学青年教师优质课比赛一等奖；浦口区青年教基本功大赛一等奖；浦口区命题大赛一等奖；浦口区优秀班主任；辅导学生陈逸欣荣获南京市"时代杯"数学竞赛一等奖。）

抓最有效的行为，效果最大化

——疫情下数学组线上教学技能分享

初中部　张洋

疫情下的线上教学为我们关上一扇门，也打开一扇窗。

脱离了教室、师生面对面的环境约束，怎样保障教学效果？怎样将学生的"学"放到最大化呢？数学组同仁们一直在摸索，去探寻适应性的线上教学之路……

我以"抓最有效的行为，效果最大化"为主题，从以下四个方面分享。

（一）集体备课 —— 打造汉开式专业团队

1. 线上资源库助力备课

前一阶段教务部要求每学科组制定各年级段的双向系目表，通过智能作业系统很快速地就可以找到南京市近几年各年级段各个区的期中期末真题卷。

在个人备课的时候，可以通过章节选题，选择针对性、目的性更强的例题和习题。

2. 利用智能平台了解学情

线上教学期间每天晚上的集体备课，通过智能作业的平台展示前一天的各班级的作业批改情况，批改后各个班级的分数，从而找到共性问题以及各自班级的个性问题，为老师的上课以及后面的练习命制提供了方向。

（二）作业批改 —— 练就汉开式工匠精神

1. 每天作业及时批改、及时沟通

对于表现好的或者是存在问题的，可以通过文字或者语音及时点评。

2. 作业课堂点评，让每一位同学都重视

每天上课的第1个环节就是点评作业，用一起网课的共享桌面功能展示全班的作业情况。作业优秀的表扬，质量待提升的提醒。在批改作业的时候可以把学生的错误设置为典型错题，做的较好的可以设置为优秀作答，然后在第2天上课的时候，可以共享典型错题。虽然学生的纸质作业上没有老师批改的痕迹，但是通过展示典型错误，学生也可以一目了然地知道自己的错误所在。还可以通过智能大屏直接在典型错题上进行讲解，达到

效果最大化。

3. 用"糊涂"促改变、促进步

这是我们班一位同学一次周测的成绩，根据这个孩子的水平和态度，我知道这个成绩有水分，这也是线上教学，好多老师会遇到的问题，和其父母沟通后，告知父母要对电子产品监管到位，也要关注课堂的专注度。同时我在课堂和课后也经常关注他、表扬他的进步，有问题及时给予帮助，在课堂中对他多一点宽容和肯定，他的积极性明显得到了提升。

三、个别辅导 —— 落实汉开式"滴灌"

1. 课堂中的个别辅导

因为孩子的基础以及接受能力存在差异，有时课堂中有些问题个别学生就是听不懂，需要老师再次讲解，可以在下课后，连麦进行单独讲解。

2. 课后作业形式多样的辅导

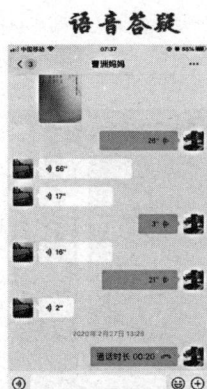

语音答疑　　　一对一视频答疑　　　微视频讲解

一题题卸载式纠错（每天晚上规定一个时间点，对于作业有问题的同学，可以共同视频讲解，既保证了优生的时间，又达到了效果）。

（四）课堂教学 —— 创造汉开式高效课堂

1. 课堂参与度是最需要关注的问题

线上教学，老师的课堂再精彩，准备的再充分，如果学生没有参与到课堂中来，那所有的一切都是徒劳，效果更是无从说起，所以说学生课堂参与度是最需要关注的问题。

线上教学不同于班级授课，无法直观了解学生的掌握情况，通过让学生回答不同的数字，了解学生的学情，比如说习题已完成回复"5"习题全

对的回复"7"；听懂的回复"3"，不懂或有其它问题回复"4"，这样做可以保证所有学生跟着老师的节奏走，全员参与课堂。对于个别掉线的离开电脑旁通过快速调查也能准确定位到人。

课堂互动——学生展示——连麦

数学课堂不仅需要老师的讲，更需要学生的展示，这样才能让课堂活起来、动起来，那如何连麦才能得到这样的效果呢？

从最先开始自愿原则，发现一直都是那么几个比较积极的同学，后来调整为老师点名，发现这样关注的不够全面，一节课一大半学生都没有机会连麦回答问题；再后来改为男生连麦女生连麦，发现连麦人数太多，如果有个别学生没有连麦，也不能准确快速地明确是哪些同学没有连麦；最后调整为把班级分成4个组，A班男生、A班女生、B班男生、B班女生，这样的话，每组人数不会很多，根据不同层次的问题、不同难度的问题选择合适的群体来回答，从而达到效果的最大化。

2. 黑板在数学课堂中的运用

例题和习题的讲解可以在黑板上板书完成！

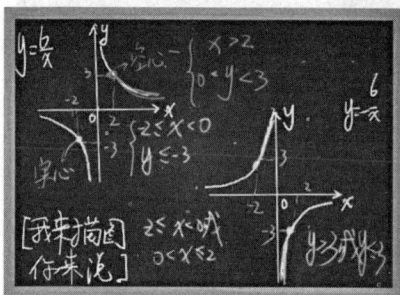

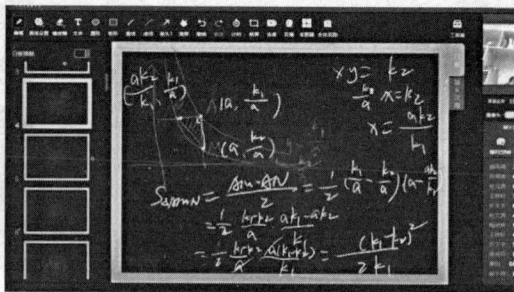

线上教学的经历对每一位老师来说都是宝贵的，我们更加理解教学的关键行为、理解立足数据深度分析、理解尊重和关爱学生……

特殊时期，特别的营养，我们再次出发！

2020.2.28

（张洋老师，2018年入职汉开，现任职南京汉开书院初中数学教师、初三年级主任。2017年获县教育局表彰，被评为"优秀班主任""周恩来班班主任""三名工程培养对象"。多篇教育教学论文在省级期刊中发表，多次在优质课、基本功、论文和教学案例评比中获一二等奖项。2021年被评为浦口区"优秀班主任"。任职期间，他坚持把简单的事情做彻底，把平凡的事情做经典，把每一件小事都做得更精彩。）

语文学科试卷评讲示范课

——语文学习的内在要求及素养提升

初中部 丁锦余

能力要求：识记、理解、分析综合、鉴赏评价、表达应用、探究六种能力。

语文学科核心素养由语言的建构、文化的理解、思维的发展和审美的鉴赏组成。语文学科核心素养具有基础性与发展性。

* 语言的建构从学科知识上划分应包括口头语言与书面语言；从学科能力上划分应包括口头语言的听、说能力和书面语言的读写能力。

* 文化的理解包括对本土文化的传承、对国际文化的理解、对生活文化的回归和对自然文化的关爱。

* 思维的发展包括语文的经验思维、语文的迁移思维和语文的反思思维。

* 审美的鉴赏包括感受美、鉴赏美、创造美和对美的人格的追求。

试卷分析

对《2020—2021 学年度第一学期期末学情分析样题》进行了试卷分析，准备给全组老师提供一个范例——上好试卷讲评课。下面结合部分试题给大家讲明试卷的组卷特点：

选材丰富而多元，创设伴学情境

伴学情境		教材为本
【寻阅读之趣】 （一）你们团队共同研读了有关吴敬梓的古诗文，对 5-9 题进行了探究。（18 分） 7. 联系学过的文言文，你对下列句中加点的词进行了解释。（3 分） （1）素不习治生 ▲ （2）才之 ▲	⟷	课本《陈涉世家》： 吴广素爱人，士卒多为用者
13. 你们学习小组又对《儒林外史》的讽刺艺术进行了探究，结合选文具体内容，展示你的探究成果。（4 分）	⟷	九上课本《儒林外史》名著导读都有呈现
【寻言语之趣】 在校园戏剧节展演中，你导演下面《枣儿》片段，小花饰"老人"，小雨饰"男孩"。请完成相关任务。 3. 剧本中空白的横线处是关于"老人"动作的舞台说明，请你补写出来。（2 分）	⟷	九下戏剧单元《屈原》戏剧之导

此卷也志在改变部分学生以应试为目的的学习心理和方式，倡导先进学习方法的习得与运用。不但在积累与运用板块中特别重视情境的创设，要求学生在语境中学语文、用语文，而且在阅读板块要求学生运用活动探究、批注方法，还有专题性学习、选择性阅读等方法的呈现，一方面考查了学生学习方法掌握的情况，另一方面也引领其积极改变应试的学习方式。

双线并行，明暗相应

人文主题线与语文要素线双线并行。试卷所选材料的内容，主要传递传承文化、热爱家乡、关心生活的观点，积极倡导学生关注并参与地方文化生活，能给予学生情感、态度和价值观的正确引导和有益熏陶。阅读试卷的过程，也是一次学习提升的过程，涵盖了语文学科核心素养。

整份试卷以"参加语文寻趣之旅"为主线，选择并编织材料，分为"寻自然之趣""寻言语之趣""寻阅读之趣""寻表达之趣"四个板块。

> 【寻自然之趣】
> 你们一起登上紫金山巅。小雨极目远眺，感慨万千，写了下面一段文字：
> 登高远眺，游目骋怀，收lǎn四时美景。"草长莺飞二月天，①　▲　"，那是自然万物在春光里的勃发与娇嗔；"溪云初起日沉阁，②　▲　"，那是夏日里一阵暴雨不期而遇的前奏；"③　▲　，却道'天凉好个秋'"，那是秋天里无可言说的人生况味；　　　　▲　　　。
> （①－③空的诗句分别出自《村居》《咸阳城东楼》《丑奴儿·书博山道中壁》）

> 【寻表达之趣】
> 三（50分）
> 17. 近日，新疆库车某校学生在教室里一起演绎扭脖子、赛马舞的视频走红网络。出乎网友意料的是，编舞老师不是音乐老师，而是一位语文老师。作为班主任，那位语文老师希望课间舞能减轻孩子的压力，寓教于乐。有网友感叹：未来属于"有想法"的人。
> 请你以"'有想法'的人"为题，写一篇不少于600字的文章，为本次语文寻趣之旅收官吧！

试卷板块内容		学科核心素养
寻自然之趣	----------	文化的理解
寻言语之趣	----------	语言的建构
寻阅读之趣	} ----------	思维的发展和审美的鉴赏
寻表达之趣		

学科素养的提升

鉴赏评价

> 9. 读完诗文，围绕吴敬梓的性格志趣，你们展开了讨论。(5分)
> 小花：传文中写吴敬梓"性复豪上，遇贫即施，借文士辈往还"，可见吴敬梓性格豪爽、乐善好施、志趣高雅。
> 小雨：传文中"安徽巡抚赵国麟闻其名，招之试，才之，以博学鸿荐"等句子看出他真有才。他写了那么多文章，为什么还这么穷啊！
> 你：_____▲_____

探究

> 12. 结合《儒林外史》的阅读及下面的链接资料，小花认为，周进可以归入闲斋老人说的第一类"有心艳功名富贵而媚人下人者"。请你在闲斋老人说的其余三类中任选一类，列举一个典型人物并作理由阐释。(4分)
> 【链接资料】
> "其书以功名富贵为一篇之骨：有心艳功名富贵而媚人下人者；有依仗功名富贵而骄人傲人者；有假托无意功名富贵，自以为高，被人看破耻笑者；终乃以辞却功名富贵，品第最上一层，为中流砥柱。"
> ——（清）闲斋老人《儒林外史·序》
> 你：_____▲_____

16.读了本文后，小雨和小花对"吴敬梓是不是一个有趣的人"各执己见，小雨认为"是"，小花认为"不是"。你觉得呢？请结合这次寻趣所阅读的文章以及你对吴敬梓的了解，帮助小雨或小花说服对方。（4分）

▲ _____

全卷考查的主要能力点有：记忆、理解、鉴赏、表达和探究，而每个能力点都有不同思维层级的考查。除了极少数的诗词名句默写外，全卷几乎没有单靠机械记忆就能完成的题目。而在语言运用和阅读题中，则设计了多个带有探究性的考查高阶思维能力的题目，能测查出学生的思维类型和层次。

培育积极健康的生活观

试题有结构之美、文化之美、情趣之美。

阅读部分的文本选择，关联性强，让学生仿佛走在一条文化寻访之路上，方向明确而集中。这不仅降低了学生思维转换的频度，而且引导学生在相对完整的阅读中思考与探究。试卷中的文本与情境材料极富地方文化意味，也有熟悉的校园文化活动。这些富有鲜明而浓郁的地方文化色彩的材料，使得整份试卷显得厚重而大气，值得阅读，耐人寻味。

汉开教育尊重人的发展，与试题的命题方向高度吻合。《汉开寄语》中期待我们的学生能够喜欢运动、喜爱大自然、喜欢挑战自己。作文题《"有想法"的人》及中考试题《食趣》，与本次阅读《有趣的人不苟且》都能有助于提升审美能力，发现生活中的美，成为一个有生活情趣的人。

语文试卷的命题特点及所体现的命题导向，对今后的教学有鲜明的指导意义。学测一体，以测导学，在日常教学中渗透学科思维。只有这样，才能真正有效指导学生学会学习，追求高品质学习，获得学习乐趣，享受学习。

教学建议

无自主不成学。文集好好做，多一度热爱，侧重能力要求的培养。

多关注主流媒体的声音，读万卷书，也要关注社会热点。与时代同步，做有内核、有新思想的时代青年。

开展有声阅读，学习的样式多元化。可以指导学生看看《跟着书本去旅行 * 秦淮系列》《国家宝藏》，也可以观赏电影《送你一朵小红花》等，做好知识普及、素材积累和人文素养的提高。

多进行"微博式作文"写作，重视三个环节——此在性写作、多向度交流、高频率展示。在交流欣赏中，逐步提高写作水平。

（丁锦余老师，2016年6月入职南京汉开，现任职语文学科教研组长兼初三年级班主任。撰写的论文《浅议综合实践选题课的指导策略》获省二等奖；论文《科技发展对传统产业的带动与推进》获市二等奖；积极投身基础教育课程改革活动，2010年11月被评为盐城市基础教育课程改革先进个人；2020年10月，在第二十届浦口区中学生作文大赛中，被评为"优秀指导教师"；2019—2021年连续3年获得"汉开优质教学奖"荣誉称号。）

奔跑吧，少年

中学部　贺红

今天与大家说说体育运动那些事。

近日的雾霾天气，是否让很多同学有点憋闷呢？很久没有出去撒欢奔跑了。我们学校很多同学已经爱上跑步了，三天不跑就浑身难受的大有人在。

来说说我们身边的故事。大家经常看到王院长与老师们在工作之余打球吧，也有不少学生和王院长打过球，王院长也有跑步的习惯。对人生越有规划的人，自律性越强的人，往往越能坚持运动。大家是否发现，我们身边成绩特别好的学生，大都是体育课参与最认真的学生，体育活动参与最积极的学生。他们的身体也越来越好，成绩也越来越好。这次期中考试，初三年级摘得全区桂冠的王可馨同学是我校一位看似娇弱的"风一样"的女生，她可是全班最能跑的。初二年级的芮钦成同学一样擅长长跑。大家认为学习成绩好的原因是因为特别爱学习吗？我猜很多都不是，更多的是因为，他们知道，作为学生的身份，第一要务就是学习的责任，他们能让自己努力去肩负起这个责任，尽力去做好罢了，即使不喜欢的，但必须做的，就能做好！这就是坚持，更是意志！更是选择了这种磨砺自己的方式，并去征服它。

北大校长、著名教育家蔡元培先生说："完全人格，首在体育！"伟大政治家毛泽东也在 1917 年发表的文章有言："文明其精神，野蛮其体魄"的辩证关系是，想要让人们精神变得文明，应该先使他们的身体更强健。前几日王院长曾和我们老师说："全中国，有多少校长能比他还重视体育，关注学生的身心健康？"的确，我们学校的校园就与众不同，很多体育与游戏设施设备都是别的学校没有的，老校区有汉开号，新校区有拓展基地，共享大厅还有很多拳靶，随时随地供学生使用。汉开是学习之园，更是运动之园，也是拓展挑战之园，创造属于自己 Grit 的强大之园。

我们汉开学子的形象之一有"不睡懒觉，能长跑"，都要求我们身体的强健、高度的自律能力和意识。即将到来的汉开五项和冬季运动会，你准备好了吗？初中学生人人跑 3000 米，你心里已经接受这个挑战、你的身体有做好锻炼准备了吗？你选择接受这个磨砺了吗？奔跑吧，少年们，在操场上挥洒汗水，赛场上激昂豪情，让自己的少年时光，燃爆！

2018.12.3

（贺红老师，2016年8月入职南京汉开，教育硕士，南京师范大学体科院外聘硕士研究生导师，运动处方师。南京栖霞区体育学科带头人；鼓楼区优秀青年教师、先进教育工作者、能手教师、标兵教师；江苏省学生体质健康工作先进个人。南京汉开书院中学部体育负责人，中学部ASDAN素质课程科组长，校工会副主席，汉开书院攀岩队教练。一直担任南师大体科院硕士研究生微型课历年比赛评委，为南师大硕士研究生做讲座多次。曾开设全国教师公益健康网络讲座，浏览量两万六千多，并受到魏书生老师的表扬肯定。带我校攀岩队，队员曾获得江苏省第19届省运会青少部攀岩项目男子速度赛冠军。历年南京市阳光体育攀岩联赛团体一等奖，历年个人项目获得多个金银铜牌。）

与优秀者同行

—— 在 2020 年教师节表彰会上的发言

行政部　李加刚

尊敬的院长、各位同仁：

下午好！

非常荣幸能够与大家分享作为雁阵计划师傅的感受。刚刚获得"特别新人奖"的刘品老师是我的徒弟之一，拉丁跳得绝对帅，我很开心他能够得奖。

学术部田梅主任给我的主题是：师傅的带领之道。我思考了很久，跟刘品老师的交流是"无道"，更多的是示范和引导。所以我汇报的主题改成了：与优秀者同行。

人的一生都是在学习中度过的，不同的阶段有不同的师傅，今天跟各位同仁分享我的三个阶段的师傅。

第一，大学的师傅

她是女中豪杰：

她，年近 60，却走路如风，一般人跟不上她的脚步；

她，运动员出身，自称文化水平不高，却是大学教授，国际级裁判员，省田径裁委会主任；

她，不常来上课，却是教会我最多知识的老师之一。

她说：我"每周"都去"爬"紫金山。确实，不管我们什么时候早晨去"跑山"（体院的学生要早晨跑步去紫金山拉练体能），总是能够遇到她。她教给我要有运动的习惯，这是自律。

她说：我文化水平不高，考试都是"抄"的。她为了考国际级裁判，把整本的田径规则中英文全部背了下来。她教给我要下苦功夫，才有知识的储备，这是刻苦。

她说：我不会英语，奥运会测试赛还是拿下了。北京奥运测试赛，她是田径项目的一个裁判长，自己的英文不好，来的运动员又是各国都有的，组织非常麻烦，怎么办？她就想了土办法，对着号码布，对着运动员告知他是几号，3 分钟就排好队，开始了比赛。她开心地说："大段的英文咱不会说，英文数字我还是说的蛮溜的！"她教给我要有随机应变的能力，这是睿智。

她叫谭燕秋，南京体育学院田径教研室教授。

第二，工作中的师傅

他是"摄影大师"，20 岁就参加工作，在操场上奔跑了整整 40 年。2020 年 8 月 16 日退休。

他跟父母下乡插队，在农村的学校里，不学习的人比比皆是，打架斗殴，抓鱼摸虾是常态，只有他不甘沉沦，自己训练，终于考上中师（当时最好的出路）。他教给我：做人要有梦想！

他，在教师发展中心做过老师的老师，利用课余时间研究透了解剖、生理学。与其他科室的同事一起交流教学，互相帮助，共同成长。他是体育教研员，用脚丈量了全区 200 余所中小学。在他的家里，有整整的一箱子的听课笔记，钻研体育教学教材教法，各种教学手段烂熟于心。这是积累。

他是郑立新，南京市学科带头人，南京市第一个高中体育模块教学的制定实施带头人，工作过的 4 所学校，带出两个南京市先进教研组。

他告诫说：年轻时我喜欢打牌，每每牌局结束骑车回家，看着冷冷的街道，摸摸空空的口袋，才想起生活不只是安逸享受，还有更多的可能。于是拿起了书，终于拿到了进修的文凭。他自豪地说每次考试都是一次通过，其实不是的，经过了很多的失败，才如愿以偿。这是屡败屡战，永不放弃。

他做了工会主席，50 多岁学起了乒乓球，自称打遍全校无敌手。其实我们都知道参加比赛的就是 6 个人。这是积极乐观，有自嘲精神。

他力排众议支持我开设新课程，就一句话：大胆做，用行动立足！我的游泳课表，每周 24 节，还有 5 节课的常规体育课。在艰难中起步，有想法就行动，拿到结果，经历磨难，成为他人追不上的人！

他 55 岁端起了照相机，作品更多的关注人，最终入选摄影协会。

第三，生活中的师傅

生活中的师傅是谁？是父母，爱人，朋友，子女，对手？我觉得都不是。宋人方岳有诗云：不如意事常八九，可与人语无二三。我认为生活的师傅是："不如意"。

有不如意，所以我们求变。汉开人应该是这样的：像大树一样向上长。

一是定目标：拜优秀者为师。这是向着阳光。

二是行动起来：踏步向前。这是根基稳。

三是反思、拿果：把握节奏。这是长时间坚持做。

我们就是不断地追求想要"如意"，才会越来越好。

坚持做最简单的事，拿最重要的果。

各位同仁，让我们与优秀者同行，做乘风破浪的汉开人，一起去赢！

谢谢大家！

（李加刚老师，2018年入职汉开，现任行政部主任、工会主席。南京市足球中心组成员，浦口区足球中心组成员。曾获全国桌上足球优秀裁判员，南京市共青团工作先进个人，南京市群众体育先进个人，南京市足球工作先进个人，六合区第八届、第九届优秀青年教师称号，六合区教学先进个人，区体育教师基本功比赛一等奖，区教育局优秀共产党员，浦口区优秀教练员，浦口区家长学校优秀工作者等称号。足球国家一级裁判员，D级教练员，南京市足球中级教练员，带领学生取得南京市校园足球联赛一等奖，连续三届蝉联区足球赛冠军。编写校本教材《一起去游泳》《荔枝足球》，撰写教学设计《足球：正面头顶球》获得南京市特等奖。）

以英雄之气，创英雄业绩

行政部　胡鹏飞

院长在开学初和同学们分享了一次演讲，叫做"汉开人，真英雄！"，院长希望所有的汉开人，都能具备一种英雄气。当这股英雄气长期保有，成为自内而外自发的自然之气，那就形成了有魅力的"气场"。

那么，我们汉开学子的英雄气有哪些呢？

我认为，从大的空间上来说，汉开学子应该有胸怀天下，志存高远之气；应该有走向世界，信步全球之气；也应该有敢为人先，领袖风范之气。从小空间上来说，在校园里，我们应该有"明辨不惑，力行有品"之气，应该有不断超越，视登阶为责任之气。

听闻初三年级 1 班的周熙洪同学，原先的数学成绩一直处于落后状态，但就在这次江苏省学生学业质量测试中，数学满分为 120 分，他获得了 106 分的好成绩。他的不放弃，想证明自己的这股气正是我们所期盼的汉开学子的英雄气！

这样的例子还有很多，其实，这股英雄气就体现在同学们日常的学习和生活中，老师们看到了你们身上展现出来的奋斗的英雄之气！

对汉开人来说，让自己不断超越、不断登阶的精神，就是汉开的英雄之气。英雄之气，在不同的时期，面对不同的任务，也有不同的表现。

本周要进行期中考试，面对这次重要的检测，我们应该具备什么样的英雄气呢？我认为，考试期间，作为汉开的学子来说，应该具备两股英雄之气，一是诚实坦诚之气，二是冷静专注之气。

首先是诚实坦诚之气。考试不仅仅考知识，更是考品德。严格遵守考试纪律是品德的底线，是对所有同学最起码的要求。人无信则不立，宁失考分，不失品德。今天的考场，就是明天的社会。今天在考场上漠视规则，想不劳而获，投机取巧，明天在社会上就可能践踏法律，无所不为。所以，要诚实应考，才能问心无愧。

二是冷静专注之气。考试，要管理好自己的情绪和时间。

管理情绪，就要冷静。每临大事有静气，心中自有百万兵。从此刻起，

让自己再平静下来，看清楚每一道题目表达的意思，标注好关键词，完全理解后再作答。试卷完成后，不要轻易的满足，请回过头来，再次细心地检查每一道题目，说不定还有惊喜。当然，除非是非常确定的情况下，确实是错误，那请立刻改正，如果模棱两可的情况下，请相信自己的第一感觉。切记！不要因题目简单欣喜若狂，也不要因题目太难而一蹶不振。我易，人易，我不大意；我难，人难，我不畏难。做好自己，发挥出应有的水平！

管理好时间，就要专注。课前三分钟，安静下来，准备好书本；午间按时休息。晚上离校前10分钟，把第二天要考试的工具再仔细地查看一遍；回到宿舍或家中，什么也别想，早点休息，养足精神，迎接第二天考试。考试前半小时再次查看考试用具，考前10分钟，闭上眼睛，调整呼吸，让自己慢慢地沉下来。与此同时，请同学们管理好自己的情绪。

汉开人，真英雄！汉开的真英雄应该是拿得起、放得下的。考完前一场，请潇洒的离开考场，不去和同学对答案，讨论前一场考试的内容，而是静下心来，专注的复习下一场考试的科目，做好考试的相关准备。到时候我们比一比，哪些同学是最淡定的英雄。

期待从现在起，汉开书院的校园里充满着这两股英雄气：诚实坦诚之气，冷静专注之气。也期待着大家以这两股英雄之气，取得超越过去的英雄业绩！

2018.11.12

（胡鹏飞老师，2016年汉开初创团队成员之一，现任职剑锐教育项目负责人，曾获浦口区优秀共产党员，带领南京汉开行政部团队荣获汉开优质管理奖。）

国庆，中秋

初中部　蒋雯

今天的内容是对"秋节"课程以及"国庆——中秋"课程的解读。

又是一年秋来到，"虹雾雨，净秋空、山染修眉新绿。"黄庭坚笔下的秋日高旷豪迈，雨后初晴，天高地远，碧空如洗的澄净秋色令人不禁赞叹。在同学们的期待中，汉开书院也即将迎来第五届"秋之节"。秋节作为汉开书院的特色节气课程，从学科素养的角度，希望同学们能带着自己的慧眼灵心，发现一个与众不同的秋，并且能够用语言表达出来。

我们针对不同年级，准备相应的秋节活动。首先初一年级——"秋之果"活动，主要为秋果展以及秋季作物手工作品展。同学们国庆假期返校可以带来家乡较有特色的秋果，以及用秋季的作物制作手工作品，可以是树叶贴画、植物拓印、谷物拼贴画等，并配上创意说明。初二年级——"秋之色"活动，主要为摄影作品以及题画诗。摄影作品就是拍摄跟"秋"相关的照片，并附上作品创意说明，题画诗为自己画或者打印的一幅与"秋"相关的画，在画上题上自己创作一首诗，不限制字数，但必须是原创。初三和高一年级——"秋之语"活动，中秋巧遇国庆，国泰民安、阖家团圆，国与家实实在在撞了个满怀。家是最小国，国是千万家。这个双节并至的特殊节日里，万家灯火，你又有怎样的故事呢？期待你讲出你的故事。

除了各年级的特定活动外，在 10 月 10 日下午，我们还给初一初二同学们准备了集体活动。古代秋季，人们为了感谢土地赐予的收获，会举行"秋社"祭祀活动，今年，我们将"秋社"仪式还原出来，为大家展示古人社祭仪式如何举行。

观看"秋社"仪式后，初一初二年级的各班将以小组活动，以抽签的方式参与"秋之趣"活动打卡。如果你朗读比较棒，那你可以到"读准字音"活动处读上一个片段，只要流畅、准确地读出来，就可以获得相应积分奖励。如果你语言表达能力较好，那你可以到"艺术表达"活动处用上各种修辞表述水果；如果你对古诗比较感兴趣，你可以参加"飞花令""诗句知多少"等活动处，展示你的古诗积累，此外还有"仿词""大家来找茬""成语接龙"等活动期待你的参与。

当你参加完这些活动，完成打卡，获得相应积分，你就可以到"秋之食"处兑换秋果奖励。各种美味的秋果在等你哦。

为了 10 月 10 日"秋之趣"活动能够顺利举行，假期还需要初一初二的各位同学协助，请你们帮忙准备活动所需的道具，具体的活动流程及分工今天将会发给各年级，请按照上面的时间节点做好准备。

以上是"秋节"课程的相关内容，那么接下来是"国庆－中秋"课程的解读。

"家是最小国，国是千万家"，今年的中秋节和国庆日为同一天，本次节日课程希望同学们通过了解中秋传统文化的魅力和新中国的历程，感受来自家和国的爱，做一个明辨者，通过自身思考与行动向家与国表达"有我更美好"，做一个力行者。

课程的时间为 10 月 1 日至 10 月 8 日。

形式上有"谈话类""观赏类""项目类"。

谈话类为将节日里，与家人一起进行一次"家庭会"，各自表达无论家与国，以后"有我更美好"的想法和实施过程记录在《效能手册》上。

"观赏类"则为收看央视国庆与中秋晚会，或者结合自己节日期间看到或者听到的有意义的过节方式，及时记录下来，表达自己的感悟；也可用书法、绘画、雕塑、手工模型等艺术形式表达。

"项目类"则可以，与同学或家人合作，策划一次项目式行动（如环保行动，博物馆、科技馆志愿者，敬老院服务等），达成自己做一件小事从而局部改善社会的目标。需要有策划提纲，有活动总结，及时记录在《效能手册》上并且配上照片。

秋节活动，等你来啊。

2020.9.28

（蒋雯老师，重庆师范大学古代文学硕士，2018 年入职南京汉开书院，先后担任南京汉开书院、淮安汉开书院教学，现任职南京汉开书院初中部语文教学，所带班级成绩优异。曾荣获浦口区教师基本功大赛二等奖；淮安市洪泽区优质微课；汉开教科研先进个人奖；2019 年指导学生作文获得淮安市一等奖；2020 年指导学生作文获得浦口区二等奖。）

树木以时，理想如期

——2020 年在"种下一棵理想树"课程上的发言

朱祥军

草长莺飞二月天，拂堤杨柳醉春烟。本来二月到来的春天，今年姗姗来迟了。最长的寒假，最寂静的新年，最冷清的街道，都阻挡不了我们对春天的向往和渴望，我们今天以这样的方式种下一棵理想树，即使相隔千里万里，也依然像一棵树一样努力迎接阳光。我们 2019 级的同学们经过精心的选择，热烈的讨论，在家长们的积极参与和大力支持下，种下了班树、级树。这些树木中，有风华灼灼的三角枫，有浴火重生的火炬树，有脚踏实地的橡树……这就像我们的同学，各有各的特质，各有各的精彩，但每一个都重要，每一个都被需要，都会在汉开书院这块充满希望的土地上尽情生长，展现出独特的魅力！今日汉开树，明日大森林！

那么，4 月 7 日我们将陆续开学，为什么我们要在线上种下一棵理想树呢？等十几天开学我们和同学一起再种不可以吗？

同学们，盛年不重来，一日难再晨。及时当勉励，岁月不待人。错过了最佳种树时间，树木就无法茁壮成长了，根不深、干不壮，因此我们要像一棵树一样，在最应该努力的年纪里守时、惜时，奋勇向前。

《孟子·梁惠王上》曾经有这样的话：斧斤以时入山林，材木不可胜用也。人生何尝不是如此呢？树木以时，理想如期，在合适的时节种下树木，树木欣欣向荣；在适合的年华汲取营养，理想变成现实必将如期。汉开书院，怀着真实地改进基础教育的理想，努力通过出色的学术教育与领导力培养，造就具有中国精神的世界公民与未来领袖。这是一条理想的道路，也是一条新的道路，没有榜样可学，没有模式可循。但是，行险远之路，方可见奇伟瑰怪之景。心怀未来的汉开人，坚信今日之不懈努力，可创明日之辉煌历史。守时、惜时成为实现梦想的阶石。我们种下理想树，因为汉开人和理想树一样，春风艳阳自可喜，冬雪秋霜亦淡然。心向蓝天，脚踏大地，不畏浮云，奋力生长。汉开人与理想树，彼此为友，互相鼓励。在这个美好的春天，我们将和理想树一起，开启新的成长之旅。我是汉开树，请看我不负沃土；我是汉开人，请看我实现可能！

今天，我们种下一棵树，种下一个梦。让我们规划自己，领导自己，成就自己。用好《效能手册》、思维导图、方格笔记本、《汉开汇》等工具，今日事，今日毕，绝不拖延，坚决做到最好。贝多芬说："我的一切成功都取决于我对时间的珍惜。"让我们踏踏实实地过好每一天，以自觉的、有目的的学习，夯实我们人生发展的根基，让我们生命中的每一天都焕发光彩，让每一个日子都值得铭记。

同学们，现在，我们种下的树木，已经在默默地汲取营养，输送到每一根枝，每一片叶。也许，不久的将来，我们就将看到满眼绿意，一树繁花。今天，就让我们和小树许下约定：待你繁花满枝，硕果累累，我必明辨不惑，力行有品！

亲爱的老师、同学们，阳春三月，老山之畔，理想树下，汉开梦扬。无论我们将来遇到什么困难，别忘记我们 19 级的女贞——本色凌寒，大爱生命；别忘记我们 18 级的榆树——坚韧通达，汉开意志；别忘记我们 17 级的水杉——秀丽挺拔，志存高远；别忘记我们 16 级的杜英——汉开学子，都成英才；更不要忘记我们的校树槐树——不忘初心，方得始终！

树木永远挺拔，永远在春天如期醒来！今天我们是桃李芬芳，明天也要如期成为社会的栋梁！让我们一起努力！

（朱祥军老师，体育硕士，2017 年 8 月入职南京汉开书院，现任职学务部副主任，论文《班内选项在高中体育教学中的运用》获得南京市二等奖，个人获得浦口区"优秀工作者""优秀教练员"和"优秀裁判员"等称号，所带领汉开体育教研组获得浦口区"优秀教研组"称号。）

生命之美，运动之美

中学部　王斌老师

本周五，我们即将迎来一年一度的运动会，它不仅是一场竞技比赛，同时也是一场最能展现生命之美、运动之美的隆重节日。

什么是生命之美，运动之美呢？美的本质是健康的、积极向上的旺盛生命力。今天我想和大家分享三个真实的故事，希望同学们能受到一些启发。

第一个故事的主人公是我的大师兄，今年51岁，是一名公司老总。他38岁时把我师父从徐州聘请来南京教拳，45岁时师父不幸离世，后面我们为了传承和纪念师父，依然坚持练拳不懈。在这个过程中，经常有其他拳种的朋友来我们这边交流推手技艺，我师兄看到其他拳派的一些推手招法非常实用，见效也快，所以，在朋友的推荐下去和其他拳派朋友交流学习技艺。结果，不慎让手腕、胯关节、脚腕严重受伤，现在已经一年多了，依然没有好。　这个故事给我们哪些启发呢？希望大家明白大道是需要进行科学系统的学习，才能循序渐进、呈螺旋式上升式进步。我们只有遵循它的规律，才能爬得更高、走得更远，看到更多的风景。奥运会的"更高，更快，更强"就是这个道理，我们书院的"汉开有大美，英雄竞风流"，"汉开教育，成人之美"也是这个道理。希望同学们要好好学习、理解。

有的同学会说，我想走大道，但也想走的更快一些，有没有科学合理的途径呢？那我们来听听第二个故事。

第二个故事的主人公是我一个小区的邻居，他今年56岁。他是50岁开始练习太极拳推手技术，到今年水平已经和我不相上下，旗鼓相当了，我已经练习太极拳有20年了。他是怎么做到的呢？他在50岁那年在明城墙上和几个朋友在练推手，我刚好经过，当时他是在几个人中推的最好的，其他人都推不过他，然后我就和他试了试，结果，一搭手他就站不住，有力使不出，然后，他就思考，发现他的力气再大，没有根，站不住，什么招也使不上、用不了。所以，他就开始专注练习自己的根。他找到了核心要素，就是腰、脊柱，他每天一个多小时就是专门训练自己的脊柱对拉拔长，然后，每周末固定去各个拳场找朋友试手。就这样，他去年在江、浙、沪三地推手比赛中获得了亚军的好成绩，这一年来他可以说进步神速，现在已经能和我一较高下，不分伯仲了。

从这个故事中，我们了解到他的快速成长主要是因为找到了核心要素，并能每周持续地刻意训练并不断尝试、交流、反馈、思考。这就是高效的、科学的成长方法，我们学校的校训"明辨不惑 力行有品"，王院长经常指导我们的"用心、用力、用智"就是这个道理。希望同学们能够好好学习并落实到我们的学习与运动中。

第三个故事的主人公是吴京、李连杰的师弟，也是我的师弟，他在西安办了一所最大的武术培训学校。

有一天，他朋友圈里发了一条信息，讲他的女儿用自己攒的零花钱给他买了《不生气你就赢了》这本书。他知道他女儿的意思，但唯有严师才能出高徒。如今，他女儿在他的训练下已经在陕西省青少年儿童比赛中获得了冠军。

我能理解他的状态，这个暑假，我训练儿子练武术时也是这样，必须要严厉的要求和大声的呵斥，才能有一定效果，他动作才能做到位。我带儿子训练两个星期，别人看到都在问这个孩子练武术有一年多了吧（因为他动作规范有力）。人都是有惰性的，都不想受累，但体育运动恰恰是反肌体的，就是必须要累，必须要和自己身体肌肉组织较劲才能有所成长和改变，武术训练把这个过程称为脱胎换骨。

这个故事告诉我们真实有效的成长有时候是需要一些压力和外部刺激的，不经历风雨，怎么见彩虹！汉开书院"目标十环""从一开始就做到最好"，就是希望大家能成长的更好，更高效！

通过以上三个故事，我们了解到生命之美是遵循科学规律的成长，是作用于核心要素的高效成长，是需要一定压力的有效成长。

这周运动会我们需要遵循运动科学规律，服装准备到位、热身充分、循序渐进；要找到核心要素——"安全"，一切运动以安全为中心，以安全为目标；要明确目标，给自己一定的压力和刺激条件。希望同学认真准备，在运动会中取得优异成绩。

最后，预祝本届运动会取得圆满成功。

（王斌老师，2016年8月入职南京汉开。上海体育学院武术专业本科，体育教育硕士，南京汉开书院体育教研组长，中国共产党党员；洪传陈式太极拳第三代传承人；江苏省优秀教练员，南京市阳光体育武术比赛推手项目研发者和主要负责人；南京市优秀教练员；江苏省基础教育优秀论文评比二等奖，南京市优质课评比二等奖，浦口区先进个人，教研组被评为浦口区先进集体。曾带领南京师范大学附中武术校队、汉开书院武术校队参加武术比赛，所带学生参加香港国际比赛荣获团体一等奖2个，三等奖2个，参加省武术比赛荣获江苏省武术比赛团体一等奖10次，个人金牌12枚、银牌20余枚、铜牌无数枚。）

在汉开的成长

初中部　王阳娟

与汉开相遇

三年前，第一次遇到汉开，就被书院的教育理念所吸引——通过出色的学术教育与领导力培养，造就具有中国精神的世界公民与未来领袖，这是汉开的使命。

刚进入校园，满目的汉开蓝、亲切的校名、印在杯子上的校徽、茂密的校树、醒目的校训、自信的汉开学子、亲和的汉开教师、敬爱的王院长……这一切，都深深吸引着我。

有幸加入南京汉开书院学校，成为一名中学化学教师，既紧张激动，又满怀憧憬。汉开学子身上特有的思考力、领导力、学术力、创造力、教养力，让我欣喜。学校重视西南联大、西点军校的精神，让我这个毕业于南开（西南联大之一）的学子，感受到了熟悉与感动。"明辨不惑，力行有品"的校训不仅是对汉开学子的勉励，也是我们教师的座右铭。

记忆最深的是校面时院长的一个问题：你觉得自己的优势在哪里？那时的我回答：我精力旺盛，每天上 10~12 个小时的课也不觉得累，每天跟学生在一起的日子最开心。院长语重心长地告诉我，身体是革命的本钱，汉开的校园也是家园，是工作，也是生活。后来我才明白，汉开期待的教师是一个"开心果"——开悟、用心、结果导向。学会理解人生、生活、教育、教学；用心做到最好，持续专注，保持专业优势，人生信仰与幸福；以终为始，精准滴灌，竭尽全力，拿到结果与贡献。在汉开的日子，既是工作，也是学习和生活。

在汉开成长

刚入职的培训，让我受益良多。在进入汉开之前，我只知道要用心教学，尽自己最大努力带好学生，成为一名受学生喜爱的老师，能够通过自己的力量，给每个孩子一点帮助和激励。进入汉开之后，才发现，书院的"4+2+3"教学策略，既是对我过去追求的教学理念和方法的完善，也是更高层次上的递进。好的理念遇上高效的方法，正是这个时代的教育趋势。

采用"4+2+3"教学策略，从备课到上课，再到课后反思，我不断进

步，不断成长。从第一节组内公开课开始，尝试用"4+2+3"教学策略，在备课的过程中就感悟颇多。教师可以将每节课画一个思维导图，既能帮助自己精简上课内容，又可以促进学生的思维成长。平板电脑带来的便捷不言而喻，将前试部分通过平板发送给学生，起到预习和自学的作用，课堂利用平板抢答，教师随时随地将学生的解题过程投屏供全班参考。师生在大屏上随手演示自己的思维过程，也是提高了课堂的效率。精美的方格笔记本简洁实用，预习复习，画思维导图方便好用，比传统的笔记本更能帮助学生学习。汉开汇也是深深吸引了我，学生们将三年的成长、疑惑有选择地记录在汉开汇上，杂而不乱、多而不繁，是成长足迹，也是进步阶梯。我自己也记录了一本汉开汇，里面有我的授课心得、备课收获、点点滴滴感动和学生美好时刻留影。美思教学法和尝试教学法给课堂增加了新意，让学生在尝试中学习，在尝试中成功。先试后导、先练后讲、先学后教，避免了枯燥，是学生主动向教师求索，而不是教师一味地灌输。学生是课堂的主体，教学不仅要达标，更要给学生美的高峰体验。

通过不断地学习和交流，我收获很多。每月一次组内公开课，听了组内外包括外校教师的多节优秀课，参加浦口区全体教师教学大比武，并获得了二等奖。积极参与书院"善育英才"教育教学论文评比，获得一等奖的好成绩。担任初三班主任，得到了家长和学生的认可。收到来自家长的感谢信和锦旗，所带班级获得浦口区优秀班集体。今年中考也取得了很好的成绩。班级三十位同学有二十七位达四星高中。我与学生亦师亦友，共同成长。

始终让自己保持在正确的道路上，不断反思、成长，不仅"知道"，还要"做到"，执行力就是人的成长力。委任就是信任，接受就要实现，我要，我一定要做到最好。我是汉开人，请看我可能……

2020.8.1

（王阳娟老师，2018年入职汉开，现任汉开初三化学教师，浦口区初中化学名师工作室成员，初一初二化学文凭课程教材开发负责人。多次指导学生获得江苏省初中化学竞赛省级奖项。2020年荣获南京市浦口区优秀班主任。2021年获得浦口区初中化学教师基本功大赛一等奖；2021年获得浦口区教师实验技能大赛一等奖；2021年获得浦口区初中化学教师解题、命题能力大赛二等奖；2020年获得浦口区教学教案评比一等奖；2020年获得浦口区初中化学创新设计大赛一等奖；2018年获得浦口区教师大比武二等奖；2020年获得浦口区教师大比武二等奖。）

风雪金陵，温情汉开

——汉开书院 2018 年新春联欢会记忆

丁会兵　孙春荣　郑军

"各位同仁，早上好！路上注意安全，书院等大伙到齐了再开始年会，不着急，安全第一！"这条微信消息贴心、及时。

风雪越来越紧，微信群已刷屏。

"我被堵路上了！"

"还有几分钟就到了！"

"我被堵路上了！"

"车轮直打滑！"

微信上分分钟传来的都是路途的艰难，如同一场战斗，不关输赢，却胜过生死！在上公交车前，我拍下了一片白茫茫公路。大车、小车都小心翼翼，缓慢而行。幸好，我提前两个小时出门，时间够了，我打开微信群，年会的现场已经有伙伴们签到了，整齐的圆桌虚位以待，精美的礼品丰富，更多热情洋溢的笑脸，一切都是美好的！

"风雪挡不住我！"我在微信里留下这句话，继续前行。

年会现场的布置进展，从昨天中午开始微信直播。蓝色座次表、蓝色展示牌、鲜红的签到簿……一切细节没有遗漏。秉承汉开人的做事精神，做事要做到最好！精心的布置足以满足老师们的期待！

气象台的暴雪橙色警报已经发出，老师们到达前，暴风雪却更早"出发"了。第一辆车已经在 8:30 发出，是距离书院最近的老师，其它的车辆已经发出前往星火路和雨山地铁站去了。我在前往书院的路上，公交车行驶缓慢，一个半小时后，我准备去转乘 686 路公交了，看看过往步履艰难的行人，我以为，书院特意安排专车接送真是熨帖人心！

"雪太大，路太滑，如果难以到达地铁站，就不要冒险来了，安全第一啊！"院长在微信中提醒大家。可是，大家却"装作"没有看见，一路前进。

提醒，慎重而温馨，饱含温度。院长深知聚集在自己身边的这些人不乏执着前行的勇气，只能温婉提醒。

"汉开人聚集一堂，一个都不少！"几乎成为一种信念，群里刷屏的

是登车的好消息。雨山路、星火路都安全接到。风雪中，我们都来了。我拉下微信，满屏满车的笑脸。

"我们一会儿到！"

"我们来了！"

"我们也出发了！"

微信群里，一波一波传递来的消息，奔赴会场的伙伴们已经抑制不住兴奋了。即使是车窗外漫天飞雪几乎已经遮住了视线，却挡不住 HKAer 的激情。

人生可供回忆的，总是那些不平凡的时刻。那么，我们已经意识到所经历的注定不平凡，依然满怀激情去见证和创造这样的时刻。这应该就是创造"非凡"了吧！

暴雪天气，原本三十分钟的路程却要三个小时才能到达。旁人难以理解，为着一次聚餐要顶风冒雪寸步而行？到南京浦口雨发酒店的年会现场，对很多人来说，是一段不短的距离，尤其是暴雪橙色警报的天气，然而，年会的现场却仿佛充满魔力，召唤着汉开人奔赴这里……

这哪里是什么参加年会，简直就是一次义无反顾的"朝圣"！

鹅毛般的雪花落在我的鞋面上，很快就融化了，鞋面已经整个湿了。我想"不要紧，到会场就暖和了，很快就干了！"此时，我已经在江浦客运站的起点等待了二十分钟，差不多到学校赶上接送老师的校车。一切都是美好的。刚才乘坐的那一趟公交开了一个半小时，平时只要二十分钟。我想那只是司机太过于小心而已。而且，从眼前到书院也不过十分钟的车程。已经到达会场的伙伴不时传来充满气氛的照片，都是赤裸裸的诱惑！等待变成了煎熬。686 路公交却迟迟不见发车，看着路上缓缓挪动的各种汽车，看看又过去了十五分钟，我尝试着招了一辆出租车：

"走，去汉开书院！"

"不去！沿山大道太滑了，走不了。"

"……"

"注定是充满记忆的一次聚会！毕竟人生值得吹牛的聚餐不会有几次！" 我在微信里写下这段话，把路途上顶风冒雪的汉开伙伴的激情传递到会场，我们将毫不退缩，毅然前行！我想，实在不行，我是不是要步行而去？

寒冷的等待是值得的，群里的伙伴奋力疾呼，帮我联系到了即将开车

过江的王斌老师。

"我们过去带你！"这应该是最暖人心的话了。我想，一会坐上车估计要睡一会了。前一天晚上，为了赶制组内节目要用的视频文件，熬到好晚才睡。今天，就是要去这一场盛会："风雪挡不住我！"

一个小时过去，686路公交一直没有来，王斌老师的车缓缓停在我身边，我拉开车门，钻进车里，同行的还有贺红老师。如同亲人般寒暄，车外风雪交加，车里和乐融融，难抑年会传递而来的热情！此时，没有了风雪的淋漓之苦，话里话外少不了风雪金陵的无限趣味！江南古都，多少年才有如此雪景！多难得的机遇才有如此聚会！

车缓慢而行，向着会场前进，把漫天的风雪抛在了车后。

心向之，行往之！

微信群里刷屏的照片震撼了大家，直播在继续，奔赴会场的热情在继续。茫茫雪路上，有几人在雪地推车而行，身后是扭曲的车轮印。其中一人就身着熟悉的汉开冲锋衣！那是标志性汉开蓝，那是向着会场的冲锋！2018年1月的暴雪留给汉开人的，不仅是难行的雪天冰路，更是家人相聚的融融暖意！

车里的暖风刚刚好，车里车外两个世界，我却在担心，语文组的节目还没有彩排，连去学校打印稿子的时间都没有了。凌晨才把视频的字幕和音乐配好，不到4分钟的片子，我却用秒来计算，一秒一秒的配上字幕，字字和气氛相融，句句与汉开相关。不敢有闪失，实在是不想让院长说我们没有做到最好啊。当我把文件上传到QQ群，没有回应，我看了看时间，02:30。语文组的伙伴都睡了，关了电脑，躺下，希望不负大家所托！更希望不负HKAer所望！现在，我还在一遍一遍地回想有没有丝毫差错。伙伴们也在赶往会场的路上。

车驶进雨发，我看到了雪地里结伴步行的老师们，到了。如果方向和方法是对的，那么结果就是没有悬念的。再想起昨晚整个语文组的伙伴群策群力，今天的节目效果应该就是可以预料到的吧。风雪中，我拉开车门，往酒店大门冲过去，甚至忘记了向王老师道一声谢。

雍容典雅的签到处，在喜庆的大红签到簿上，我快意地签下我的名字！满心激动走进年会的现场，扑面而来的是亲切的汉开蓝，蓝色大幕上，醒目的年会主题大气而庄重。十几张圆桌上白酒、红酒、橙汁和可乐整齐划一，酒水、饮品已到位；丰盛奖品码放整齐，也已到位；我顺着醒目的蓝色座次签轻松找到语文组，嗯，有格调，很汉开！这场盛宴，HKAer已到位！

早行人已然到达，其乐融融的氛围带给大家的是汉开不一样的精神和文化。"爱"、"责任"、"努力"是这个群体的标签。"把想做的事情做到最好！"是我们的要秉承的理念。汉开人不畏风雪聚集到此！

院长说："在今天南京这么大的雪，能举办年会的，屈指可数！但是，这也在我们的意料之中！"

"每一个汉开人都不甘心成为平庸的人，要成为最好的自己，做最努力的人！"汉开人用这种精神和文化来做教育，来追逐梦想！只要方向是对的，只要方法是对的，结果就一定是对的！就像这一场聚会，我们不缺席！

我看看时间，12:30，正好是开宴的时间。屋外风雪屋内春，欢聚一堂汉开人！专业的主持人已经登台，汉开的盛宴开幕。

年会开篇就是高潮，王春艳老师深情地说道："我深爱的汉开，令人期待的 2018，我们要一起科学地努力！汉开是我们徜徉的大海，我们共同努力，不忘初心，无问西东，卓越成长，永远芳华！"

美味佳酿、轻歌曼舞……美好的时间似乎总是短暂的，短暂却永恒。于是，我们记住了那美妙的丝竹音画，清新的乐曲声中一段曼妙的舞姿轻盈律动；记住了那些能唱能演的小学部老师，没了年龄界限，全变做了小姑娘、小伙子；记住了那些诙谐配音的初中语文老师，惟妙惟肖让人抚掌；记住了演绎那一曲 *Remember me* 的英文老师；记住了那些深情告白的数学老师，记住了不畏风雪赶来的王教授、史教授，记住了十几桌几乎相同的汉开脸庞……

"车辆已经为大家准备好，就在大厅门口。"我拿起手机，看看微信的这条消息，年级长化作后勤服务队长，"嗯，也很汉开！"我微微一笑，心里暖意无限！

华灯初上，风雪骤停，带着微微醉意散席的 HKAer 一路回味，一路欢笑，喜悦洋溢在送行的车上，更有兴奋的伙伴在校歌的陪伴下，一路深情吟唱，那是最好的醒酒曲！

在每一个公交站口，每一个地铁口都留下一片关切道别声。

我通过校车转乘公交，一路畅通，轻快平安到家，才想起，忘记了给会议筹备组的伙伴道一声辛苦。

"已平安到家，谢谢！"

"已安全抵达，祝福！"

"步步登高，蒸蒸日上！"

"汉开人，强强联手！"

"谢谢书院关心，祝福汉开！"……

微信群里，报平安已经再次刷屏！这该是家人之间才有的问候吧？也许，动人的不是文字，是那文字背后的温度！

教育者，要有理想和情怀！要有执着和坚守！更要有温度乃至激情！我想，在紫金山路上，那个体力丝毫不输年轻人的校长，谁又能想到他年过半百？我在山脚时看到他带队出发，我爬上山顶时，他已在紫金山巅临风执旗，和学生们一样朝气蓬勃！

或许，在这样的时刻，这样的教育情怀才能聚集起这样一群人，为了共同的梦想，不惧风雪，不惧流年，不忘初心，一路向前！

我只能说，今天，我以汉开为荣！

2018.1.27

莘莘学子

一、汉开学子

（一）我们对你的期待

你是一个正直、诚实、有教养的孩子，判断和行事有自己的标准。

你志向远大，以天下为己任，内心有这样强烈的期待——"世界有我更美好"，而且以此来规划与调整自己的行为。

你有大格局，具有全球视野，你与众不同，而且你认为自己就应该这样。

你爱动脑筋，重视学科思维能力的培养，而且你也很勤奋。

你学业成绩优秀，对某些学科有强烈的兴趣，在持续的探究下逐步形成了一定的优势。

你不追求过度学习，但是你喜欢学习，享受学习，而且有着良好的习惯。

你喜爱运动，喜爱大自然，喜欢挑战自己。

你不过分挑剔物质条件，也不会随大流，愿意把时间和精力用在有价值的事情上，你能够专心、专注，该做的事你总是能把它做到最好。

你的外语水平定位在深度、有效的交流与对话上。

你是一个有审美情趣的人，而且乐在其中。

（二）汉开书院学生特质

思考力——让我们深刻

领导力——让我们自信

学术力——让我们专注

创造力——让我们愉悦

教养力——让我们优雅

（三）汉开书院学生形象

有思想 / 有教养 / 能探讨 / 能长跑 / 不睡懒觉 / 不请"家教"

（四）汉开书院学生良习及解读

① "致良知"的习惯。

② 规划与计划的习惯。

③ 要事优先的习惯。

④ 开始就把事情做好的习惯。

⑤ 按时完成任务的习惯。

⑥ 勇于担当的习惯。

⑦ 讲究教养的习惯。

⑧ 提高效率的习惯。

⑨ 培养核心发展力的习惯。

⑩ 与所敬重的人保持接触，拒绝垃圾文化与食品的习惯。

《汉开书院学生良习》解读

序语：

古希腊哲学家亚里士多德曾经说过："我们每一个人都是由自己一再重复的行为所铸造的。因而优秀不是一种行为，而是一种习惯"；他还说过，"习惯能造就第二天性。"

人每天有 40% 的行为并不是真正由决定促成的，而是出于习惯。

——杜克大学 2006 年发布的研究报告

优秀是一种习惯，素质就是不用提醒。

我们养成习惯，然后习惯塑造我们。

播种行为，收获习惯；播种习惯，收获性格；播种性格，收获命运。

1. "致良知"的习惯

"致"，追求、达到；"良知"，是道德与智慧的直觉，是知善恶（品德）、明是非（智慧）的判断力。

"致良知"，需要"事上磨"。知是行之始，行是知之成。

"明辨不惑，力行有品"是汉开书院的校训。

"明辨不惑"，就是"致良知"。明辨，就是要辨善恶、辨是非、辨真假、辨表里、辨大小、辨先后，方能达致"不惑"。

子曰："知者不惑，仁者不忧，勇者不惧。"

缺乏了知识的善是软弱的，而缺乏了善的知识则是危险的。

"力行有品"，就是"事上磨"。"力行"，就是专注、努力、竭尽全力，是领导力的体现；"有品"，就是品格、品质、品位、作品。

子曰："好学近乎知，力行近乎仁，知耻近乎勇。"

人，生当有品。

汉开人的思维与行动，"致良知"是前提，先对念头进行评价，这就是批判性思维。

2. 规划与计划的习惯

汉开人对"人生"的理解是：人生，就是为了梦想和兴趣而展开的精彩表演。

一个一流的人才与一个一般的人在常规问题上的表现可能差不多，但在一流问题上的表现则会有天壤之别。认清该做的，并且把该做的做到最好，这就是一流的问题。

伏尔泰认为，"没有真正的需要，就不会有真正的快乐。"

奥巴马曾感叹地说过："95%的人，一生甚至都不愿花三天的时间来计划自己的人生。"

船行大海，如果没有明确的方向，那么任何风都不会是顺风。

规划与计划，把有限人生的时间、资源配置到自己的梦想中去。

规划，就是对长远的梦想进行全面而系统的设计。

计划，就是有完成时间的任务。

成功的道路是由任务铺设出来的，任务就是成功道路上的一个个台阶。

做好大事，会更好地解决小事。

3. 要事优先的习惯

事情从重要性与紧迫性来分，有四个象限：第一象限是重要又紧迫的事，第二象限是重要但不紧迫的事，第三象限属于不紧迫也不重要的事，第四象限是紧迫但不重要的事。

要学会处理事情的优先次序，先考虑事情的"轻重"，再考虑事情的"缓急"，永远把重要而不紧急的事情放在优先位置。

找出对你最重要的几件事。

一流的人在为明天的事做准备，二流的人在为今天的事赶速度，三流的人为昨天的事追进度，四流的人为前天的事在悔过，五流的人无所事事

混日子。

4. 开始就把事情做好的习惯

开始行动，才有实现目标的可能。

世界上牵引力最大的火车头停在铁轨上，为了防滑，只需要在它的 8 个驱动轮前面塞上一块一英寸见方的木块，这个庞然大物就无法动弹。然而，一旦这个巨型火车头开始启动了，小小的木块就再也挡不住它了；当它的时速达到 100 英里时，一堵 5 英尺厚的钢筋混凝土墙也能轻而易举地被它撞穿。从一块小木块令其无法动弹到能撞穿一堵钢筋水泥墙，火车头的威力变得如此巨大，只因为它开动起来了。

一开始就要做好，好的开头意味着成功的一半。

第一粒纽扣如果纽错了，下边的可想而知。

一个人，年少的时候就马马虎虎，他的人生就会形成这样的惯性。

5. 按时完成任务的习惯

一个人如果活到八十三岁，大概只有三万天的时间（30000÷365=83（年））人生匆匆，去做真正重要的事吧。

"你热爱生命吗？那么别浪费时间，因为时间是组成生命的材料。"——富兰克林

"如果你浪费了自己的青春，那是挺可悲的。因为你的青春只能持续一点儿时间——很短的一点儿时间。"——王尔德

懒惰是人的天性。与众不同的人，不找借口，不迁就自己，每一个任务都合理安排时间，都能做到位。

按时完成任务的人，享受着自主的快乐，他们能够从容不迫、游刃有余，实际上他们比一般人自由而且大有作为。

合理安排时间，提高效率，使用科学的方法与工具，就是节约时间。

只有安排了每一个任务的时间，你才知道是否"按时"；只有设计了标准，你才知道"效率"到底如何。

不睡懒觉，是汉开学子形象特征之一。

守时，不浪费他人的时间，是对他人的尊重、是有教养的表现之一。

实际上，时间是永恒的，浪费不了，你浪费的只是你自己。

"放弃时间的人，时间也放弃他。"——莎士比亚

定期给自己独处的时间，观察自己的时间管理，写观察笔记，做自己的领导者。

6. 勇于担当的习惯

所谓责任，就是对应该做的事情有一种爱。

面对正义与正确的事，"虽千万人，吾往矣"，英雄有大美，汉开竞风流。

君子自主，勇于担当，敢于负责，小人总是推诿，无原则地趋利避责。

只有每一步到位，才能有结果的担当。

只有做好了自己，才有可能更好地服务他人与社会；对个人负责，是对他人和社会负责的基础。这不是"个人主义"，这是"负责主义"。

滴自己的汗，吃自己的饭；自己的事，自己干；靠人，靠天，靠祖先，都不算好汉！——陶行知

"先天下之忧而忧，后天下之乐而乐。"

君子一言，驷马难追。

7. 讲究教养的习惯

教养就是内心的道德修养和它在外在行为中的表现，它表现为"礼仪""素质""道德"。

对教养的重视是我们先祖的传统。有这样几句话："从小看八十"，某种程度上，在一个孩子小时候就可以"看"到他八十岁时是什么样子；"吃有吃相，坐有坐相，站有站相"，做什么就要有什么"样子"；而且，"相由心生，境由心造"，一个"相"让人感觉很好的人，一定是"知书识礼"的人、有教养的人、文明的人。

《论语》中说"兴于诗，立于礼，成于乐。"《诗》《礼》《乐》都是儒家的必修课，而且"不学礼，无以立"。我们可以去看深受儒家文化影响的韩国、日本、新加坡人，不管是老人还是年轻人，他们身上总有种独特的、迥然于我们的气质，这就是"样子"，这就是"有品"，这就是"礼"，这就是"教养"。

在南开中学校园门口，有一面古老的镜子，镜子上是创校校长张伯苓先生亲笔题写的几句话："面必净，发必理，衣必整，纽必洁；头容正，肩容平，胸容宽，背容直。"这就是这所学校的文化，她培养出了深受国人尊敬的潇洒、智慧的周恩来总理和温家宝总理。

我们说一个人"有教养"时，必然是他相处时让人感觉舒服，谈吐得体、待人和蔼、谦逊有礼、守时守信、关怀他人、心胸宽阔……

教养，在西方文化中指什么呢？礼貌、规矩、态度、风度、生活方式、

行为习惯……

英国王太后曾说："教养"实际上是英国皇室存在的一个象征。我们很多人不理解，英国、日本王室大婚，为什么举国上下都要去观看。实际上，他们已经从"王室"转化为一种"教养"的代表、"品质"的代表。

在全球化时代里，每一个人都是世界公民，只有具有世界公民的教养，普世的价值观，才能在国际的环境下生存和发展，才能站得更高，才能走得更远。

教养是一种能力。

美国著名的教育家、心理学家霍华德·加德纳说："迈向未来有五种重要的思维能力，① 条理性思维；② 综合性思维；③ 创造性思维；④ 尊重的思维能力；⑤ 道德思维能力。"后面两个都和"教养"有关。

美国提出的"21世纪技能"，列出21世纪必须掌握的能力，其中，在"领导力与责任心"这部分，提出了这样的要求："使用人际交往和解决问题的技能来影响和引导其他人朝着目标努力；利用他人之所长来实现一个共同的目标；展现诚信和道德的行为；行动富有责任心，铭记社会的总体利益。"在这里，"教养"也是重要的一环。

尊重他人的隐私，动用他人的东西要征得他人同意，使用以后要真诚地道谢。

公共场所为公共所有，声音、动作等尽量不要影响他人，如有影响，需要征求意见，有关方同意后方可进行，且要表示歉意。

对所有人有意识地使用合适与礼貌的措辞。

汉开学子，行坐抬头挺胸，目光真诚坚定，话语清晰悦耳，举止得体大气。

凡事提前五分钟。

遵守交通规则，在没有人看到的情况下也是如此。

遵守最基本的餐桌礼仪。

不要插队，如有紧急情况，需要与排队的人做沟通，但是不要滥用自己的信誉。

8. 提高效率的习惯

天道酬勤，方法科学，效率优先，成果验证。

书院使用思维导图、方格笔记本、效能手册、平板电脑等工具。

书院倡导"四先四后学习法"：先预习后上课，先尝试后讨论，先思

考后提问，先复习后作业。

书院实行弹性作业制，按需选做，作业有完成时间的设定，订正需要写出分析。

要尽量减少涂改液（包括类似用品）的使用。

深度学习，高阶思维，是汉开学习品质的要求。

努力做到专注与简约，一次只做一件事，做到最好。让自己专注于最喜爱最重要的事情，才是效率。

养成规律的作息习惯，建立个人穿着、仪容、娱乐、运动等方面的基本风格。

定期整理房间、课桌、储物柜。

控制购买欲，不买不需之物，确是必需物品，买最好的，充分使用它。

减少使用社交网络，少刷微博微信；尽量不关注没有价值的娱乐、社会新闻。

坚持锻炼身体。

学会拒绝。

通过实力与品位建立自信，而不是通过外在的形式来炫耀。

9.培养核心发展力的习惯

优于别人，并不高贵，真正的高贵应该是优于过去的自己。

发现自己的优点，并把它发展成为自己的优势，持续优化，形成自己的核心发展力——这就是"自我"。

我是汉开人，请看我可能。

汉开首届，人生豪迈。

如果只做到"还行"会怎样？

如果每一次只做到90%，五次以后会怎样？

90%×90%×90%×90%×90%=59%！！！

如果每次做得"更好一点"又会怎样？

如果每一次都努力做到110%，五次以后会怎样？

110%×110%×110%×110%×110%=161%！！！

"还行"与"更好一点"五次以上呢？

平常者：我想要；

优秀者：我一定要；

卓越者：我一定要做好！

将浅塘挖成深井；

领先一步，就会领先一个时代。

10. 与所敬重的人保持接触、拒绝垃圾文化与食品的习惯

根据吸引力法则，你自己需要洁身自好，才能"吸引"有价值的人和资源。

近朱者赤，近墨者黑。

天鹅如果从小就与家鹅在一起，那么它就不会产生飞舞天空的想法，更没有飞舞天空的能力。

你志存高远，世界有你会更加美好，所以不要把宝贵的时间浪费在无聊的人和事上，不要把垃圾放到你有限的生命和空间里。

你是一个坚持原则的人，尽管无聊与垃圾会伪装成诱惑，但是你能"知止而后有定，定而后能静，静而后能安，安而后能虑，虑而后能得"，阅读经典，研究名人传记，与真理为友，努力使自己保持在正确的航线上。

结语：

子曰："仁远乎哉，我欲仁，斯仁至矣。"

懒惰的人为自己找到一个懒惰的理由，于是他开始懒惰；

乞讨的人为自己找到一个乞讨的理由，于是他开始乞讨；

迷茫的人为自己找到一个迷茫的理由，于是他开始迷茫；

无知的人为自己找到一个无知的理由，于是他可以继续无知；

贫穷的人为自己找到一个贫穷的理由，于是他甘于贫穷；

懦弱的人为自己找到一个懦弱的理由，于是他选择懦弱！

决定你是谁的，不是你的天赋，而是你的选择。

人生没有悬念，你选择了怎样的行为，你也就选择了怎样的结果。

我们欣赏"树化玉"的智慧：

它原来生长在荒野，扎根大地，仰望蓝天；根系、主干、枝条、树叶，有完美的比例；它把风霜雨雪电闪雷鸣都当作生长的机会，甚至把垃圾也化作肥料；生长是它的姿态，成材是它的目标，绿荫是它的奉献，落叶是它的智慧；山崩地裂、海枯石烂的地壳大变动的时期，面对这惊天动地的巨变，它不仅处变不惊，临危不乱，还能集天地之灵气为己用，聚日月之精华为精神，形成树化玉，几亿年之后，它还美丽而坚韧地存在，还能供人研究、供人欣赏。

2032 年，中国与世界？

2019+6（中学）+4（本科）+3（研究生）=2032 年

中国，世界，

需要怎样的人才，人生期待怎样的精彩？

不忘初心，方得始终！

（五）汉开英雄

他们就在我们中间，他们很平常，但是又不寻常，我们能感受到，他们在做一件事的时候，都特别勇敢，特别认真，特别能坚持。我们发现，他们慢慢地形成了自己的一种思维方式，一种个人性格，一种行为习惯。他们就是"汉开英雄"。

汉开人的关键行为——GRIT（坚毅）。

汉开英雄的评选就是对关键行为的瞩目与礼赞。

意义价值：

为了培养书院期待的全体汉开人"GRIT（坚毅）"特质，弘扬汉开人的英雄之气，激励力行"我是汉开人，请看我可能"，书院继续推出"汉开英雄"评选活动。现将相关要求说明如下。

参评对象：

不是普通意义上的优秀教职员工、学生，汉开人都有评选资格，只需某一个方面能体现"汉开英雄"的特质即可。

评选标准：目标坚定，超越自我，突破一般，科学奋斗，坚持不懈，引领我们。

二、学子文萃

小拐杖撑起结结实实的责任

——记三（4）班陈佳泽同学

2021年2月22日清晨8点10分，南京汉开书院学校运风场上正举行着"与太阳一同升起——2020—2021学年春学期开学礼"，全体师生庄严肃立，迎接新学期的到来。

在操场边，有一名特殊的小朋友深深吸引了大家的注意，他挂着拐杖站在队伍最后，静静地等待着升旗。国歌响起时，他面向国旗，与其他同学一起敬礼；宣誓的时候，他也与同学们一起紧握右拳，大声宣读誓言。他，就是来自小学三（4）班的陈佳泽同学。

小小年纪，却如此的坚毅，不畏伤痛，坚持参加仪式，让我们一起来了解他的故事，倾听他对新学期的期许。

我的汉开故事

老师：你可以做个简单的自我介绍吗？

佳泽：我叫陈佳泽，我爱好广泛，基本上什么都喜欢，最擅长的是打篮球，我也是个小吃货。

良习不放假，寒假学习煮饺子

老师：你的脚是怎么受伤的？

佳泽：寒假期间，不小心摔倒骨折了。

老师：刚受伤时，有什么感受？

佳泽：有一点点担心，因为想着需要拄着拐杖来学校，怕同学们会一直议论我。

老师：那后来呢？

佳泽：后来发现并不是我想的那样，班上同学都会热心地向我提供帮助，比如他们帮我交作业。另外我的拐杖平常放在班级角落的，我需要走路时他们会主动帮我拿过来。我感觉很温暖，我们班级的同学很有爱。

老师：在本周的开学礼中，让你印象最深刻的是哪个场景？

佳泽：宣誓环节。那时王院长从众人中发现了我，弯下身子，和蔼地对我说，"你脚都受伤了，还坚持来参加开学礼，值得表扬！"

老师：大家都看到你受伤了还坚持参加开学礼，并且同大家一样敬礼宣誓，我们都给你点赞，觉得小小年纪的你非常勇敢和坚毅。

佳泽：我觉得开学礼非常重要，因为那是开学的第一天，是一个全新的开始，所以无论如何我必须要参加。

老师：当你拄着拐杖宣誓敬礼时，你觉得跟平常有什么不一样吗？

佳泽：我觉得都一样，没什么差别，拐杖并不会成为我的阻碍。

老师：那你拄着它敬礼宣誓时，有什么感受吗？

佳泽：有一些自豪，觉得自己虽然受伤了，但也能跟大家一样做好。

老师：现在是新学期了，每每新学期，我们最常听到的一个词就是目标，你怎么理解这个目标？

佳泽：目标可以让我们更有效率地完成任务，如果没有目标，我们就不会把它放在重要的位置，做事的效率就会降低，新学期，目标就是方向。

老师：院长在开学礼上说，我们要定一个令人兴奋的目标，你觉得什么叫兴奋？

佳泽：兴奋就是内心迫切地想达到这个目标，并且达成后你会很开心的感觉。

老师：那你可以与老师分享你这学期令人兴奋的目标是什么吗？

佳泽：优化大师前十名。我现在是第七名，其实我也可以算是第五名，因为前面有并列的名次，所以我要继续保持这个名次。

老师：优化大师前十名这是个非常具体的目标，那你有没有定一个目标是相对有难度的。

佳泽：我希望我英语每次考试都 100 分，我以前定的目标是 95 分。

老师：那这中间差了 5 分，你觉得需要在哪些方面有提高呢？

佳泽：多检查，圈关键词，做听力的时候要高度专注。

老师：目标会让你感到压抑吗？毕竟它会给你带来一些压力。

佳泽：不会，因为目标的实现会让我很自豪、很自信，并且也会带来内心的愉悦。

老师：回顾上学期，我们一起做个反思和总结，有什么地方是这学期需要改进的呢？

佳泽：首先所有的考试要认真读题，以前很多的错误都是因为马虎。然后要养成圈关键词的习惯。比如上次，语文做题时我以为是正确的打钩，结果要求的是画横线。

老师：在生活中，有没有你比较印象深刻的人和事，或者你在书本上看到的学习榜样？

佳泽：我曾经在一本书上看到有一群爱心人士，他们到山区去帮助贫困的孩子们，给他们开展了一次运动会，这个让我印象深刻。山区条件简陋，孩子们并不知道什么叫运动会，也没有很好的器材设备，我看到他们都很开心并且积极参与，获胜者可以获得很多礼物。

老师：哇，这个故事是一个关于爱心的事件，那它对你有什么启发吗？

佳泽：如果将来有同学受伤了，我也会主动去帮助他们。

老师：受伤毕竟是个意外事件，不会经常发生，那你觉得你还可以做什么？

佳泽：我觉得只要同学们有任何需要，我定会尽力提供帮助……

小小年纪，对目标的理解是如此的深刻，对社会的关注也是如此的积极。

维持好自己优异的现状，并且增加一点点的突破是他令人兴奋的目标。

让我们一起为这个对自己负责，对社会有使命感和责任感的孩子鼓掌喝彩吧！

2021.2.25

在 2017 办学说明会上的发言（一）

初一（8）班　付睿哲

汉开的入学方式很特别，不是看我们小学的成绩和各种证书，而是让我们手写自我介绍，从中看我们的字体和对自己的认识，因为汉开坚信：有一手好字并能对自己有全面、正确认识的孩子都是能够不断进步的。

汉开分国内课程和国际课程两大体系。国际课程体系包括剑桥数学、剑桥科学和剑桥英文。剑桥科学的知识系统而全面，从植物、人体结构到当前的环境污染以及新能源的开发，不仅引领我们进入一个全新的科学世界，而且让我完全沉浸在全英文的阅读和思维中。剑桥的英语和国内英语不同，没有枯燥的英语语法灌输，只有有趣的情景模拟和练习，每个同学都在这浸入式的全英语教学中提高了语感，能够脱口而出。

每天 40 分钟的途中课程也是汉开的特色课程之一，有英文的谚语会让我们轻松记忆，有传统的中国 24 节气让我们理解，有优美的唐诗宋词让我们去品味和鉴赏，有有趣的手工香囊让我们亲手制作。

除了这些特色的课程，课外我们有丰富的科研项目，不同的小组研究不同国家的人文、军事、旅游、气候和食物等等，通过查阅资料，写文档和做海报，每个人都对自己研究的国家有了详尽的了解和认识，不仅大量阅读了英文文献，并且能用海报展示出我们的成果。

汉开与国外的交流也有很多。上学期，马来西亚 18 位校长来汉开参观交流，国际班每个同学都做起了小向导，热情地用英语向来访的各位校长介绍汉开。虽然我们的语言不是多么成熟和完美，但这确实给了我们用英语交流的机会，并得到了真正的锻炼。剑桥的 Laura 女士来汉开给我们做了"剑桥梦"的报告，激发了我们对未来去国外深造的向往，同时也激励我们自己要不断学习，为能成为未来的国际型人才而不断努力。

2017.1.16

（付睿哲同学现就读于美国宾州米顿好时学校。2019 年 5 月荣获汉开书院第二学期希望之星风采大赛一等奖；2019 年 5 月荣获世界学者杯全球赛北京赛区团队写作银奖；2018 年 4 月荣获 SPBCN 中国英文拼字大赛南京总决赛季军。）

在 2017 办学说明会上的发言（二）

初一（2）班　陈岢汛

去年的这个时候，我和各位同学们一样，经历着最痛苦的小升初复习冲刺，可以这么说，在那几个月里我经历了疯狂的魔鬼训练，没日没夜地学习。

虽然过程是痛苦的，但是结局是完美的，如果没有曾经的疯狂，我也没机会成为汉开书院的一员。虽然考进汉开书院不容易，可是如果能进汉开书院，你会觉得之前付出的一切努力都是值得的。

你们可能不知道，去年的汉开书院招生工作是在 4 月份开始，在汉开招生信息发出来之前，我不仅被秦淮区外国语学校和金陵中学河西分校录取了，就连学费我爸爸妈妈都交了，可是汉开书院的招生信息一出，我小学学校的老师和辅导班的老师们，都建议我来汉开书院试试，她们说这个学校特别特别好。于是，在大家的鼓励下我踏上了来汉开的征途。

当汉开书院的老师们介绍完汉开书院的办学理念和特色课程设置时，我被深深地吸引了。当然，吸引我的不是鼎鼎有名的王校长，也不是那些高端学术课程，因为那时我还年少无知，还不懂一个有实力的校长和个性化的课程对我有多大的帮助。那时真正吸引我的是"汉开六艺"，因为"汉开六艺"会教我们中华武术、舞蹈礼仪、国乐民乐、书法国画、节气课程、围棋象棋等等。

来到汉开书院，我的一些坏习惯在不知不觉中一一不见。在汉开书院里，不可能有时间贪玩偷懒。因为我们每天的业余时间除了吃饭和午休，都被丰富多彩的汉开课程填满了。在小学的时候我们会用课余时间和同学玩耍打闹，不珍惜时间。可是在汉开，早晨和晚上的校车上，途中课程的老师会为我们传递各类知识，天文、地理、文化、生活……无所不及；我们连在吃饭排队的时候都会安静地进行阅读，午间静校时段全校同学静静地休息，还有导师的温馨陪伴；上午和下午两个大课间，院长和我们一起跑步锻炼身体，增强体质。在这样一个珍惜时间、高效、正能量满满的学习和生活氛围中，我和同学们已经完全从被动学习到主动学习，还有谁去偷懒呢？

至于，爱玩手机这一点，我想说，到汉开书院后我就告别了网络、告别了电视、告别了游戏。在汉开，我们过着充实的生活，除了学习科目，我们的社团活动也特别多，有合唱团、舞蹈团、演讲社、排球社、烘焙班、心理学、领导力等等，真的特别丰富多彩，这些项目我们所有同学都在争先恐后地报名，而我也恨不得一一参加！无聊的人才玩手机，汉开的学习生活这么有趣，哪还有心思去玩手机呢！

第三点就是我的英语口语能力得到很大的提高，快速提升的原因不仅是我们学习了剑桥英语，更多的是我们的外教老师在课上课下和我们的互动，外教老师们通过他们独特的方式逐渐引导我们说、学、用，而我们就在不知不觉中成长进步。现在的我们，可以用我们所学的知识进行英语演讲，可以用英语编排戏剧节目，可以毫无压力地开口交流。

第四点进步如大家所见，我有勇气站在这个舞台上，有勇气和大家分享我的成长，虽然我的分享可能不是最精彩的，但我克服了恐惧，迈出了我的第一步。在这里我要特别感谢学校老师给我这个锻炼的机会，我不是学校最优秀的，可是老师们却能充满期待，给我机会让我锻炼，真的非常感谢！当然老师们的机会不只是给我一个，我们学校的每个同学都能获得这样锻炼自我的机会，老师们会根据每个同学的情况做出相应的培养，因材施教，这也是我们成长看得见的原因！

Boys and girls, Hankai is all ready for you, but are you ready for Hankai? I'm waiting for your coming. Thank you very much!

感谢各位！

2017.1.16

（陈苛汛同学现就读于南师附中秦淮科技高中。）

初一女子 3000 米长跑冠军的分享

初一（5）班　伏欣雨

尊敬的院长，亲爱的老师、同学们：

大家上午好！

首先我很高兴，和大家分享三千米长跑的经验，此时，我的心情是既紧张，又激动的。回顾此次比赛，三千米 12 圈！正如你们所见，从身高来说，我本处于劣势，但我是如何超越所有对手，夺取冠军的呢？

我认为**最重要的就是目标**。所谓的三千米就是你在跑步时的大目标，而你目前所跑的每一圈都是一个小目标，所以只需要将注意力集中在你正在跑的这一圈，不需要为还有几圈发愁。许多人都是因为恐惧三千米这个数字，认为自己必定会失败，最后他们也真的毫无胜利的机会。

第二点，方法，它是建立在目标之上的。当你有了目标之后，一个适合你的好方法，能协助你成功完成你的目标，每个人都拥有独特的方法，跑三千米，我也有一个方法：在跑步时，双臂摆动的幅度要大，这样可以带动腿一起大幅度的奔跑，其次双臂还要有节奏的摆动，这样能够更加省力地跑完全程。

第三点，毅力。我相信很多人都听厌了这一点，但不可否认这也是很重要的一点，因为无论干什么事情，毅力都是不可缺少的，当你有了目标、有了方法，却无法将它坚持下去，最后的结果也只能是以失败告终！

第四点，是平时的积累。如果说你能在每次的体育短跑课上认真训练，注重积累，我相信三千米的长跑对于你来说，肯定不在话下。

其实在我看来长跑与学习是一样的概念，只要你为自己找到一个你想达到的大目标，再制定一个目前的小目标，创造出适合自己的学习方法，并且重视起平时的点点滴滴，向着目标坚持到底，我相信结果一定会给你应得的回报！

同学们，期末考试的号角已经奏响，也许你会慌张，但我想对同学们说："勇者不惧！"成功是勇者用汗水浇灌的，愿我们将目标牢记心头，视作不屈信念，永不停息自己的脚步，踏实的努力，用恒心和毅力奋战期末考试，为青春交上一份满意的答卷！

2018.6.16

（伏欣雨同学现就读于汉开高二（1）班。2018 年 5 月荣获澳大利亚数学竞赛三等奖；2020 年 11 月荣获南京市第 22 届运动会青少年部·攀岩少年 A 组女子速度第二，攀石、难度、全能第三；2019 年 12 月荣获浦口区第五届运动会（学生部）暨 2019 年浦口区阳光体育节联赛田径比赛初中部一等奖。）

九九重阳，关爱老人

——记杜英在行动"为留住老人的微笑"

初三（8）班　王诗雅

明天是十月十七日，农历九月初九，是中国传统节日重阳节，也是敬老节。就在刚过去的周末，我和同班同学陆墨箴、陆伊凡、薛鸿庆，还有初二（9）班的吴锦琳代表南京汉开书院中学部"杜英在行动"公益服务小队，来到盐城市滨海县滨海港镇振东村，为村里的老人们义务拍照。

这是一个靠近海边的、偏僻贫困的村庄，是我的祖辈们生活的地方，我的爸爸就是这个村庄里"跳出农门"的第一个大学生。这里生活着一群淳朴善良的老人，随着改革开放的潮流，他们的儿女们，都出去打工挣钱了，他们的孙辈们也相继离开出生的村庄，去外地求学、工作了，所以现在留守在村里的都是些老人，这里几乎成了留守老人聚集村、名副其实的长寿村，小小的村庄75岁以上的老人不下100位。

我们来到一家老爷爷的院子，老爷爷和老奶奶正在忙着晒玉米。看到我们的到来，老爷爷停下手里的农活，急着搬板凳，想让我们坐坐。当我们说明来意，想给他们拍几张生活照，留住容颜和笑容时，他们激动地连连点头，立马拍拍身上的灰，面对着我们站得笔直，让我们拍照。想必老爷爷好久没拍照了，面对镜头超级紧张，我们让他笑，他只是微微歪下嘴角。我知道，其实他们也想照一张漂亮的照片，可是在镜头面前，他们有些太拘谨。

这里的老人质朴，不善言辞，可是他们对于孩子的爱却又是那么满满的，溢于日常的表现中；他们的房屋简陋，可是走进他们家里，你就觉得是如此的温暖和充实。一位老奶奶家里，堂屋的左墙上挂了三个大大的玻璃相框，里面铺满了照片，有黑白的，也有比较新的彩色的，上面的玻璃擦得干干净净，从这三个相框看，似乎穿越了一个世纪！黑白照，应该是五六十年代的吧，也许是爷爷奶奶年轻时候的照片，也或许是他们孩子的照片；而那些彩色照片，可能是他们在外读书的孙子，或者是孙子的孩子，放在相框里，每每想念的时候，抬头看看，以解心中的思念……

每张照片都被放得平平整整，可见奶奶对照片的珍惜和对照片中人的拳拳爱心！相框下面，发黄的墙壁上贴满了奖状，有大的，有小的，但都以水平方向排列得整整齐齐，可见，老奶奶的孩子是个优秀、值得骄傲，让老人欣慰的人。

　　我们的到来，似乎给这个老人居主导的村庄带去了新鲜的活力，从老人们灿烂的笑容可以看出，他们还是喜欢和欢迎我们的。当我们举起相机给他们拍照的时候，他们都会不由自主地用沧桑的双手摸一把脸，然后拍拍身上的灰，想留下自己最美得容颜，最灿烂的笑容。

　　这次"杜英在行动"的活动，我们一共给 27 位 75 岁以上的老人拍了生活照和大头照，超过了原计划的 20 位，其中还有一对百岁老人夫妻，老爷爷 101 岁，老奶奶 102 岁。虽然爷爷躺在床上行动不便了，但老奶奶还是精神矍铄的，看到我们一群人过去，跑去 50 米外的儿子家让儿子赶紧招待我们，这不禁让我们感动。

　　儿女离得近，老人心里满满的踏实感，可这里大多数的老人都独自居住，或是老两口相依为命，这让我有了淡淡的忧虑。

　　这次的拍照活动不禁让我思考：也许我们应该给予老人与时俱进的关怀，让他们的晚年生活更加丰富多彩；也许我们应该给予他们更多的陪伴，让他们感觉心里永远是暖暖的；也许我们应该尽我们微薄的力量，在他们暮年时满足他们心中一些小小的愿望。就这个小小的拍照活动应该成为我们"杜英在行动"志愿者服务小分队一项定期的活动，去慰藉更多老人的心灵。

　　汉开有大美，杜英有大爱！恰逢重阳佳节，我想倡议大家多关心身边的老人，尊老、敬老、爱老！老吾老以及人之老，幼吾幼以及人之幼，尽我们绵薄之力，老有所依，构建和谐社会！"杜英在行动"志愿者活动期待更多同学的加入，让社区因为汉开而更美好！

2018.10.5

　　（王诗雅同学现就读于南京市金陵河西中学。）

财八路的日子

初二（4）班　王可馨

在开始我的发言前，我希望大家能向我的左手边看一眼，看看学校的围墙外面。然后在心里想一下，并记住它的名字——财八路。

这条路对于汉开人的意义，或许新加入汉开的同学们也小有体会，但我想，最深有感触的应该是我们最早进入汉开，见证着她一路走来的汉开长子长女们，还有我们的首届教职工们。2016 年的 5 月 6 日，汉开的第一个生日，是我们伴她度过的；第一场统考，又是我们的首战告捷。在这条老山脚下一条平凡的马路边，汉开人却演绎着许多不平凡的故事。

今天，是 11 月 21 日，还有一周多，初中部同学们和部分我们的老师就将告别财八路，前往五华路校区继续进行我们的征程。在此刻，面对着校园中熟悉无比的一草一木，一花一叶，想必每个人心中都会涌现出无数往昔的美好画面。

那么，请允许我带着大家回忆一下这两年多我们共同度过的精彩瞬间。

不知道大家的角度是不是能看见我们的明辨楼外墙。如果那边同学看得到，应该能看见一排蓝色的隶书字体的"汉开品质"。在过去的两年多中，汉开学子在各项市级比赛中，共有 116 人次或团体获得了骄人的荣誉，也就是达到了"宁"级以上的标准。

汉开武术月，是汉开第一个纪念日。2018 年 3 月，汉开武术队的同学们远赴香港，在"爱武术杯"十六届香港国际武术节这个国际性大舞台上，以傲人的成绩向世界展示了汉开英雄大美；同样，汉开 OM 社的成员们飞赴美国，克服诸多困难，在国际比赛中赛出了汉开人的精神，赛出了汉开人的精彩。当然，我们还有汉开岩羊攀岩队、汉开啦啦操队、汉开棋社，有一批对于英语、数学、科学、文学、信息技术、艺术颇为精通的优秀同学，更有无数敬业、乐业的老师。汉开的精彩离不开他们的努力与付出。我想此处应有掌声，来表达我们对汉开英雄们由衷地赞美与敬佩！

这样的精彩不只在舞台上展现，对学生们来说，考场也是展现自己的

舞台。南京汉开，善于英才。自 2016 级同学们首次参加区统考，汉开蝉联榜首。在刚刚过去的八城区联考中，初中部的同学们取得了极为优异的成绩，初三年级更是用超过区均分近一百分的成绩为财八路校区奉上了一份最为贵重的礼物。成绩永远是光鲜亮丽的外表，为它付出了多少，作为初三同学中的一员的我，颇有体会。从暑期到秋学期，周末变成单休，晚自习延迟到了 9 点 20，付出了双倍的努力。结果不会骗人，它昭示着我们登上了新阶，同时也提醒了我们攀登不易。在荣誉面前，喜悦固不可少，但也切不可被成功冲昏头脑，要迅速调整状态，迎接下一轮学习。正所谓"打江山易，守江山难"，对于学习也是如此。进入新校区，在满腔雀跃与新鲜的同时，同学们更要记得勤学。只有这样，方可保持原来的高度，同时向更高峰发起冲击。

在财八路，留存着我们的欢声笑语，我们的汗水与泪水，我们的失意与成长。校名石下埋藏着我们的梦想，莲花池边种植着我们的信仰。如今，我们即将搬入五华路校区，我希望我们带去的不只是资料、书籍，更要带去我们的努力、成绩与良习。

愿我们能在五华路得到更大的提升。不忘财八路，展望五华路，一同取得更大的进步！谢谢！

2018.11.21

（王可馨同学现就读于南师附中。2017 年 12 月荣获浦口区义务教育阶段"五小"活动小课题项目一等奖；2018 年 5 月荣获澳大利亚数学竞赛三等奖；2019 年 5 月荣获全国中小学生（江苏地区）"金钥匙"科技竞赛二等奖。）

成为自己的太阳

初二（7）班　殷越

今年7月，我参加了书院寻根之旅奖学游，深受鼓舞和启发。回家后，从起床时间到内务整理，再到作业效率和质量，我绘制了一张"暑假大计"，将它贴在橱窗之上。一项任务完成，就将清单中的格子划去。我告诉自己，两个月后，我一定大有所得。

于是，每天晚上固定时间，我跪在椅子上数格子的心情，就像放学回来数积攒的零花钱的小孩子一样，欢欣而饱含无限的期待。

此后的日子里，我将台灯上的标语、橱窗上的"大计"、每一天《效能手册》里的自白，都变成了一种信仰。在这种信仰里，我看见过早晨六点多蟋蟀趴在水池壁上的身影；看见过晚上小区里的夜影婆娑；拾起过清晨小鸟振翅抖落的羽毛；也收藏了阳光下闪着独特光彩的石块……我身边的一切仿佛都被阳光点亮，变得温柔而美好。

从暑假到开学，我都以此方法不断总结，给自己希望和提醒，支撑着一个个目标慢慢地变成现实。

我们大可以去想象期许中自己的样子，让那个自己变成太阳，指引我们，温暖我们，也提醒我们脚踏实地、努力登阶。

找到台阶，给自己实现的可能。开学时，我梳理了上学期在理科上的不足，找到了这学期努力的方向。并在大大小小的测试中，每次力争拿到我的0.5。如今，这个方法已成为我提升所有学科的有力向导，让我懂得，磨刀不误砍柴工，用力用在刀刃上。

提炼专属错题，注重复习归纳。练习最重要的环节在于纠错和总结。我会通过练习，每天整理一两个题型或知识点，提炼出专属错题的思路和易错点；周末全面复习归纳一周内容，形成良性循环。平时的积累是为了在临考有限的时间里，最轻松有效地掌握知识。以记忆力和理解力最乐意的方式去学习，往往能事半功倍，高效提升。

同学们，我们有时间、有力量、有燃烧的信念。有良师，有益友，有宽广的平台。我们还有《效能手册》、方格本、思维导图，有科学的工具。我们要抓住有幸得来的资源，迎接"东风"，让它带着我们，"篷舟吹取三山去！"

"每一个开始里都住着一位天使。"期末已在前方，在接下来的又一个开始中，我想与大家共勉——"我们要有最朴素的生活和最遥远的梦想，因为努力过处，皆为风景。"

同学们，愿你我都能成为自己的太阳。

2018.11.29

（殷越同学 2018 年 5 月荣获澳大利亚数学竞赛三等奖。）

在锦绣年华中铭记历史

初二（8）班　李嘉涵

敬爱的老师、亲爱的同学们：

大家好！我是初二8班的李嘉涵。今天在国旗下讲话，我感到无比庄严，又有些许沉重。因为再过三天，便是南京大屠杀死难者国家公祭日。今天，我想跟大家分享的题目是《在锦绣年华中铭记历史》。

去年国家公祭日，一张漫画刷屏了。一边是日军坦克从黑烟滚滚的金陵城下轰然而过，一个衣着破烂、眼神惊恐的小女孩无助地伸手求援；一边是亮堂堂的灯火高楼下，一个戴着手套、裹着棉衣的小女孩对她伸出了手。两个女孩并没能打破时空的壁垒触碰到彼此，而赤脚小女孩那句"那年乱世如麻，愿你们来世拥有锦绣年华"，却拼接起了跨越80年的两个时空。

我想，幸而我们不曾出生在那个风雨如晦的时代！

我想，竟有那么多我们的同龄人，曾遭逢那样血雨腥风的时代！

1937年12月13日，日本帝国主义军队攻陷南京，所到之处，烧杀凌辱，血腥屠城长达40多天，平均12秒就有一名同胞死于日军滴血的屠刀，"万人坑""百人斩竞赛"等骇人听闻的罪行都在此期间犯下。然而时至今日，日本政府当局仍然否认且拒绝道歉。

大屠杀纪念馆冰冷的水滴声似乎还在心头响起，石碑上比"300000"更让人心悸的是印刻着的死难者姓名。有人写道：

墙上＼密密麻写满＼成千上万＼死难者的名字

我看了一眼＼只看一眼＼

就决定离开＼头也不回地离开

因为我看到了＼一位朋友的名字

当然我知道＼只是重名

几乎可以确定＼只要再看第二眼＼

我就会看见＼自己的名字

犹太裔德国汉学家舒衡哲说："我们常常说纳粹杀害了600万犹太人，日本兵杀害了中国南京30万人，实际上是以数字和术语的方式把大屠杀抽象化了。"南京大屠杀死难同胞，30万，这不是数字，"而是一个人，加一个人，再加一个人"。

今年，随着20位老人相继离世，目前登记在册的大屠杀幸存者已不足80人。而去年南大学者研究发现，大屠杀其间的苦难与创伤记忆对幸存者大脑影响长达80年，这些所谓幸存的老人，他们无时无刻不在与痛苦的记忆搏斗。

人证凋零，但历史应被永远铭记。在最近详细了解大屠杀历史的过程中，我数次掩卷，不忍卒读。震惊、恐惧、悲愤的同时，心中似乎也有一股气升腾而起。我忘不了因日军轰炸、头部残留弹片未取出而双目失明的吕金宝老人，他说："日本人犯下滔天罪行，我们要教育后代，铭记历史。"我忘不了被日本右翼作家污蔑为"假人证"，而六赴日本，勇敢向日本民众控诉大屠杀暴行的幸存者夏淑琴老人，她说："作为南京大屠杀的活证据，我必须要活下去，还必须活得争气。"我忘不了因研究揭露大屠杀历史而深陷绝望、饮弹自尽的华裔女作家张纯如在《南京暴行：被遗忘的大屠杀》书中所写："不管战后历史的进程如何，南京的暴行将永远是人类荣耀之中的一块污迹。但使这块污迹特别令人厌恶的是，历史并没有为这个故事写下一个适当的结局。"

天气寒冷，但更冷的，是对历史的遗忘和消遣。

我们是幸运的，没有经历过动荡不安的生活，没有目睹过惨无人道的屠杀，更没有体会过国破家亡的悲痛。但正处锦绣年华的我们，更应该认真学习、铭记那段惨痛的历史。因为，忘记民族的尊严和国家的耻辱，无疑是一种可怕的悲哀！

少年不发愤，国家则无法强大。愿我们每一个汉开学子，都能担起历史的重责，就像漫画里新时代的少年对1937年保家卫国的士兵所说："如果有一天我们能相遇，我一定会告诉你，山河犹在，国泰民安！"

谢谢大家！

2018.12.10

（李嘉涵同学2019年1月荣获第32界中国头脑奥林匹克创新大赛江苏省赛一等奖；2019年3月荣获第40届世界头脑奥林匹克选拔赛暨2019年上海头脑奥林匹克创新大赛一等奖；2019年5月荣获世界头脑奥林匹克竞赛第十名。）

我的 OM

——经历与感悟

初一（1）班　苗泽坤

大家好，我是来自初一（1）班的苗泽坤，校 OM 社成员，这次也有幸被老师选拔代表学校到上海参加中国区 OM 决赛。经过半年多的 steam 课程训练和两个多月的赛前集训，以及这次上海之行，我收获颇多。刚才我们团队的五位小伙伴已经向大家介绍了不少他们的感受，下面我就我经历过的一些有趣的细节和感悟与各位老师和同学们分享一下。

痛并快乐的"魔鬼训练"。

放寒假了，同学们有的开心地回老家，有的出去旅游，有的在家睡懒觉暖被窝，而这些均与我们无缘。集训——为了决赛！在孙老师的带领和全程陪同下，我们开始了为期两个月的赛前魔鬼训练。

在一个寒冷的早晨，我虽然早早地就到了学校，却发现表演组的刘雪妍、殷浩然和邹代坤就已经在排练打斗戏。只见邹代坤正在那拿着一个大棒子在地上边打滚边高声唱着："你就像那冬天里的一把火……"刘学妍在边上做着动作，而殷浩然则在聚精会神地练他的单手棍法，我正想和他打招呼，只听"哗"的一声，棍子直接打在了他的屁股上，看他坐在地上揉屁股的窘相，我们都哈哈大笑起来。

团结就是力量！

我所在的结构组，训练时感到最困难的就是搭结构了。一个人很难完成复杂的搭建任务，于是我们就会分工合作。有次我和金晨一起搭五边形结构，我扶着结构，他滴胶水黏，可能是有点紧张，他的手有点抖，挤了半天都没有挤出来胶水。我急了，说："我快按不住了，你赶紧挤呀！"这一催麻烦来了，他一用力，一大串的胶水流了下来，金晨的手上瞬间沾满了胶水。这可是强力胶呀，金晨的手很快就被胶水黏成了"恐龙爪子"。虽然我们的手都已经变得惨不忍睹，但我们都顾不上这些了，仍然聚精会神地把那个结构搭建起来了。

故作镇定的社长大人。

2月24号，我们集体坐车出发去上海，首次参加全国性的比赛，大家都显得非常激动和兴奋，甚至紧张得手心冒汗。但在我们都很激动、紧张的时候，却发现我们的社长大人殷浩然却在"淡定"地看着一本生物书。我感到非常奇怪就问了一句，没想到他竟然说"生物书正是OM的精神所在啊！"这样无厘头的回答让我很纳闷，这两者怎么能扯得上关系呢？后来我明白了，原来他是借用读书来缓解自身紧张的内心啊……

随着OM竞赛的结束，我们这段难忘的集训生活终于告一段落，但这段经历让我们终生难忘：OM的训练是刻苦的，但我们却乐在其中，我们设计模型，搭建结构，看到一个个成果出来，大家会开心地手舞足蹈。OM是团结向上的，大家齐心协力，密切配合，献计献策，积极表现，展示了各自的风采，也见证了团队的力量，更为学校增添了荣誉。

OM集训，我们一直在路上！

谢谢大家。

2017.3.7

（此文为苗泽坤与汉开书院首届OM的队员们于2017年2月，到上海参加了第38届世界头脑奥林匹克暨第30届中国头脑奥林匹克决赛后回学校做的比赛分享发言。我校在此比赛中，结构组的《套材结构》获得了全国三等奖，表演组的《超级英雄的悬念》获得了全国二等奖，在全国450个队伍中，我校获得了南京市唯一的OM贡献奖，用于奖励队员作品的原创性。）

（苗泽坤同学现就读于雨花台中学。2017年3月荣获全国头脑奥林匹克创新大赛三等奖；2018年5月荣获第39届世界头脑奥林匹克全球赛即兴题冠军。）

回眸 2016，我在汉开

初一（8）班 黄允彦

时间飞逝，转眼我们在汉开已经一个学期了，我们的同学来自五湖四海，下定决心、按下手印，要成为汉开的长子、长女。我们努力地适应了新的环境，结识了新的朋友，更在这里有了飞速的成长。

我在汉开成长着。以前的我，总是喜欢磨蹭，写作业也是慢吞吞地，经常晚睡。自从来到汉开，开始了住宿，我便再也不敢怠慢，对时间的概念逐渐增强；充分利用晚自习的写作业时间，我不断提高自己的效率，按时完成作业。

在汉开，了解了我们中国的优良文化传统，我们学习了太极拳和双节棍。对于来自年轻城市——深圳的我来说，我对这两个项目充满了好奇与喜爱，我感受到了武术的博大精深，不但锻炼了我们的身心和体魄，更体现了我们中华民族的强盛。

作为一名国际班的学生，学校给我们营造了良好的教学条件，让我们可以近距离的与不同国籍的外教在一起，他们总是绽放着笑脸，宽容而亲切，和我们亲如一家，一起制作美食、一起欢度每一个节日，让我们真正地感受到自己是一名世界公民。

在汉开，我参加了许多活动与课程，让我受益良多。在参加省科技比赛时，我懂得了如何去介绍、陈述和答辩自己的作品，更学会了团队合作。戏剧课上，我能越来越好地展现自己，不再拘束于自我，投入角色，尽心努力地去做得更好。STEAM 课上，我们设计木桥、制造木桥以及锯木板，这些都是我以前从未探索过的新领域。高端学术的哲学课上，我跟随老师的步伐，遨游其中，认识了泰勒斯、柏拉图、苏格拉底等众多著名的哲学家，我们还一起探究了世界的本源。哲学，让我不再局限于自己的生活中，而是尝试着去思考世界。在演讲社里，我们积极思考，知道了许多演讲的技巧与技能。演讲，让我在台上更加自如地展现自我。

在汉开，我开始坚定地相信——世界有我更美好。在那次对汉开学子的期待中，我听到了一句话：世界很大很精彩，而我想在下面补充一句：我要让她更美好！当然，我有这个目标就要为之而奋斗，王院长说："奋斗者有责任和使命，他能明确目标，有坚强的意志。奋斗者是美丽的！"
我一定要成为一个美丽的奋斗者！

在这短短的一个学期，我的汉开生活丰富多彩，我累并快乐着。汉开让我有了太多太多的成长，各方面都有了飞跃的提高。

2016.12.20

（黄允彦同学现就读于南京汉开书院中学部。曾荣获 2020 年学者杯南京区域赛团体冠军；JCCO 全国银奖全球铜奖；2021 年 11 月收到了英国剑桥大学 HSPS 专业的面邀。）

汉开精气神，请看我可能

初三（2）班　邢水玉萱

回忆起 2018 年的 3 月 19 日，至今记忆犹新，那是我们汉开武术队参加第十六届香港国际武术节，载誉归来的日子。3 月 19 日，从此与众不同！

武术，是我们汉开六艺之一，中华武术源远流长，至今已有几千年的历史，是闻名世界的中华国粹之一。研习武术可以体会中华文化的博大精深，让我们体会到武术中包含的精髓，更深刻地领会中国传统思想的教化。武术讲究的是"天人合一"，自然之道，其中饱含着丰富的哲学道理。武术之道重要的是武德，不欺负弱小，要学会伸张正义。武术还能改变一个人急躁的性格，在一招一式中学会认识自己，学习武术本身很辛苦，要有持之以恒的信念，是日积月累的过程，需要不怕苦、不怕累的精神。

回想训练的过程，我也曾想到放弃。高强度的训练，让我们都很吃不消，但是每当想要放弃的时候，脑海里总是又浮现出"Grit"这个单词，汉开人的品质——坚毅，于是，又站起来，拿起长穗剑，从头开始。通过锻炼，使我在生活、学习中有这样一种韧劲，碰到困难不退缩，直到克服。

再到赛场上，没有事情能够是一帆风顺的，在个人长穗剑比赛中，因为过于紧张，造成了缠穗的失误，向裁判鞠躬的时候，眼泪便在眼眶里打转，走下场，泪珠顺着脸颊滚落了下来，但必须得从前一场比赛的失利中快速擦干泪水，勇敢地走向下一场比赛去争创佳绩，这教会我挫败永远只是成功的过程而已。

"少年强则国强"，中华武术需要一代一代的传承，作为新时代的中学生，我们有责任将中华武术发扬光大，这是一种历史使命，也是一种光荣。

We are the one，we are the future！这就是体育精神，无体育，不汉开，汉开的营养之土，是我们野蛮体魄，文明精神之地，我相信武术精神一定会在我们汉开书院，在学弟学妹中一届一届传承下去，从大汉走来，向世界盛开！

2019.3.18

（邢水玉萱同学现就读于南京田家炳高级中学。2017 年 11 月荣获江苏省第十届中学生暨第二节小学生武术锦标赛一等奖；2017 年 9 月荣获南京市首届"悦心杯"中小学校园心理剧评比二等奖；2018 年 3 月荣获"爱武术杯"第十六届香港国际武术节武术套路大奖赛女子 F5 剑术第七名；2018 年 3 月荣获"爱武术杯"第十六届香港国际武术节武术套路大奖赛集体器械第 05 组一等奖。）

我型我塑，其乐无穷

初三八班　薛鸿庆

在十月二十八日，我与中学部的老师、同学一起去了上海参加 2018 中国国际教育展。一进入展厅，我就被五花八门的大学展位震撼了。它们中有的家喻户晓，有的名不见经传。其中比较有名的有杜伦大学、杜克大学等。他们招生的英语要求是雅思 6.5 到 7.0，也就是欧洲语言标准的 C1 级别。而 C1 又是什么概念呢？大家都知道 FCE 英语考试吧，只要在 FCE 考试中达到优秀的级别，就差不多能在雅思中拿到 7 分。而怎样达到这个级别呢？首先，你的英语词汇量要达到 7800 左右，而现在我的词汇量才在 3000 多，也就意味着我还要背 4500 个单词，而离我上大学只有三年时间了，这说明了我每年还需要背 1500 个单词，平均下来就是每天 40 个。

在这次参展后，中学部的老师为我们制定了统一格式的梦想大学计划书，上面分为三个板块，Why the university？为什么选择这个大学？我的目标是伦敦政治经济学院。伦敦政治经济学院创立于 1895 年，是英国久负盛名的世界顶级公立研究型大学。它是 G5 超级大学之一，是伦敦大学联盟的一员，也是英国金三角和罗素大学集团的成员。伦敦经济学院在经济学上享誉世界，它同时培养了欧洲最多的亿万富翁。

第二个板块是 Why me？也就是为什么大学会选择我，而伦敦经济学院的学术要求是雅思 7 分和 A-level 达到 3A 以上，我知道现在这个目标离我还是很遥远的。

我们的第三个板块是 I will…，我以后会怎么做。很快，我们将会展示我们的梦想院校，接受同学们的监督和学弟学妹们的祝福。院长曾经说过，如果我们要想达到人生的北京，从现在开始努力，从制定小目标起，找到自己进步的阶梯。古希腊有一位著名的演说家，德摩斯梯尼。他小时候口吃，连话都说不清楚，更不要说去演讲了。可他不放弃，无论刮风下雨，他都坚持五十年如一日，每天含着石头对着大海练习，最终成为了希腊最有名气的演说家。他的经历告诉我们：目标有时虽然看似遥不可及，但并非不可达到。聪明出于勤奋，天才在于积累。

在这个学期，我们的目标是 IGCSE 的数学和英语。同时国内班里期中考试只有一个星期的时间了，我在此祝愿大家在期中考试中取得一个满意的成绩。

2018.11.5

（薛鸿庆同学现就读于南京市金陵河西中学。2017 年 5 月荣获香港国际音乐节民乐组南京赛区三等奖。）

让我们像一棵树一样成长

初三（1）班　莫力铭

今天非常荣幸能站在这里与大家分享自己对于汉开良习的体会。

所谓良，就是优秀，习，就是方法。

首先，良习是成长进阶的力量。也许，你和我一样遭受过挫折，作为一棵小树，当风雨来临时，我们如何将其转化为成长的阶梯呢？初一我的数学总是在 70—80 分，我也努力过，不断刷题，仍然卡壳，仍然失败。班主任张老师了解情况后，对我说："刷题也许并不是一个好习惯。"在老师的提醒下，我冷静下来，寻找痛点。找到自己基础题失分过多的原因，发现问题解决问题，我从圈关键词，明确细节，规范书写，提高计算四个方面入手，培养良好的学习习惯。果然大有改善。在良习的引领下，我也变得更加自信了。

第二，良习促进思维的进阶，我们要成长为一棵大树，就要成为一棵充满智慧的树。经历了几次还不错的小考试后，我又发现最后一道压轴题不能拿分，我决定改变方法，开始整理错题。错题本精而不多，简而不繁，争取少花时间提高效率。错题本也使我学会了逆向、横向等重要思维方法，错题本随时翻阅，随时更新。追求更好，同学们，我想这也是汉开人独特的良习吧。

院长曾经说过：一棵小树如果想成为一棵参天大树，需要的是时间与坚定不动，这就是说我们要心如磐石般，做到坚持和自律。每天认真完成作业，将每一次的作业当作作品，100% 尽力做到最好。比如说一天系统整理一道错题，一天用心做一篇阅读理解，一天熟练背 10 个新单词，一年 365 天，就相当于 365 道错题，365 篇阅读理解，365 个新单词。而恰巧是这些一点点微不足道的补充，再加上绝对的坚持，能帮助学科素养提高太多太多，这样的效果绝不比一个星期的疯狂刷题，忙碌盲目的补习班效果差。坚持和自律也是良习。

同学们，汉开工具引领着我们成长；汉开汇培养纠错良习，效能手册提高我们的效率，0.5 锦囊卡推动我们进步；汉开活动加深我们的思考。良习还意味着用心钻研，获得求知欲，好奇心，培养毅力，引领我们做一个力行有品明辨不惑的汉开人，愿我们能像一棵树一样成长，将良习化作我们成长的源泉，化作根下营养，化作不惧风雨的勇敢，良习让我们向阳生长，让我们枝繁叶茂，愿与大家共勉。

2020.9.21

（莫力铭同学现就读于南师附中秦淮科技高中。2019 年 11 月荣获第 24 届全国中小学生绘画书法作品比赛全国绘画一等奖。）

杏林撷萃，铢积寸累

——我在港大课程里的收获

中学部 10 年级　姜子皓

上学期期末，我的升学指导老师 Nancy 向我推荐了一个医学方面的网络公开课程，像我这样的行动派当即就在升学办公室完成了报名申请。

报名后，我深度了解了该课程，它是由来自香港大学医学院 15 个专业领域的世界一流外科专家录制，共计 6 个单元，104 节视频课程，覆盖了血管、乳腺、内分泌、消化、肝胆、耳鼻喉、泌尿、小儿、头颈、神经、整形、重建、创伤、心、胸外科等部分的内容。每个模块都有个讨论区，可以和其他学者一起讨论问题。由于学习时间可以自由安排，当时正值期末考试，我便将学习计划安排在寒假期间。

周四，1 月 14，2021
Course Starts

周日，2 月 07，2021　*Completed*
Conclusion Quiz: Conclusion Quiz – Module 1

周六，2 月 13，2021　*Completed*
Conclusion Quiz: Conclusion Quiz – Module 2

周五，2 月 19，2021　*Completed*
Conclusion Quiz: Conclusion Quiz – Module 3

周四，2 月 25，2021　*Completed*
Conclusion Quiz: Conclusion Quiz – Module 4

周三，3 月 03，2021　*Completed*
Conclusion Quiz: Conclusion Quiz – Module 5

周日，3 月 07，2021　*Today*

周二，3 月 09，2021　*Completed*
Conclusion Quiz: Conclusion Quiz – Module 6

课程安排图

我们都知道，赴海外学医有很多难点，除了学术成绩要求高以外，有很多对于专业实践和实习的要求，对于现在的高中生来说，很难实现，更别说观摩一场手术了。而港大医学院的这个课程在某种程度上打开了我对外科的新视角，课程中会讲到特定病症的产生原因，有什么不同的治疗方法，各有什么利弊，以及如何实施这方面的治疗。每个单元还会讲到该课程专业中最前沿的治疗技术，比如说机器人手术。

让我印象深刻的一次课程是关于鼻咽癌的，大家可能很少听说鼻咽癌，但是鼻咽癌是我国高发恶性肿瘤之一，发病率为耳鼻咽喉恶性肿瘤之首。鼻咽癌是指发生于鼻咽腔顶部和侧壁的恶性肿瘤。

由于鼻咽深藏于头颅中央，难于入手，因此难以施行手术。再者，华南人士典型的鼻咽癌对放射疗法非常敏感。故此，放射疗法早已被确立为鼻咽癌的一线治疗方法。外科手术治疗大多运用于对放射性治疗不敏感的患者。尽管手术看似造成了很大的创伤，但实际上，通过精细的组织处理和技巧，伤口会愈合得很好，我觉得这就是外科手术的魅力。

在该课程的学习中，我每天都需要花上几小时进行学习，视频的内容十分紧凑，经常一句话就包含了很多的知识点，很多时候就需要停下来回忆一下再继续。为了跟上课程要求的节奏，这一遍上下来，我并没有做一个系统的笔记，但我计划再看一遍所有的视频，并梳理好笔记作为个人心得，目前我已经满分通过了课程。

这里想到一个小插曲，在报名课程的时候，我和 Nancy 老师直接电话联系了港大医学院，但是我们不会粤语，而他们说起"粤式英语"也很费劲，那时我们在学校到处找会说粤语的老师和同学帮忙沟通，最后虽然没有找到，但我们直接报名，然后通过阅读引入单元的文件，也成功解决了这个问题。实际上到了上课阶段的时候，大部分教授的英文还是十分标准的。这次的课程让我收获颇多，除了学习医学的专业知识外，还有效进行了时间管理以及提高了自主学习的能力，这学期开始我也有了新的计划，备考 BMAT。

虽然海外学医之路很难，但是我会继续努力，朝着我的医学目标不懈奋斗！

教师说——升学指导许馨老师：

汉开的学生在高中阶段就明确以后的职业方向是非常难得的。在多次的接触中，我觉得姜子皓同学不仅仅有目标，行动上也没有落下，对于学科的学习始终保持着热情。据我所知，**他虽然才高一，但目前已经完成了 AS（高二）阶段生物的学习**，这已经相当超前了。然而海外学医这条路，依然会有众多困难，例如本身医学专业的配额制，医学专业英语的积累，众多医学前置考试的准备等等，依旧需要他不懈的努力。除此之外，还要一直持有医者仁心的胸怀，不骄不躁的性格，踏实走好每一步。希望高中部的孩子们，可以学习他这份专注，行动紧跟目标，把握校园里的学习时光，Go Go Go，未来可期！

2021.3.26

三、校友来信

（一）我与汉开的故事

小学部｜我与汉开的故事

六（2）班　张欣然

光阴似箭，似水流年。似乎昨天我还是那个第一次拿起旅行箱参加汉开童子军的五年级女孩，今天却是站在这里即将与汉开说再见的六年级学姐。

第一次认识汉开是从童子军开始的。那是我第一次一个人拎着行李箱离家而去，第一次与这么多陌生的面孔度过一星期。从踏进校门，到坐上大巴，我的心自始至终是忐忑的。可是，我的这份紧张没能维持多久，就被同学们的那份友好，老师们的那份热情给吹散了。我开始不再想家，专心投入训练，很快我就交到了许多好朋友，我们一起唱歌，一起游戏。夕阳西下，火红的太阳把我们身后的影子拉得修长，我们望向远方，对未来许下期望。

汉开的课堂不一样。这里的老师诙谐幽默，循循善诱；这里的课堂生动有趣，丰富精彩。更有全英文式的剑桥课程，等着我们去发现去探索，我第一次认识到原来学习如此有趣。后来，在我的不懈努力下，各科成绩都名列前茅，更是每年都被评为了汉开杰出学子，这也离不开老师的悉心教导，辛苦付出。

在后来的学习生活中，更多精彩的活动向我蜂拥而至，如圣诞节、汉开春雨、英语周等。当天气转冷之时，冬节也悄然而至。学校特意为我们请来了烤爆米花、烤红薯、烤羊肉串的师傅，还贴心地设置了各种各样的冬节游戏。同学们嬉戏打闹的身影随处可见，这个寒冷的冬天，我们的校园似乎成了最温暖的地方。一年一度的科学节 Science Fair 伴着炎炎夏日缓缓走来，它是中学部最具代表性的活动。每次科学节，老师们总是费尽心思为我们装饰场地，同学们也积极开动脑筋，合作完成了一个又一个令人惊叹的作品。热闹的氛围经久不息……

六（4）班　杨皓锦

眼睛更亮，声音更响，腰杆更直，胆子更大，两臂更有力，双脚更坚定！一二三四，一二三——四！记得去年8月下旬，我背着书包提着行李箱，第一次离开爸爸妈妈，参加汉开的"童子军"，在去军营的大巴车上，我就对自己说，遇到任何事我都不能放弃，一定要坚持到底！其中有一天晚上军训完，我的腿脚都僵住了，寸步难行，当时我就想放弃了，也很想家，让我意想不到的是班主任陶老师走过来把我从操场背到了宿舍，当时让我感到很温暖。在短短一周时间我认识了新同学，我们军训中互相帮助，互相鼓励。虽然我的个头不高，但通过我的坚持和努力的训练，最后被评为了"战狼"称号。

在汉开学习的这一年里，我很感谢各科老师给我的帮助与鼓励，各科成绩都得到了提高。我很喜欢汉开的英语课程，我们可以直接与外教对话，让我的英语口语提高了很多，经常会有一些活动，需要同学们一起合作完成，让我意识到团队合作精神的重要性。还可以做很多实验，让我学到了很多国内课程所学不到的知识。为了更好地锻炼自己，我加入了汉开广播电视台，第一次面对镜头显得很紧张，在老师的鼓励下，我越来越熟练，越来越自信了。

春去秋来，花开花落，岁月匆匆，弹指间，小学六年的学习就要结束了，虽然我们即将毕业，但是我与汉开的故事并没有结束，期待初中三年的汉开生活，每天进步0.5，我的人生我做主，让我们一起加油吧！

六（1）班　王钰涵

2017年6月28日，我从王院长手里接过录取通知书，成为一名汉开人。于是，告别了生活10年的镇江，来到南京，来到汉开书院，开启了一段新的追梦旅程。

在汉开的这三年，"我们组"代替了"我"。曾经，我参加过的唯一的小组活动是老师说"各组小组长收作业"；来到汉开，Science Fair中，"我们组"连续三年赢得奖杯；剑科课上，"我们组"夺得Winning Team，获得奖励；武术比赛中，"我们组"获得集体一二等奖；就连在英

语课上，也是"我们组"得到全组抄课文的惩罚……在这样以小组为单位的学习模式下，我学会了倾听和观察，学会了支持与互助，学会了担当与合作。这种成长，是分数无法量化的，是考试成绩无法体现的，但是，却是让我受益终生的。

在汉开的这三年，老师经常不是"老师"。被同学们挽着胳膊甚至勾肩搭背的老师，更像是亲密无间的好朋友；被小朋友围在中间的院长，更像一位慈爱的爷爷；而在集体大合照中站在我们身后的老师，更是我们的靠山，我们的守护神。在汉开，占据C位的，从来都不是老师，而是，我们。

在汉开的这三年，我们收获的，不仅仅是一张毕业证书，不仅仅是成绩单上的分数。即使考试期间也照常的体育课，给了我们强健的体魄；校庆日的5.6公里徒步，锻炼了我们坚强的意志；每年一度的汉开春语，教会了我们学会爱传递爱；各种各样的课程以及活动，开拓了我们的思维丰富了我们的大脑；广阔且多元的展示平台，让我们发现自我完善自我，成就更加乐观积极向上的自我。

在汉开的这三年，我们因为运动会比赛战胜对手笑过，我们由于考试失利哭过；院长爷爷亲手爆出来的爆米花；长在菜园里的纯天然绿色小黄瓜；老师化身大厨烤出来的羊肉串；校园池塘里的鱼和虾；不时逃出围栏的小羊小兔子，还有承载了我们无数欢声笑语的宝船……所有这些，组成了陪伴我们三年的家。

（王钰涵同学2018年3月荣获"爱武术杯"第十六届香港国际武术节武术套路大奖赛集体器械第05组一等奖；2018年12月荣获江苏省第三届小学生武术锦标赛、小学长拳1-2段集体一等奖；2018年3月荣获"爱武术杯"第十六届香港国际武术节武术套路大奖赛女子F3其他拳术第六名；2020年10月荣获南京市青少年阳光体育节校园啦啦操总决赛初中创意啦啦操自编自创套路二等奖；2020年11月荣获南京市第二十六届中小学师生科技创新大赛二等奖。）

中学部 | 我与汉开的故事

初三1班　黄雨涵

今年语文中考的主题是"食趣"，不由自主地想到汉开冬节。如今忆昔，第一时间想起的竟不是爆米花机那惊天动地"砰"的一声，也不是手中散发着胡椒和孜然的羊肉串，反而是食堂里一碗普普通通的饺子。

几个班的同学凑了一桌。有时望见几个老师向我们这儿举起相机，大家便心有灵犀地躲着镜头。说说笑笑间，大碗小碗占了半张桌面。一勺辣油一勺醋，一口一个荠菜饺子。胃暖了，心也暖了。平日里普普通通的饺子，似乎又不同了。是因为那天我们的笑响点亮了四面风，还是因为记忆中距离产生美，更或是是因为冬节本身的与众不同？我不清楚……

我只是简单地记着这个飘香的冬节，记着这个水汽氤氲的汉开，直到如今毕业时，直到未来再回首，依然温暖如初。

（黄雨涵同学现就读于南京师范大学附属中学。2018年5月荣获江苏省青少年编程创新挑战赛南京市一等奖；2018年1月荣获第十届江苏省青少年普及机器人大赛一等奖；2020年2月荣获南京市随园杯物理竞赛二等奖。）

初三2班　谢孟翰

提起汉开，自然是忘不了丰富的课程和活动了。每周二都在期待的汉开讲堂，周一周三的高端学术领导力课程……舞蹈与礼仪课程，Drama课程……有太多太多回忆了。

作为资深篮球迷，我领导力自然选择的是篮球了。记得那时是胡主任带队，一个篮球两个队，也能打得热火朝天。投中一个大家欢呼雀跃，没投进大家彼此鼓励，笑着，跑着，一个个下午，是多么的美好……在篮球队中，我看到了一群热情似火的，对篮球充满热爱的青少年，球场上挥洒的汗水，是青春洋溢出的美好。

Drama课堂也是令人难忘啊，第一次拍微电影，我和我的组员的拍摄任务是威尼斯商人。如何选择台词，选择道具，在校园中找布景，最后进行拍摄，在学习空隙间，我们一起讨论，一起琢磨角色的神态，充实满足，完成后的成片也颇为满意，一个个课余时间的合作带来了攻克难关后的满足。

未觉池塘春草梦，阶前梧叶已秋声。转眼间，我们就要毕业了，但是，我们与汉开的故事不会终结，我们永远在路上！

祝福汉开祝福大家，乘风破浪向前进，加油！

（谢孟翰同学现就读于南京市二十九中。2019年1月荣获第32界中国头脑奥林匹克创新大赛江苏省赛一等奖；2019 年 7 月荣获海峡两岸机器人比赛跳远二等奖。）

初三 5 班　董云天

我们是最特别的一届学子，因为我们不得已遇上了新冠疫情，遇上了超长学期。对我来说，印象最深的便是这学期初的网课学习。我忘不了孙老师鼓舞人心的每日寄语；忘不了龚老师在每份答案中暗藏的玄机；忘不了王老师一份份悉心录制的微视频；忘不了程老师写下的标红语法点。我还记得孟老师巧妙的解题技巧让我们豁然开朗；还记得陈老师风趣幽默的话语让我们放声欢笑；还记得徐老师有关疫情的信息让我们洞察万象；还记得马老师在打卡视频下的贴心留言让我们温暖无比。网课期间虽有种种不便，但隔离病毒却不隔离爱，老师们无微不至的呵护激励我们奋力拼搏、勇往直前。

即使在家中，我也不放松，做到"在家也汉开"。我认真上好每节网课，仔细整理错题，搞懂每个问题，坚持体育锻炼。深夜的手机上闪烁着老师给我的解答，小区楼下能看到我奋力投实心球的背影。网课结束，我发现自己真的变了，变得有知识、有良习、能自律了。感谢亲爱的老师，也感谢每一个奋斗的自己！

（董云天同学现就读于金陵中学。2018 年 5 月荣获澳大利亚数学竞赛一等奖；2018 年 8 月荣获江苏省青少年编程创新挑战赛总决赛江苏省二等奖；2018 年 1 月荣获第十届江苏省青少年普及机器人大赛江苏省二等奖。）

初三 6 班　王姝月

有一种情不能相守却天长地久，有一种付出不计回报却没有尽头，有一种坚持不离不弃却永不放手……前方是未知，迎面是海风，但幸好有你们陪伴，同舟共济，风雨无阻。亲爱的老师，感谢一路有你！

我仍怀念陈老师的中央大液泡，陆老师和蔼的笑容，周老师厚重的红色眼镜，我还想听程老师重复一遍"时态、语态、单复数"；听龚总说吼一句"不要空题，计算不要错"；听唐老师唱一遍"心里的花，我想要带你回噶"；听美美敲击黑板"注意审材料与求答词"；听李老师笑着说"这道题很狡猾"；听徐老师说一遍"审设问，问什么答什么"；听卞老师再唠叨几句"看看你们的基础，作文我来分析"……

然而，这一切的一切都已成为最亲切的怀恋，感谢你们三年来的教诲，感恩与您在一起的每一时刻，愿您的每一天都如花儿一样绚烂！

（王姝月同学现就读于中华中学。2019 年 11 月荣获南京市第十九届作文竞赛市一等奖；2019 年 11 月荣获第 24 届全国中小学生绘画书法作品比赛二等奖；2019 年 11 月荣获"七彩语文杯"作文省赛省二等奖。）

初三 8 班　陈雨萌

在书院有这样一个人，他发丝白如霜。但在操场上晨跑的身影矫健有力。他嗓音微微发哑，但每次讲话总透着坚毅。让我们无不感到振奋！在他身上，我能看见苏式所谓"鬓微霜，又何妨"的英雄气概！

在书院有这样一个人，他在入校时指引我们写下来致未来的自己的一封信，让那理想的红飘带飞舞着少年美好的愿望，让那透明的玻璃罐封存着闪耀的梦想。于是有一种名叫可能的东西在我们心中暗暗生长。

在书院有这样一个人，他在三年里常与我们在食堂共同品尝汉开风味；在爬紫金山，徒步 30 多公里时，默默注视着我们的成长；在万米接力跑与篮球联赛时，用微笑给予运动员们力量。每一位汉开学子的每个 0.5 都离不开他的关怀。

在书院有这样一个人，他在体育中考前激励我们："实力与微笑，汉开的风貌！"在紧张备考的日子里，送给我们 0.5 锦囊卡，鼓励我们："每天进步 0.5，你的人生你做主！"在抉择性中考面前赐予我们一句妙计："我难人难我不畏难，我易人易我不大意！"在这飞逝的三年里，让我们牢记："我是汉开人，要让大家看见我的可能！"

这个人便是我们敬爱的王院长，感谢您三年以来对我，对八班，对我们 2017 级学子的付出。谢谢！

（陈雨萌同学现就读于江北一中。）

10 年级　陆伊凡

回顾在汉开四年的学习生活，脑海里不禁浮想联翩……想起刚被汉开录取时，我心中无法言语的喜悦，仿佛我的梦想已到彼岸。但，接下来汉

开童子军训练给了我当头一棒，对我来说是极大的考验。军营里，教官严格的要求，随时听候命令，赏罚分明……各式各样的磨炼，让我和小伙伴们懂得必须团结起来，一起对抗困难。老师的陪伴给了我们温暖，传递着家人的问候，给予我们坚强的力量。想想当时的那个我，瘦弱又爱挑食。但是汉开第一课让我明白了坚毅可以克服许多困难。

王院长说："人生需要豪迈"。那么，如何才能创造出"豪迈"的人生呢？我的想法是——明确你的方向。如何明确方向呢？我认为要与自己的兴趣联系在一起。**汉开提供丰富多彩的课程选择**：ASDAN 课程，汉开六艺课程，GRIT 主题课程，还有各类学术课程。比如，IG 阶段，我选修了英语、物理、经济、全球视野、ICT、加数等九门学科。其中，全球视野课程让我有了全球格局和国际视野，外面的世界很大，我们可以做出的贡献很多。我也活跃在各种各样的校内外的活动中，值得自豪的是因为第一次参加学校组织的商赛并取得了好成绩，让我认识了商赛并陆续参加了市商赛、全国商赛，最终在全国商赛拿到了最佳 CEO 和少年巴菲特奖。这些比赛的经历，让我对商科有了更浓的兴趣，明确了我今后学习的方向和目标，立志将来能以优异的成绩，进入伦敦政治经济学院求学。

每一个孩子都重要，每一个孩子都被需要。老师们总是这样说，也总是这样做。环顾身边的同学，每一个都性格迥异，每一个都有不同的可爱之处，每一个都能被发掘出属于自己的闪光点。作为 Odin 院社的 leader，我组织领导全体社员进行团队建设，参与运动竞赛……在大家的共同努力下，odin 院舍在 2017—2018 学年度获得"最佳院舍"的殊荣，我的领导力也因此得到了提升。此外，去年老师让我担任迎新西餐会的总导演，我带领同学们策划了整次活动，打造了一个令人印象深刻的新年晚会。回想圆满结束时，除了激动，更多的是一种自己被需要和肯定的喜悦，这次活动既锻炼了我的领导能力，也提高了我的团队合作力。这其中，过程是艰辛的，幸福的，更是感动的，我们都尽了最大的努力，发挥了自己的优势长处。老师更是作为幕后的参与者，成为了我坚强的后盾，致使新年晚会顺利进行，完美收官，得到家长们的一致好评。王院长更是给予了肯定的微笑，还不忘调侃一句陆导，那亲切的笑容，我记忆犹新！

除了学习追求卓越，我也热衷于慈善活动，记得参加校园"杜英在行动"小组的一次志愿活动中，我接触到了滨海县振东村的留守老人，陪他们聊天并帮忙做农活，我也因此看到了社会的另一面，偏远而贫穷的农村生活并不美好。村里的孩子们因经济困难不得不让年迈的父母留守在家而外出打工，很多人生病，却因贫困无法接受治疗，这一幕幕景象触动着我的心灵，验证一句话："哪有什么岁月静好，只不过是有人替你负重前行。"所以现在我们更要珍惜这来之不易的学习环境，感恩父母的养育之恩，感恩老师的精心栽培，所有的不平凡都是由星星平凡而构成，让我们尽绵薄之力，为社会作出贡献，去帮助有需要的人，照亮那一抹未被照亮的黑暗。

汉开是一个富有文化底蕴的温馨家庭。

看着身边有些同学提早离开学校去往国外求学，我变得有些浮躁，与父母老师的沟通出现了隔阂，也有了叛逆心理。所幸，老师们给予了我足够的耐心和宽容，用资深的教学理念帮助我提升成绩，重拾信心，让我对母校有了更深的感情，父母更是含辛茹苦，在生活上提供了无限的关怀与爱护。如今，我已如愿收到了来自英国排名第一的私立高中，卡迪夫中学的录取通知书，面对即将离开汉开校园生活，我满心不舍，而我今天的这份成就，离不开汉开的栽培，我将勇攀高峰，不忘母校之恩，不负母校之名，望母校永远给我力量，给我祝福！我会谨记汉开校训：明辨不惑，力行有品。我是汉开人，请看我可能！

（陆伊凡同学 2020 年被英国排名第一的私立高中卡迪夫中学录取。2019 年 2 月荣获第十六届未来商业领袖峰会"少年巴菲特奖"综合市一等奖；2019 年 4 月荣获英国物理挑战赛全球一级铜奖；2020 年 4 月荣获袋鼠数学竞赛金奖。）

10 年级 胡英豪

回顾我在汉开一年半的学习生活，脑海里不由地浮想联翩。我是作为插班生，从东外进入汉开中学部九年级的。

在来的第一个学期里，因为之前的底子多少有些薄弱、不扎实，月考成绩一发下来，可谓瞬时心灰意冷。正当我落寞之时，汉开那些丰富多彩

的活动，让我开始找到一些信心。还记得第一次参加科学节活动，听闻要团队合作动手做发明时，脑海里毫无头绪，觉得不知所措。可我们的物理方飞老师却从始至终一直在身旁给予鼓励以及帮助，当遇到电路问题时，他很耐心地在旁边解释、指导，再加上我们团队的勤学好问。经过激烈的角逐，我们团队终于拿到了科学节的第一名。对我来说，这是一份荣誉，也是一份鼓励。也就是从那一刻开始，我渐渐地喜欢上了物理。到了现在，下课后的我，也会时不时去找老师钻研一些课上所讲的物理现象和结果分析，这也促使着我顺利地通过了 IG 大考这一难关，拿到了物理 A* 的好成绩。课上老师的查漏补缺以及课后的追加辅导，帮助我发现了有哪些不足，有哪些还可以做得更出色，进一步地认识了自己。

我在刚刚过去的 IG 全科考试中，拿到了 7 个 A* 和 A。在雅思考试中，我也实现了一些突破，达到了 6.0 分。

当然了，我们的职责可不单单只有学习，还要清楚如何去自我完善，提升自己的核心竞争力。像我，之前一直是一个平平无奇的学生，来到了这里，汉开给我提供了许多展现自我的机会：第一次登台表演带有硬核节奏的 rap，讲述历史悠久的嘻哈文化；第一次参加学校里举办的商赛时，四处跟老师介绍我们自己研发的产品；在新年晚宴上，作为鼓手参与乐队表演，也有自己的 beatbox 个人秀时间，现场气氛沸腾；因为不错的架子鼓才艺，得到音乐老师的青睐和支持，受邀参加了乐队比赛，并且拿到了第一名的好成绩……

这就是我在汉开一年半的成长故事，相信我们的汉开生活会继续精彩！把每一个日子都过得鲜活有意义！

（二）长子长女的来信

学弟学妹们，祝福你们

南京汉开 2017 级　潘静宇

亲爱的学弟学妹们，我羡慕你们。

你们是书院的孩子；我们 2016 级的长子、长女也是书院的孩子。但有一点不同：你们可以幸运地留在这里完成高中的学业，而我们不得不被送给别人"抚养"。

我们是 2019 年毕业的。那时的我们，很多人都相约留在书院。那时的我们，满怀期待；老师们也一心准备让我们留下。可是，由于特殊的原因，我们不能够留在书院。你们不知道，那时候，我们流过多少泪！所以，我羡慕你们可以幸运地留在书院！

现在的我们也有大课间，但是再无太极拳、双节棍；现在的我们也有体育课，但再也没有运风场上的酣畅淋漓；现在的我们同样会有各种各样的考试，但没人说"每逢大事有静气，胸中自有百万兵"。尽管如此，我心中牢牢记书院的点滴教诲：面对生活，"每一天都应该成为作品"；面对考试，"人难我难我不畏难；人易我易我不大意"；面对人生，我可以变得更好；面对任何一项任务，我一定要做得最好，"虽千万人，吾往矣"……

亲爱的学弟学妹们，也许我们如同森林中的大树，"彼此孤独地兀立着"，但我们的根须，在泥土覆盖下的根须，是永远纠缠在一起的。所以，我要真诚地祝福你们。

你看，树化玉，集天地之灵气，聚日月之精华，化而为玉；你看，胡杨树，历经风吹日晒，终究练成不坏之躯：千年不死，千年不倒，千年不朽。亲爱的学弟学妹们，让我们共同以树化玉、胡杨树为榜样，一起书写汉开书院的历史，让书院因为我们而自豪！

（潘静宇同学现就读于南京市第十三中学。2018 年 11 月荣获南京市

莘莘学子

第十八届中学生作文大赛初中组二等奖；2019 年 5 月荣获南京市优秀学生干部；2020 年 6 月荣获南京市十三"三好学生"；2021 年 6 月荣获南京市十三中"学习标兵"。）

我的汉开青春三部曲

南京汉开 2017 级　廖宇凡

现在的汉开已经五岁了，很荣幸能陪她走过其中的三年。

三年的时间听起来好长，但时光真的走得好快，仿佛我昨天还坐在去军训的大巴车上，又仿佛昨天刚走出中考的考场，仿佛 2017 年那个夏天里的一朵花还没落地，三年就这样过去了。

和汉开告别其实还没多久，汉开校园里的那些画面现在也是历历在目——温暖的、喜悦的、自豪的，或是悲伤的、感慨的，那么多的回忆在脑海里交织着，在你想到他们的时候不管不顾地钻出来，不知该如何从记忆的线团里抽出一根线头。

回忆拉长，提起汉开，我总会不可避免地想到每天操场上做武术操的身影，想到校庆徒步时飘扬的校旗，冬节里手中热气腾腾的烤红薯，或是笑着祝我中考加油的食堂阿姨，活泼风趣的老师们和同学们，这样的回忆实在有点多。如果要用一个词来形容在汉开的生活，那就是快乐。快乐，一个简单到让人觉得有些俗气的词，用在这里却再合适不过了。

以一个校友的视角去翻看这些记忆是很不一样的。

在这一千多个日夜里，大家都有不开心的时候，也都有觉得很累，很想早点毕业的时候，但是很奇怪的是，当逃脱出这里的学校生活，用一个全局的视角从头去回顾这一切，对汉开生活的回忆也只有快乐和感激了。这种感觉像是在看一部电影，我仿佛看到镜头由远及近，看到三年前一个小姑娘怯生生地踏进了财八路校区的大门，看到她在这里经历的一切一幕幕地闪过，最后她从五华路的大门大步走出去，镜头拉远，视线里只留下一棵槐树在夏天炙热的阳光里轻轻摇动，沙沙作响。

序曲——初一

第一次踏进财八路校区的校门是伴着"千岩万壑不辞劳，远看方知出处高"的旋律，也是这首校歌，奏响了一部青春的交响乐章。

初一的生活是这部交响乐轻柔缥缈的序曲。

现在想起来，离开财八路之后，中间再没机会回去过，以至于对那个校园的好多印象似乎都模糊了，只是回忆起来依稀看见一些零碎的画面。进门有大大的池塘，池塘周围是班级树，左边有羊圈，顺着再往里走是操场……

翻出照片，我也是那群小小少年中的一员，对这里的一切陌生又好奇。初一的生活似乎是最纯真也最无忧无虑的，时间过得很慢很慢，好像每一秒都被拉长，让我们有机会去慢慢品尝这份新鲜感。在走进汉开之前，我从未想过可以奢侈地参与这么多活动，从未想过我的校园生活可以被高端学术领导力、特色外教英语、戏剧课填满，也从未想过每个人都可以有机会去表现自己。我很庆幸拥有过这一切，让我再去回忆的时候，发现记忆里全是绚丽的彩色。

这一年的生活是从初遇到熟知，从熟知到依恋的过程，像一包神秘的糖果，永远不知道下一颗打开的会是什么味道，因为下一秒总会有新的惊喜出现，这就是汉开的神奇之处。

中篇——初二

来到初二，学习生活的节奏逐渐快了起来，穿插着的校园活动让我们的生活更加忙碌，这时候的时间像一把握在手心的沙一样漏走，抓也抓不住。在这一年，我突然意识到我身边这群老师和同学们是多么的有趣，非常感谢他们在我最渴望友情和关爱的时候向我伸出了援手，让我自信起来，让我相信原来我也真的很不错。

初二下学期学长学姐们的毕业典礼对我有很大触动，那是我第一次那么真切地感受到时间的流逝。典礼最后又听到熟悉的校歌，我会去想一年后的自己也会在这里，最后一遍和大家一起唱响这首歌。我讨厌别离的场景，但是我却没办法让时间静止，所以我想在那个时候，如果能给自己和母校都留下一份令人满意的"礼物"，是我唯一能做的事情。

终章——初三

于是，带着这份念想，我来到了我的初三。

初三比我想象中的要充实和紧张——这部交响乐进入了最后的乐章。

这一年中考带来的压力在所难免，但这恰恰是我最不能忘怀的一段时光，之前对于考试并不太在乎的我也开始紧张起来。疫情后回到学校只剩一百多天了，时间似乎成了最珍贵的宝物。凌晨宿舍里台灯带来的一小片光亮，和窗外透着微微晨光的天空搅和在一起，指引着笔尖在纸页上游走。在天微微亮的时候，我喜欢打开窗户，把清爽的空气和新鲜的黎明放进来。透过窗户能看到空荡荡的明辨大厅，这时候什么都是安静的。我觉得每天的这段时间最能感受到汉开的心跳，因为我总觉得这种寂静的时刻人们的心似乎最容易贴近。

再繁忙的生活也要劳逸结合，每时每刻只会刷题从来不是汉开人的风格。于是我傍晚总抽出时间和小伙伴们去天台边上看落日，对着被夕阳染成橙红色的天空幼稚地许愿，幻想这片光亮能让我们冲破黎明前的黑暗，最终都能到达我们想去的地方。现在想起来，这份底气或许是来源于这三年的成长，正是有了大家的帮助，我才可以变成更加自信、坚强的人，才能走得更远。

汉开是一所强大而温柔的学校，那些汉开的良习、汉开的口号、汉开的精神，到现在都让我引以为豪。她不希望我们成为复制出来的模板，她总是用自己的方式引导我们成为一个独立而有特色的人。三年的旅途已经匆匆过去，我们都已走向更远的未来，不过这条路上，一定会有汉开的光芒默默照耀着我们，让我们无论走多久，都能找到前行的方向。

（廖宇凡同学现读于南京师范大学附属中学。2017 年 11 月荣获江苏省青少年科技模型竞赛一等奖；2018 年 5 月荣获第 13 届"全国未来工程师博览与竞赛"总决赛三等奖；2018 年 5 月荣获 2018 年江苏省青少年编程创新挑战赛南京市一等奖。）

此心安处是吾乡

——写在南京汉开书院五周年校庆前

南京汉开 2017 级　芮钦程

序　故乡

自汉开毕业，已近一年之久。想是留园的落花覆盖了泥土，新生的草木覆盖了落花，岁月被岁月所遮盖。物是人非，那些回不去又走不出的，我们称之为"故乡"。但于我，"乡"未"故"，"人"未"非"，远方的守候也是一种陪伴，因为母校的爱太深，时光太浅。

生命的喜悦

财八路的老校区，离开了，也就没再回去过，但我对汉开的记忆，有一半属于那里。曾经，在每一个最惬意的傍晚，我就爱坐在窗边，看天边黄与蓝交织的美好。就静静地，什么也不做，只是听着耳畔悠扬的校歌声一遍遍回响，我想是它把原本静止的时空一点点放大，让每一个瞬间的流逝成为生命中最悠长的时光。那时的我仿佛一个没有烦恼的小小少年，专注于每一节课堂，专注于每一次活动，专注于生命的每一个细节。

至今我回忆财八路的日子，都不会忘记那双澄澈的眼，和那眼中的光。那闪闪光芒应只在诉说一个愿望：做一个诗意的人，去享受生命一刹间的喜悦。我爱童真、爱幻想，过着是枝裕和笔下"一餐一饭，一生做好一件事"的生活。所幸，汉开这座不大的校园里给了我无限大的空间去拥抱这个世界。现想来，这份拥抱是那样笨拙，可又何妨？它给了我微笑下去的信念，告诉我这世界本不值得用泪水去面对。

这一年好似大团大团的棉花糖，咬下一口，并无实物，只是甜甜的，氤氲了我回忆里最快乐的时光。

向着天空生长

初二，和许多同龄人一样，我也陷入了生命的迷茫，探索着存在的意义。几度的思想斗争后，我还是离开了属于诗的童话世界，与孤独抗争着，踏上一片从未涉足的荒原。

我以孤傲为剑，单枪匹马征战于各学科的战场。凌晨五点半，凛冬的寒气为梦想的炽热所驱散。我伏案在洗漱台上，任纱窗将点点星光调作白砂糖，撒在书边的咖啡里。这样寂静的时刻，我总能听到村上春树书中"孤独之根一点点伸长的声音"。走过太多无人的夜路，我渐渐相信人世间的喧嚣热闹都只相似，孤独却各不相同。

可至少，我还有星辰陪伴的不是吗？我向他们诉说，倾听着沉默，也倾听着灵魂之歌。我向天空起誓：总有一天，我也要去到那最亮的地方，活成自己想要的模样。我于是一次次攀登，一次次跌落。所幸，在我每一个彷徨的日子里，丁老师总不失时机地告诉我："荣耀闪光的时刻不过一瞬，在平凡的日子里要学会像大树一样强根固本。"

借此机会感谢每一个引导我、照顾我、包容我的老师和同学们，谢谢你们给予我执拗如少年，让我得以在滚烫的人间路上，隐忍着坚强。一年的充实、紧张、忙碌与快乐里，我逐渐相信尘埃里也会开出一朵花，因为曾有漫天星光，亮透胸膛。

温柔时光的力量

钟楼上的九声祝福吹响了冲刺的号角，揭开中考的序幕，对于每个人都是难以忘怀的。但其实，初三也只是一种生活而已，对于我而言，这一年的节奏也并未太紧张。秉持着"身体是革命的本钱"这一要义，每周五放学后我都会去打篮球，有时甚至抱着球去办公室邀请平哥一起。曾经我所认为的"办公桌下都没两三个球，哪能叫班主任"的刻板印象被彻底否定，取而代之的是他所教导我们的"每天踏踏实实地努力，结果没有悬念。"

与此同时，为了提高阅读写作水平，我加大了阅读量。其实阅读就是一种建立与刷新世界观的方式。一年的阅读，也让我建立起自己的第一个价值体系。在大量的散文、小说中，我相信自己越来越清楚地看到，无穷的远方有无数的人们，用成千上万的声音追求同一个目标，以不同的名称呼唤同一些神灵，怀着同一些希冀，忍受同样的痛苦。也许就在某一个瞬间，作为读者的我们会彻悟这世间冷暖，察觉到人性之中的温存与辛酸，看见那由千百种矛盾的表情神奇统一起来的人类的容颜。

因而，这条漫漫征途上再也不是一个人的战斗，那份不期而遇的温暖与生生不息的希望，便是我们走下去的精神支柱。

后记　当时只道是寻常

这篇文章本是要写"汉开，我想对你说"，可说些什么呢？那些思念、感恩，亦或悲伤、牵挂，在笔下欲言又止，不知从何思量。因为我的汉开记忆早已在漫漫时光中与喜悦、拼搏、感动、成长等等情感与信念混合，才下笔尖，又上心间，让我几乎分不清哪一个是故事，哪一种是情怀。

三年的汉开生活让我所能表达的一切言语显得苍白而空洞，我只想用我的汉开故事对您说："这三年，我很快乐。"因为我想，这也是母校的初衷吧。我会带着您的祝福，走到很远很远的地方；当校歌声响，我也会记得家的温暖与方向。

愿母校五周年，生日快乐！

（芮钦程同学现读于南京师范大学附属中学。2019 年 12 月荣获浦口区阳光体育节联赛田径比赛初中部一等奖；2020 年 2 月荣获南京市随园杯物理竞赛市二等奖。）

汉开，你温柔了岁月

南京汉开 2017 级　樊怡文

不知不觉，汉开的晚风已经吹过了我的三年青春时光，而我也快毕业一周年了。还记得每年校庆的徒步活动，都在我的记忆中留下了一道深深的痕迹，如今还感到遗憾的是初三那年校庆，因为疫情我们没能体验徒步30公里。如今，回想起老山环湖我们一步步踏过的脚印，这些独属于汉开的故事，都在记忆中沉淀。

汉开五岁了，来日方长的故事还在继续。到了高中，忘不掉的还是家的模样，曾经有些发困的早读，气喘吁吁的大课间，埋头学习的晚自习，现在留下的都是最美好的样子。依稀记得，中考前的傍晚，在图书馆后，总能看到最亮丽的晚霞，闪烁着每一个少年的梦想……

汉开给我带来的不止于中考，steam 课程、探究性学习、寒假职业体验活动以及领导力，在高中都给我带来很大的帮助。社团的拉赞助、做海报，写 report 时的经历与活动让我拥有更多的素材与话题。不久前我申请一个峰会活动时，提问为"你和别人的不同之处以及描述你参加过活动"，长跑让我更加坚毅，汉开讲堂拓宽了我的视野，团体活动提高了我的"cooperation skills"，"汉开春雨"给我提供了志愿者（义卖）活动的平台……感谢汉开，让我更加独特，更加从容。

永远不会忘记毕业的那个夏天，不会忘记最后一次跑操，风呼啸而过的声音，更不会忘记毕业聚会上校歌一遍又一遍回荡在我们心间。

祝福母校，生日快乐！

（此文写在母校五周岁生日之际，樊怡文同学现读于金陵中学高一剑桥班。）

无体育，不汉开！

南京汉开 2017 级　李东仪

前几天收到初中同学发来的消息："五月六号校庆，你来吗？"一下子把我从期中考试复习的紧张中拽了出来。

汉开！校庆！

一回忆起汉开，一副长长的画卷便在脑海中展开，种种美好扑面而来：开放包容的校园氛围、多彩的课程设计、认真负责的教师团队、和谐且充满欢笑的宿舍生活（笑）……思虑再三，我决定谈谈汉开的体育精神，那独特的，要求每位学子都跑完三公里的，对我影响至深的体育精神。

初三的时候学校举行了首届微型马拉松，那是我第一次站在柏油马路上凝神等待发令枪响。开跑之后，随着身边的人越来越少，我狂跳的心逐渐平静下来；冬天的晴日里，我感受着吸进的每一口冰冷的空气，看着路边飞快掠过的各色草木。一路上有许多被我所超越的人，也有超越我的人，胜负欲在心中来回乱窜。可当我冲过终点线时，我幡然醒悟，这本来就不是一场竞技，而是一场跟自己的较量：他人的快慢与我无关，只要我比昨天的自己更快就好。汉开的体育精神要义：战胜自己。

去年校庆，我们在操场上完成了一项壮举：25x400 米，总共一万米的接力。因为班级人数原因，我被安排在男生第一棒与最后一棒。女生们跑得都很好，为我们班拉开了一些优势，而我持着"无论如何也要保住大家一起努力创造的优势"的信念，从女生那里接过棒便一路狂奔，刷新了自己的 400 米纪录。交接棒时，我的好友（下一棒）对我说了声"谢谢"，也如离弦之箭般冲出。我记得很清楚，红色的接力棒，在他手中仿佛挥舞成一团火。在汉开，体育从来不是一个人的事情；汉开的体育精神，在很大程度上是团队精神。

运动，应该是一种习惯，而汉开的教育，正是在培养这种习惯。

热爱体育仅仅是汉开馈赠给我的礼物中的一小部分，更多的，比如不睡懒觉、不请家教等，都深深镌刻在我的心中，时刻提醒着我：明辨不惑，力行有品。

最后，真挚地祝福母校，五周岁生日快乐！

（李东仪同学现读于南京师范大学附属中学。2018 年 3 月荣获"爱武术杯"第十六届香港国际武术节武术套路大奖赛集体拳术一等奖、集体器械一等奖。）

心中有方向，脚下有力量

南京汉开 2017 级　刘叙颜

（一）槐树下成长

"心中有方向，脚下有力量"，这句话源自于我在汉开的好友伏欣雨在一次演讲中所提到，每当迷茫时我都会想到它，想到汉开。

对于汉开，我始终怀着崇高的感激之情，在我人生中最重要的阶段，她引领了我的方向。

在汉开我认识了很多好朋友，大家一起共同进步。即使上了高中后，大部分也仍保持着联系，有时我还会回汉开看看现在留在汉开的同学们，和他们在同一个教室里再听听课。当学习压力太大的时候，我就会抽出时间和好朋友们打打电话，很多事情聊聊天、吐吐槽也就过去了。不得不说在汉开三年里认识的朋友们，一定是我人生里不可多得的财富。

汉开的活动很多，对于我这个活泼好动的人来说无疑是很多展示自己的机会。那个时候自己编过篮球赛的啦啦操，也排练过全班的汉开春语节目。体育方面的活动也很多，比如长跑、攀岩等等。经过了三年的历练，我成功爱上了体育，金中的大课间大家跑得上气不接下气的时候，我有时还会觉得跑得不够快，还有就是热爱篮球，在金中也报名了篮球的体育选修课。

（二）梧桐外远行

经过了中考，我以 631 分的成绩考入了金陵中学。高中老师不会再像初中一样一直盯着我们，自主学习成为常态。要自己主动去问老师问题，抓住一切机会解决自己的短板！这时候我越发意识到了汉开良习的重要性，做任何事都要有规划，我在晚自习开始前，会坚持把晚自习的时间好好规划一番，提高做作业的效率。有余力的情况下还会看些课外书来提升自己的文学素养。希望能够在金中慢慢取得更大的进步，"每天进步 0.5，我的人生我做主"！

高中生活会和初中生活有很大的不同。但是永远不要忘记自己在汉开所学到的良习，真正离开了才会知道初中三年是多么珍贵，希望每个人都

可以做到"心中有方向，脚下有力量"。

（刘叙颜同学现就读于南京市金陵中学。2018 年 5 月荣获澳大利亚数学竞赛二等奖；2020 年 2 月荣获南京市随园杯物理竞赛三等奖。）

忘不了……

南京汉开 2017 级　王姝月

　　每当我和同学谈到母校时，我就特别自豪，在汉开的三年里，我做了许多有意义的事，现在想想，满是幸福。"明辨不惑，力行有品""不忘初心，方得始终"，我一直谨记于心。

　　我忘不了刚进校园时与同学约定的"相约 2030"，当时觉得写给未来的自己一封信是一件十分幼稚的事，蓦然回望，才发觉那竟是我与你一份不可多得的羁绊。那羁绊埋在地下，也埋在我心里。这是汉开人的深情。

　　我也忘不了与同学在操场上挥洒汗水的模样，3000 米，一个貌似遥不可及的数字，我们却坚持做到了。当时苦不堪言，现在却能帅气地迎风奔跑，背影飒爽。还有雪中赤脚跑步、校庆徒步，磨炼了我们的意志，坚定了我们的信念。这是汉开人的英雄气。

　　（王姝月同学现就读于中华中学。荣获南京市第十九届作文竞赛市一等奖；第 24 届全国中小学生绘画书法作品比赛二等奖；"七彩语文杯"作文省赛省二等奖。）

难忘的汉开体育

南京汉开 2017 级　王启瑞

如何才能让自己坚持学下去？我们确实需要一个能让我们放松的东西，但这种东西或许不应该只能是游戏、动漫或聊天。对此，汉开提供了一个很好的选择，那就是体育。

汉开是我见过最重视体育的学校，她的很多活动都与体育相关，而且并不仅仅只是对于某个人的活动，而是全体学生和老师。其中让我记忆最为深刻的是 3000 米的长跑，那七圈半简直是个噩梦。汉开要求学生几乎每天都要去跑步，这很累，但这很有效。在初一初二这跑步的魅力或许还没有显现出来，但到了初三的下半学期，已经没有什么活动能让我们去放松了，只能把在学习、生活产生的一些不稳定的情绪发泄到跑道上，这时候我们会发现有一个好的身体可以让人重拾信心，敢于面对残酷的现实。

（王启瑞同学现就读于金陵中学。）

莘莘学子

汉开，家的感觉

南京汉开 2017 级　吕彬灵

　　汉开，是一个能让你想起家的地方。作为学生的我们三餐四季都在学校度过，每天都忙忙碌碌。可是每年母亲节的时候，汉开都会给我们送来一封家里面的来信；每年春天都带我们种下一棵理想树，让我们看得见希望；每年冬节，让我们包饺子、炸爆米花，让我们亲自"下厨"感受人间烟火气；还有每年都让我们经历头疼的 3000 米测试。每每想起我在跑道上，老师同学给我的欢呼、加油，我就会明白，其实除了家人，我还有汉开的同学与老师。他们总会一直伴我左右，陪我走好多好多年。那时候我会告诉自己，再坚持一下吧！当然，还有我们二班的特色——生日会。丁老师总会抽出时间，不管多忙多累，每月总会有那么一天，给同学们过个生日，吃一口蛋糕，抹一脸奶油。吃在嘴里，甜在心里，后来才发现，那是以后很多年都忘不掉的味道。

　　（吕彬灵同学现就读于金陵中学河西分校。）

家长心声

"相约 2033"，共创人生豪迈！

小学部　王钰涵同学的母亲

我是六年级（1）班王钰涵的家长，是汉开小学部的第一届家长，也算是家长中的元老了。今天到校比较早，有幸旁听了初中部二年级的散学礼。我的感受是，对汉开初中充满了期待，对王院长的团队更加信任。

曾经，有人问我："你是汉开领导的亲戚吗？"我想了下说："我也姓王，和院长 500 年前可能是一家，这算不算亲戚？"后来我知道，是因为在一些家长群里，我总是会说汉开的各种好，会不自觉地和别人分享汉开的理念，然后，就被认为是"汉开领导的亲戚"了。这个别人眼中的"亲戚"，一做就是三年，接下来，还要做三年，也或许，是六年。

刚刚结束的高考全国卷作文题目，大家都有所闻。其中的问题是，管仲、鲍叔牙、公子小白，你 pick 哪一个？有人说，这三个人的故事，揭示了人与人相处最好的模式，即互相欣赏，彼此成就。三个人中，但凡有一个人心胸狭隘，格局低下，就没有春秋五霸之首"九合诸侯"的佳话。"格局"这两个字，用在一个 12 岁的孩子身上，或许有些夸大。但是，这是我认为在汉开三年来，王钰涵最大的收获。

昨天我俩聊天，说到这次她的发言稿，她说："要是能把每个小朋友都说到就好了，可是时间太短了。"于是，她就从学号 1 号戴雅伦开始，全班 31 个孩子，每个小朋友的优点或者特长，在活动中的精彩表现，发生的好玩的事情，都如数家珍般娓娓道来。其中还提到了很多家长，比如帮我们种菜的丁可一奶奶，给我们提供美食的郭鹭涵爸爸，扮成圣诞老人的程煦卿爸爸等等。我发现，在她眼中，每一个人都是发光体，每个人都有很多的闪光点，她认可、欣赏，并且怀有一颗感恩的心。她有这样的想法，让我意外，更让我欣喜。而追其根源，是因为汉开的滋养。

家长心声

369

在汉开，不会仅仅因为分数论短长，不会仅仅凭借班级担任的职务分高低。在汉开，每一个学生，都是独一无二的作品；每一个学生，都被尊重，被肯定。而这种文化和氛围所带来的影响，就是同学们之间的互相帮助，互相配合，各展所长，共同进步。

作为家长，我希望我的孩子德才兼备，品学兼优。可是，德行的培养，格局的形成，却远非我个人能力所及。而汉开，恰恰弥补了这点。在汉开，无处不格局。"无体育不汉开"的勇敢，"每临大事有静气"的定力，"我是汉开人，请看我可能"的豪情，"每天进步 0.5，我的人生我做主"的坚毅，"实力与微笑，汉开能做到"的自信……这些，都是汉开给予孩子们的营养，是汉开学子未来信步全球应具有的格局。亲爱的同学们，虽然你们即将毕业，但是我相信汉开的精神已经融进了你们血液里，让我们"相约 2033"，让我们共创人生豪迈！

2020.7.18

（王钰涵现就读于汉开初中部。2018 年 3 月荣获"爱武术杯"第十六届香港国际武术节武术套路大奖赛女子拳术第六名、集体器械一等奖；2018 年 12 月荣获江苏省第三届小学生武术锦标赛、小学长拳 1-2 段集体一等奖；2020 年 10 月荣获南京市青少年阳光体育节校园啦啦操总决赛初中创意啦啦操自编自创套路二等奖；2020 年 11 月荣获南京市第二十六届中小学师生科技创新大赛二等奖。）

喜欢汉开的 N 个理由

小学部　縻思泽同学的母亲

作为家长喜欢汉开，最直接的理由——我可以不用再吼孩子作业了，只需要负责培养良好的亲子关系。和大女儿不再是对头，而是朋友。曾经，我和千千万万个焦虑的妈妈们一样，被这个焦虑的社会裹挟前进，纵使我知道应该静待花开，但是我做不到：威逼利诱孩子参加各种兴趣班、辅导班，把她的日程安排的满满当当；嘴上说不在乎成绩，但又觉得成绩代表努力的程度，当知道她成绩上上下下时我也会暴跳如雷；看到她磨磨蹭蹭，我总会受不了，却忽略了孩子成长的规律……有段时间，我和老大的冲突到了水火不容的地步，重压之下，我和孩子都暴躁易怒。我非常惊恐，这不是我想要的，当她把精力都耗费在了和我的斗争上，又怎么有心思去学习呢？

非常庆幸，这个时候我知道了汉开。带着孩子，带着家人，我们一起来到汉开。一进校园，就被美景吸引住了——校园不大，却是那么温馨，可爱的小羊、小兔可以在这里安家，这里到处都是孩子们的作品，脸上洋溢着阳光与自信的学生们，随便找一个问："你觉得汉开怎么样？""我非常喜欢汉开。""这里很好啊！""老师很和蔼。"这个校园那么自然，不带给人一点点的紧张感。

喜欢汉开的第二个理由——美丽的校园、可爱的小动物。去年当大女儿参加完入学测试后，告诉我："妈妈，我觉得这里特别亲切，就像家一样。"

喜欢汉开的第三个理由——汉开的教育理念。真正深深吸引我和孩子爸爸的，是汉开的教育理念，王院长的教育抱负。正如校训：明辨不惑，力行有品。知识和技能很重要，但更重要的是品格，我和孩子爸爸更希望孩子成长为一个热爱生活，拥抱生命的人，无论未来有多少苦难险阻，她

们都能勇敢面对，荣辱不惊，信步世界，这才是一个鲜活生命本应有的色彩。成绩之外，有太多的东西值得孩子们去学习、去感受！感谢汉开给了孩子们这样的学习机会。

丰富多彩的校园活动，是践行教育理念的最好方式。这也是我们喜欢汉开的第四个理由——丰富的校园活动。录取礼、开学礼、春夏秋冬节、运动会、万圣节、周末餐厅、科学节、校庆、汉开嘉年华、散学礼等等，数不清的活动，或孩子们自己参加，或亲子互动，每个孩子在这里都能找到自己的舞台。在这里，孩子们明白了每个人都有擅长与不擅长的，我们不用自卑，也不能盲目自信，每个人都有值得我们学习的地方；在这里，孩子们感受到了生活的美好，探究科学的快乐，运动流汗后的酸爽；在这里，每个孩子体会到了，我是这里的主人；在这里，我们见证了孩子们的成长。

喜欢汉开的第五个理由——老师们个个爱心满满。有一次孩子生病了，身体不舒服，老师给她爸爸打电话，让他去接。回来后，她爸爸就说了："老师们真不错，我一去，发现糜思泽躺在老师办公室的躺椅上，身上盖着厚厚的衣服，还有一个大围巾裹着，真是幸福啊！"这就是孩子们的老师，交给这样的老师，我和孩子爸爸还有什么不放心的？

喜欢汉开的第六个理由是——汉开的有着非常开明家校对话机制。学校对家长的反应非常迅速，积极和家长们沟通情况。在和学校沟通过程中，能感受到学校的真诚与坦诚，勇于直视、不推诿、开放的心态，让我们家长觉得：是的，这就是我们想要的家校关系，我们不用担心我们提问题，老师会为难我们的孩子，我们尽可能客观的提问题，对事不对人是我们的宗旨，我们不想伤害任何一位老师或者学生；为了孩子是我们共同的目标。我们家长希望见证孩子的成长、老师的成长、学校的成长。非常开心，汉开一直都在努力！作为家长，我们希望汉开能一直努力下去！

喜欢汉开还有很多很多理由：漂亮的校服、明亮的教室、朗朗上口的校歌、青青小菜园、班级树、写给十五年后自己的一封信……太多太多了。

2018.8.31

（糜思泽同学现就读于南京汉开书院初中部。2018 年 5 月荣获"爱武术杯"第十六届香港国际武术节武术套路大奖赛集体器械一等奖；2018 年 3 月荣获"爱武术杯"第十六届香港国际武术节武术套路大奖赛女子拳术第三名；2020 年 11 月荣获南京市第 22 届运动会青少年部·攀岩少年 B 组女子速度、攀石、难度、全能第三名。）

行汉开大道，享迤逦风光

一年级（4）班　郑迤丹的母亲

刚刚成为一年级家长的我，最期待最希望的就是孩子在学校能够愉快地学习，享受学习的乐趣，汉开书院做到了！原本我还有些焦虑，忧心忡忡，怕孩子不适应，怕孩子厌倦，结果每次等她放学，看到孩子从校车上走下来，脸上都洋溢着笑容，我就偷偷感到欣慰，果然是我多虑了，她在学校开心着呢。和她交流时，提起校园生活，她也总是津津乐道。

汉开书院校园整洁，恬静优美，有寓意，有情怀，学习氛围浓厚。每一次走进校园，都欣喜若狂，仿佛自己也是一名学生。经常会有一些路过的孩子们，主动和参园的家长问好，老师和其他工作人员也都很热情。把孩子交给这样温馨的学校，我感到十分放心。

九月三十日，我参加了学校组织的"家长开放日"。小学部梁主任发表了声情并茂的精彩演讲，我再一次感受到汉开书院优秀的教育理念和优质的教育体系。汉开书院积极传承中国优秀的传统文化，特别的是武术和象棋，激起了孩子们浓烈的兴趣，既强身健体，又锻炼心智。我的孩子在家中，总是自告奋勇地展示她学习到的武术动作，讲述她学习到的象棋知识。汉开书院同时又与世界接轨，开展了英语课程。英语课堂上，笑声连连，孩子们与老师积极互动，真正做到了"玩中学，学中玩"。学习英语原来可以这么轻松愉快，当时坐在班级听课的我，着实很羡慕那些可爱的孩子们。我的孩子从听不懂外教老师在说什么，到可以听懂一些，到喜欢上外教课，我感到很欣喜，我相信在老师的教导和鼓励下，孩子的表现会越来越好。

汉开书院的老师们，认真负责，有耐心，有细心，更有爱心，用心地对待每一位学生和学生家长，勤勤恳恳地施教，认认真真地解惑。老师们总是积极主动地与家长沟通，让我们家长感到很亲切很温暖。无论是在学习知识的时候，还是日常生活中，汉开的老师们总是在倡导和强调，共建良习。坐校车时，孩子们安静有序；在学校就餐时，孩子们安静有序；在大厅集会时，孩子们安静有序。不以规矩，不成方圆。我相信，老师们以身作则，家长们积极督促，孩子们一定会养成很多的良习。

孩子是家庭的未来，也是国家的未来。在汉开的大道上，我们必将一起成长，一起进步，一起共创美好未来。

2020.5.22

选择成就卓越，从心无问西东

中学部　禹悦同学的父亲

（一）2016 年相遇，与汉开相互的选择

千言万语不知道从哪说起。我们只是普通孩子家长的一员，在选择孩子在哪读书的问题上也是有选择困难症，说实话，刚开始选择汉开，主要是因为相信在教育界久负盛名的王占宝院长。通过咨询区教育局和相关一些老师的介绍推荐，网上查询了解王院长的教育经历，认真学习了汉开学校的办学理念，觉得这是我们一直在寻找，并希望能给孩子的教育模式。后来又对学校进行了实地考察，听教育理念讲座，参加了汉开书院首次"五月生日会"英文主题学习活动……越了解越惊讶，这是一所国际化的学校，她所注重的是培养具有中国精神的世界公民与未来领袖，让优秀者更优秀！让平常者不平常！学校精心细致的从录取礼、校服、校徽、校歌、校园布置、途中课程、教师选聘、汉开讲堂、汉开六艺、steam 课程、英语戏剧课程、探究性学习、慈善义卖会、汉开快闪、致未来的自己仪式等等，一路走来，无处不精彩！蔡元培先生曾说："决定孩子一生的不是学习成绩，而是健全的人格修养！"我们坚信，汉开能做到这一点。所以，在 2016 年的 9 月，我们交给汉开一个孩子，期待归来一个不一样的孩子。

（二）孩子的成长

当然，光有理念不行，还要看实际成果。我的家庭比较特殊，孩子妈妈因为工作关系长期在外地，周末回来，女儿上小学时老人照顾时间较多，这也导致了教育上一些不好的现象，一是孩子生活自理能力较差，二是与女儿交流沟通时间少，孩子有时任性，有些叛逆。初一住校，我们心里也没底，不知道孩子能不能适应。让我们惊喜的是孩子逐渐懂事了，生活能力强了，原来不会梳辫子，穿衣不知道整理领子，两个月后都自己能轻松

做好了，女儿脸上自信的笑容也多了；原来小学作业还要家长检查，现在女儿说自己的事自己会做好，不懂的会自己找老师同学问清楚；特别是原来孩子不喜欢运动，身体抵抗力差，经过初一学期的跑步、太极、双节棍等体育锻炼，可以轻松的跑个几千米了……初一徒步十公里，初二徒步二十公里，今年还参加了书院女子篮球比赛，二班的姐妹们喜获女子团体一等奖，看着女儿比赛回来脚上起的蚕豆大的血泡，听着她兴高采烈地讲述比赛经过，我们既心疼，又欣喜，女儿健康快乐的长大了！集体生活还教会了孩子们互相照顾，互相帮助——每天回到寝室，每人合理分工，节省很多时间。

2018.8.31

（禹悦同学现就读于南京市中华中学。）

感 恩

中学部　丁家宜同学的母亲

（一）尊重

记得在我们第一次和 Chris 主任面谈过程中，正好有学生进到家长事务中心，我们发现学生和 Chris 主任像朋友一样愉快地交流和沟通，和谐融洽的画面依然历历在目！后面每一次的家长会，书院用心的安排都让我们感觉如"座上嘉宾"，每位老师点对点的沟通都是在和孩子一起交流的情况下进行，再也不用"背着孩子"，再也不用家长转达。书院尊重家长、尊重学生，老师与学生也亦师亦友，孩子在这样的环境和氛围下，学会尊重他人，更重要的是学会尊重"自己"。尊重自己的学业、尊重自己的时间、尊重自己的努力。丁家宜进入汉开后让我们感受到最大的变化就是：学习是她自己的事，她自己知道她想要什么。她树立了考上一所英国名校的梦想，并且慢慢知道如何才能到达彼岸。

（二）仪式感

记得去年期中表彰会上王占宝院长的发言材料中有这样一句话："荣誉，来自奋斗。特别的荣誉，来自特别的奋斗。"这句话是鼓励汉开学子必须要具有比别人更坚韧的毅力、更强大的拼搏精神、更别具一格的创新意识、更博大的胸怀。当时在现场的我感同身受、心情久久不能平静，不仅是因学校有这样的教育理念而激动，更是因为书院通过将学生获得的荣誉收入书院典藏库的"仪式"来强化"荣誉"的重要性而倍感鼓舞。在汉开，这样的"仪式"随处可见，在新生入学时王院长郑重地向每一位学子递交录取通知书并亲自充当"导游"，带着学子们一步一景，阅读汉开，让孩子们感受到重要和被需要；每年举办的"迎新西餐会"上，老师、家长、学生都盛装出席，晚会上节目精彩纷呈……我想，这样的"仪式感"

就是温度、就是力量，就是对生活的热爱！

（三）适合

2018年12月初，天气寒冷，天空中飘着绵绵细雨。我和孩子的爸爸怀揣着各种不放心和不安将孩子送进汉开。我们心里不断地问自己，这条路我们帮孩子选对了吗？课程孩子喜欢吗？全新的教学模式孩子能适应吗？孩子进入汉开后，我们没有看到"原本以为"的刷题或全面放松，而是做学科思维导图、小组课题研究、项目汇报等，我们发现孩子充实又忙碌着。2019年5月份孩子顺利通过了第一次的英语和数学IG大考，还获得了奖学金，这让我们不安的心慢慢放下。更让我们欣喜的是，在学校、老师的帮助下，孩子在其他各个课程学科的学习上也崭露头角。如果说孩子学习上的进步是我们将孩子送进汉开最初的基本愿望，那么，孩子进入汉开后担任了班长职务，协助老师进行班级的管理；孩子能作为散学礼、新年晚会的主持人并且能用英语进行主持；还有孩子自信心的日益增长……这些成长和变化给了我们意外的惊喜，让我们对孩子有了重新的认识，我们不禁感叹原来我们的孩子也是挺"优秀"的！这让我们由衷地感谢汉开，汉开是"适合"孩子的，因为适合所以最好！我想这就是汉开"善育英才"最好体现——让平凡的孩子变得优秀，让优秀的孩子变得更优秀！

（四）判性思维

在汉开众多的学科中，我们特别喜欢其中全球视野课程，通过选择不同的课题提交给孩子们，让孩子们以小组为单位进行研究并形成小组意见进行展示和陈述，涉及的题材和方向非常广泛，包括人权、同性恋、塑料的危害性等等。这和很多国内课程不一样，没有"标准答案"可言，我们的孩子们要想很好的完成"作业"，不仅仅像传统课堂里面的认真听讲——完成作业这么简单，而是要具备独立思考能力，处理和评估不同类型的信息源，逻辑思考并提出有条理和连贯的论点，最终做出判断、建议和决定。这样的过程，很好地帮助孩子形成自己的学习体系，不断提升自己的"批判性思维"。正如一名教育学家所说：'教'是有限的给予，而'学'却是无限的吸收；教给了孩子思考的能力，也就给了他们无限的可能性。"

回顾进入汉开以来的这一年半时间，孩子的成长是看得见的，她开始喜欢自己的课堂、发现自己的乐趣、承担自己的责任、发掘自己的潜能。汉开教会了孩子很多比知识更重要的东西，老师们的身体力行也激励着孩子做一个积极向上的人！

IG 阶段的学习已经结束，下学期孩子们将进入全新的、更具挑战性的 A-LEVEL 课程的学习。希望每一位孩子都能珍惜这样的学习环境和资源，能够掌握正确的学习方法与思维模式，茁壮成长，享受与国际接轨的教育体验。

最后，请允许我代表全体家长对每一位书院的老师表达感恩之情，感恩你们用实力、魅力、良善和社会责任感成为学生的榜样和领路人；感恩你们对教育充满热爱并愿意把教育当成一种生活方式；感恩你们一直以来给予孩子们的悉心照顾、谆谆教诲以及关爱与陪伴！

祝愿汉开的未来更好！更高！更强！

2020.6.31

（丁家宜同学现就读于南京汉开书院高中部。）

别躺平，起来飞

中学部　刘心诺同学的父亲

大家好！我是刘红杰，刘心诺同学的爸爸。邵老师叫我作为家长代表上来讲几句话，一开始我是拒绝的，因为我觉得作为家长我与别的家长相比还不够优秀。后来邵老师说："你想多了，你是作为家长代表，不是让你代表家长。"这两个词是不同的，前一个代表是名词，只要你是家长就ok，后一个代表是动词，It's different。我想想是这么个理，所以今天就上来了，作为汉开家长代表，代表我自己说一下感受。

第一个感受是汉开的家长事少。

现在很多学校都希望家长能配合学校一起监督孩子的学习，会给家长布置各种任务。家长们在一起，话题里全是孩子成绩，手机里存的一堆真题集，看见"提分宝典"两眼放光，在单位里常常抵制出差。"明天去北京谈一个一亿的合同。""No，我儿子明天要单元测试。"但孩子对这样的陪读却非常反感，亲子关系紧张（据说亲子矛盾已经是现今社会的主要矛盾了）。陪孩子做作业时，要无数遍地念"这是我亲生的，这是我亲生的，亲生的，我亲眼看到他从我肚子里出来的"，才能忍住不站起来发火。他们问我汉开怎么样，我就羞愧地回答："我们不一样，不一样，不一样，我们是父慈子笑，学校几乎不需要家长做什么。"有时候我会觉得自己是不是太不合格了，于是就去讨好地问心诺："你有什么不懂需要我讲解的？""No。碰到不懂的我会在课后问老师，另外我们还有学习小组，还有一帮一，有时候晚上还有小老师课堂，不需要你教。"我不甘心："那要不要请个家教？""No，no，no，汉开的理念是给家长省钱，不提倡家教。"后来她看我有些失望，就说："我如果觉得需要请的时候会和你说，你准备好钱就可以了。"虽然汉开家长事少，但家长对孩子校园生活的了解还是非常全面深入的。老师们会把学校里的事情都拍照上传到家长群，把每周的课堂学习总结发到群里,把孩子们的行为表现评价发给每个家长,有问题还可以去参加家长沙龙,家长会都是一对一的,所以汉开的家长才能事少而不焦躁,家庭和谐。家长有时间有精力做好自己的工作,用自己良好的工作状态和工作成绩给孩子做榜样。最近流行问一个问题:什么是快乐星球?我觉得汉开的孩子和家长各美其美,美美与共,这就是和谐社会,快乐星球。

第二个感受是,与汉开家长事少相反,汉开的学生事很多。

多的让人眼花缭乱,什么汉开春语、20公里拉练、甚至雪地里赤脚跑,还有各种社团、各种节庆……心诺一会儿在家做头饰要义卖,一会儿要做手工皂,说是社团手作,一会要做三明治,说要给运动员吃,一会要排戏剧……真的是学科丰富,文化多元,心系中华,面向全球。对于这点家长既欣赏又有些担心,毕竟孩子的精力是有限的。结果每次大考,汉开学子们拿出来的成绩都创新高,刚才大家也看到了,很多同学拿了国际金奖。不仅课堂类竞赛得奖,武术、乒乓球、唱歌啥的也得奖。我也真切地感受到了刘心诺在成长,因为我现在和她吵架已经吵不过她了。以前我是压倒性的胜利,现在不行了,别人是一千个伤心的理由,她能找出一万个她正确的理由。她跟我说,她们课堂上老师专门教过他们吵架——应该是辩论的技巧。什么是观点,什么是判断,什么是评价,怎么偷换概念,都会专门训练,我一听,人家是专业的,我是业余的,我不冤啊。汉开学生事多但不慌乱,教贯中西疗效好。我相信在汉开,孩子不一定个个成学霸,但一定能个个成"全人",成为"明辨不惑,力行有品""既能读书,又会吵架",认知素质和情意素质全面发展的人。

家长事少不焦虑,孩子事多不慌乱。作为家长代表,我要感谢学校,感谢老师的智慧教育和辛勤付出。其次我觉得要感谢家长。能有现在的结果,首先是家长们选学校选得好,有眼光啊。最后最重要的是要谢谢我们的孩子,归根结底是你们努力奋斗的结果。

再过几年,你们大多数人会离开家,去闯荡世界。一想到这个,我们这些做家长的就会揪心。你们可能觉得自己已经长得很大了,但是在我们心中,你们"还是个孩子啊",无论现在家长在嘴上对你们有多大的不满意,在心中,你们都是我们最珍贵的宝,我们所做的一切都是希望你们离开我们以后,有能力快乐生活,能独立展翅翱翔。为此我们会在现在对你们严格要求，怕你们以后吃苦。中间有些做法可能会不妥，请你们理解。我们很多也是第一次做父母，也在摸索中，也会犯错。

刘心诺曾经说，世上有三种鸟，一种是先飞的，一种是嫌累不飞的，最后一种最讨厌，自己飞不起来，就在窝里下个蛋，逼下一代使劲飞。我知道她在批评某些家长。可是孩子们，你们有没有想过，如果能飞，那该是多么美好的事情。前几天"神舟"十二号上天，我看到宇航员透过舷窗回看地球，太美了，你们难道不羡慕吗？那一刻我是真的希望我也能飞。我觉得为了享受这份美好你们要逼自己飞，不需要在乎家长怎么想。自己能看到好风景，又给了家长面子。

在这里，我再和你们分享一个段子。话说一只鹦鹉和一只猪一起坐在飞机上，鹦鹉大声地嫌弃空姐服务不到位，这不好，那不好，猪也在一旁附和，后来空姐把鹦鹉和猪从飞机上扔了下去。下落过程中，鹦鹉问猪，原来你不会飞啊，那你为啥也那么胆肥？这个段子告诉我们：一个人如果没有本领，有些事情别人能做，你是不能做的。自由都是以实力为前提的。没有钱，就没有买这买那的自由；没有才华，就没有随意跟老板请假的自由；没有颜值，撩妹的自由都会大打折扣。我的地盘我做主，做什么主，公主？教主？没有实力，你做不了主，你大概率只能做猪，那只不会飞的猪。

孩子们，你们现在是豆蔻年华，一生中最好的时光，我们衷心地希望你们能保持善良、勇敢和好奇，坚信现在的自律和辛苦都能变成未来的自由和幸福。你们要做自己的英雄，趁年轻，为未来的美好而拼搏！哪怕现在普通，也要充满自信！普信男是调侃我这样的中年人的，与你们无关。偶尔躺一下可以，千万不要一直躺平，要起来 high，起来飞！记住："我是汉开人，请看我可能！"你们的目标是四海，五洲，天外，你们的未来是日月，星辰，大海！我们一直不许你们骄傲，但你们一直是我们的骄傲！

祝福你们，祝福汉开！

2020.6.31

（刘心诺同学现就读于南京汉开书院高中部。）

云南少年在汉开的进阶

中学部　谢孟翰同学的母亲牟敏嘉

小学时期，当妈的对小学的知识体系驾轻就熟，对待孩子脾气暴躁，连吼带骂，而孩子呢，对父母的任何安排、提出的任何要求委曲求全，一声不吭，无条件执行。

小学六年，孩子的学习生活是这样的：

下午 16:00 学校放学，

16:30—18:00 打篮球；

18:00—19:00 吃晚餐；

19:30—20:00 弹钢琴；

20:00—21:30 做作业；

22:00 睡觉。

这种全方位的规划、掌控孩子的生活、学习、休息时间，做妈妈的很有成就感，也很自豪：

"瞧，我的孩子多听话，每天放学回家，一分钟都不浪费！"

2017 年 9 月到 2018 年 9 月，观察孩子在南京汉开书院初中一年级的学习与生活，我最深的感悟就是：从前，我是把孩子放在鱼缸里，用我自己的方式在养，孩子只能团团围着自己的尾巴在鱼缸里打转，想要挣脱，却无计可施。

来到汉开书院，经过一年的学习与洗礼，孩子的思想与行为犹如放归大海，自由自在，一去不复返。

汉开书院先进的教育理念、科学制定设计的课程与教学、优秀的老师、各种各样的讲座，为孩子打开了一道精彩纷繁、遥远又深邃的大门。

孩子开始独立学习，学习从此跟父母没有什么关系。

汉开书院的课程与教学是科学制定设计的。

要求所有学生必修英文课程，培养学生能够使用英语深刻地去探讨问题，进行学术性阅读、写作、演讲与辩论。

与此同时，所有的学生都要必修通识课程——"汉开六艺"，即礼、乐、武、弈、书、耕，培养对中华文化的深度理解。

书院还开设了汉开文凭课程和特需课程，希望通过为学生提供丰富的、可选择的、具有学术挑战的课程，来提升学生的思考力、领导力、学术力、创造力和教养力。

在课堂教学中，采取"4+2+3"的模式：

"4"是教学工具，包括智慧课堂PAD+思维导图+方格笔记本+汉开汇；

"2"指课堂教学方法，包括尝试教学法和美思教学法；

"3"则是课堂结构流程，包括明标、探标、达标……

好复杂啊！看着孩子开学发的一摞摞书，张口冒出来的一个个陌生的学习专业术语，做父母的在一旁尴尬擦冷汗："还好，不是我读书……"

很多初中的科目，父母只能偷偷翻资料才能辅导孩子，更糟糕的是，很多时候，父母连题目都看不懂，只能干瞪眼。

孩子在一次次失望中摸清了父母的文化水平底细，一下子幡然醒悟：原来学习是我一个人的事情，再也没有父母可依靠了！从此在学校，学习认真听讲，不懂问老师，所有的作业在学校完成，再也不会拖延着回家让父母帮忙，找答案了。

好在，汉开书院有一个有实力、有魅力、有国际视野的教育队伍。

他们来自四面八方，对教育有着纯粹的情怀与理想，年龄、性别的结构合适合理，经验丰富而又朝气蓬勃。

他们对任教的学科有着虔诚的爱，他们洞悉学科的本质和思维，而且在学科前沿和学科审美方面有着独特的体验，能够引导学生进行深度学习、创造高峰体验。

他们对自己的期待是：

让学生喜欢我这个人——让学生喜欢我的课堂——让学生喜欢我任教的学科。

因此，孩子骄傲地对父母说："我们老师是相当厉害的，什么都懂，我会去学校做作业，我自己会去问老师的。"

做父母的内心窃喜，连声赞同："对对对！去问老师！赶紧去问老师！"

恨不得雀跃起来——再也不用冥思苦想孩子的作业题要怎么解了！也

不用反反复复在孩子耳边唠叨"做作业""赶紧做作业",多开心啊！从此母慈子孝！

孩子开始独立出行，出行从此跟父母没有什么关系。

孩子7月8日出发去英国，参加书院组织的英国游学。凑巧那天父母都有重要的事情没法去送孩子，只能吩咐孩子跟着老师去机场。

孩子一个人忐忑不安，心下凄凉，在机场，看着身边的其他孩子都是爸爸妈妈爷爷奶奶左拥右抱，依依不舍，万千叮嘱。

打电话给妈妈，声音哽咽："妈，你在哪里？"妈妈匆匆忙忙的声音传来："儿子，妈妈马上要考试了，相信自己！你能行！"

孩子去到香港转机，去到英国，一开始几天电话打个不停，主题是：

"妈，这件事情我要怎么处理啊？"

"妈，我现在要怎么办？"

"妈，我要怎么去跟老师说啊？"

"妈，我现在在干嘛！"

"妈，我看到了什么！"

说来惭愧，那几天刚好是小学部夏校开营，实在是忙得不可以接电话，每次孩子打电话来，都是匆匆忙忙，简短的一两句话："儿子，自己的事情自己想办法去处理，相信自己，好好玩，好好学，多看看！妈妈在忙，先挂了哈！"

后来，闲下来的时候，突然发现儿子已经不是那么频繁地打电话，甚至已经不打电话了。

就这样，在英国游学的两个星期，孩子基本没打过几通电话回来，偶尔的电话接通，赶紧对儿子嘘寒问暖，事无巨细地询问，儿子却哈哈一笑，说："老妈，我自己会处理的！"

孩子从英国回来，按照以往的习惯，肯定是要去机场接孩子，然后帮孩子拎着、背着大包小包回家的。可是我已经放假回云南了啊，难不成我飞到南京机场接孩子回云南啊？

与孩子商议，儿子的提议是他自己一个人回云南。

妈妈呆住了。

从南京浦口区财八路去到禄口飞机场：

首先要打滴滴到十号线地铁站；

从十号线地铁站转到一号线到南京南站；

南京南站转 S1 号线到南京禄口机场；

从南京禄口机场飞到贵州毕节飞雄机场经停，再飞往昆明长水机场；

从昆明长水机场坐一个半小时的大巴到昆明火车站；

从昆明火车站坐两个半小时的火车才能回到坐落在云南大山脚下的通海县城！

种种可怕的布局浮现在做母亲的脑海里：

打滴滴，被抢劫、杀人弃尸；

在途中陌生人搭讪，被拐卖；

亡命之徒会绑架孩子、会撕票；

在迷宫般的地下铁，迷路、丢失行李；

飞机晚点、火车站人头攒动，各路人员凶狠杂乱……

"老妈，可不可以？"有点不耐烦了，儿子的声音在电话里催促。

"好！但是要记得不要跟陌生人讲话，有什么事情只能找警察！注意安全，自己照顾好自己！"妈妈很认真地，重复地说了三遍。

儿子在网上订好飞机票、火车票，凌晨 5 点半自己背着背包拖着大包从南京浦口区财八路打滴滴到地铁站，坐地铁去到南京禄口机场坐飞机回云南，途中经停贵州毕节飞雄机场，因天气原因耽误 2 小时，到昆明长水机场已经下午 2 点半了，赶紧叫儿子打车去火车站，生怕儿子拖着 22 公斤重的行李箱，拖不动！

儿子算算时间，算算价格，花了 6 块钱，选择转乘三趟地铁去火车站，取火车票，坐两个半小时的火车回到坐落在云南大山脚下的通海县城。

晚上 7:30 我去火车站接孩子的时候，他的大箱子，真是沉重，拎着都费劲。

孩子不以为意，很高兴地说："老妈，打车去火车站要 150 块钱，你看，我坐地铁才花了 6 块钱。"

我听 13 岁的孩子说出这样的话，愣住了！

我摸摸孩子的头，抱抱孩子，感慨万千！

我和孩子同时意识到，其实很多事情，他自己一个人就可以办理好，已经不用父母呵前护后地保驾护航了。

再以后，孩子的出行都是自己在网上比较价格，订票，自己收拾行李，自己出发、到达。

做父母的就是在家里安静地等待孩子的到来。

孩子开始独立生活，生活从此跟父母没有什么关系。

孩子从出生，一日三餐，衣食住行都是父母悉心照管，父母每天都在紧紧盯着孩子，生怕饿着、冻着、磕着，万事都恨不得帮孩子做好，怕孩子吃苦，怕孩子受累，怕孩子受委屈，怕这怕那，恨不得去替孩子生活。

湖南电视台的一个节目《少年说》上，一个男孩对妈妈说："我再也不要吃鸡蛋和苹果了，从小开始，就一直天天吃苹果、鸡蛋，虽然这两样东西是特别有营养的。"

妈妈回答："你现在长得这么帅，就是因为我常常让你吃苹果、吃鸡蛋的效果。"

这种情况是每个家庭都会存在的，父母都是希望孩子好，而父母的这种好，很多时候在孩子看来是不接受的，孩子会反感，会抗议。

初一的这一年是孩子争取自由、抗议父母全方位监管孩子生活的一年，衣食住行，孩子都有自己的主张。孩子不断试探，不断进攻，做父母的不断妥协，不断退让。

一年过去，父母与孩子都发现：

其实，每天不吃一个鸡蛋和苹果，孩子身体也会很好；

孩子自己挑选的衣服，比父母挑选的更好看；

每天晚上十点以前不睡觉，孩子睡眠也不会不够；

孩子玩游戏，玩手机，也会自己控制时间；

孩子的学习，父母基本没有过问，成绩也没有不好；

即使父母接连加班或者出差几天，孩子自己一个人也活得好好的……

好吧，好吧，去住校吧，去学校早上 6:00 起床，晚上 10:00 睡觉，过一种有规律、有纪律、有节奏的校园生活，好好学习，天天向上！

孩子，2018 年 9 月，你正式进入初二的学习与生活，妈妈再也不用担心你的学习你的生活你的成长。

经过一年汉开书院学习生活的洗礼与熏陶，你的良习已经养成，剩下的就是你要牢牢记住汉开书院学子的誓词：

我们是汉开书院的学子，

"明辨不惑，力行有品"是我们的校训。

汉开五力，是我们的特质。

思考力，让我们深刻；

领导力，让我们自信；

学术力，让我们专注；

创造力，让我们愉悦；

教养力，让我们优雅。

中国精神，世界公民，未来领袖。

我们志存高远，我们脚踏实地。

我是汉开人，请看我可能！

让自己慢慢长大，成长为一个正直、诚实、有教养的少年！

"海阔凭鱼跃，天高任鸟飞"！

2018.9.13

（谢孟翰同学现就读于二十九中。曾荣获南京汉开书院汉开杰出学子奖；浦口区第五届运动会篮球比赛初中部一等奖；2018 第 32 届中国头脑奥林匹克创新大赛江苏省赛《古典莱昂纳多的工作室》赛题一等奖；2019 第二十六届江苏省青少年科技模型大赛跳远项目二等奖；2020 世界机器人大赛 AI 探索科技挑战赛一等奖。）

汉开，生日快乐

王菁涵同学母亲的来信

转眼间，孩子离开汉开已经快一年了，五周年校庆日即将来临，在这个春光明媚的日子里，回想与汉开的点点滴滴，满是感恩的回忆，在衷心祝福汉开生日快乐的同时，想深深向汉开的老师们致谢，感恩遇见，感恩三年的陪伴，感恩美好回忆。

汉开三年，我和孩子与汉开一同成长

从初一到初三，从财八路校区到五华路校区，每一次校园的变化，每一次重大的节日，每一项重要的活动，无不深深镌刻着汉开的烙印。环境育人、文化育人、活动育人，汉开没有错过任何一个可以给孩子留下美好回忆的机会。从入学礼到升旗仪式，从"汉开快闪"到"汉开春语"，从"紫金山计划"到"珠峰计划"，从途中课程到周末课程，从远足徒步到阳光体育锻炼，从"种下一棵理想树"到"我和2035有个约定"，从高端课程到外出竞赛，甚至从财八路校区搬迁至五华路校区遇到的前所未有的困难，学校都当做一门人生课程，让学生在与学校共担当的过程中，学会面对困难和挑战，学习用平和的心态和行动去应对意外的困境，在困境中也能让自己的学习和生活洒满阳光。

一所有营养的学校

回忆汉开，她确实是一所有营养的学校。在当前分数和素质教育孰轻孰重的教育困境下，我觉得它尽最大可能做到了分数和素质两手都要抓、两手都要硬。没有分数，赢不了中考，只有分数，赢不了未来。尽管人生不是为了赢，但是在面对分数和未来，我们只能选择拼力一搏，我们也在徘徊中选择。而汉开早已经明确了自己的定位，做一所有营养的学校，让每个孩子在营养中各自吸收，带着汉开基因，聚是一团火，散作满天星。

她提供的营养是全面的，不仅完成了义务教育的课程，也增加很多的社团课程、活动课程、竞赛课程、高端课程；它的活动特别丰富，每周乃至每月都有主题活动。学校的活动策划周密细致，不遗余力地为孩子提供展示自己、锻炼自己的平台；她的活动仪式感特别强，要求特别细致又很人性化，每一次活动都能收到满满的感动，不仅孩子在活动中得到洗礼和升华，家长也得到了更加深刻的领悟。

从王院长的顶层设计，到各级教师的贯彻执行，汉开在行动中向家长兑现承诺，为孩子们提供了足够丰富的营养。尽管孩子们在叛逆期，每个孩子吸收的营养各不相同，但每个孩子都在自己的思想、行为中渗透着汉开基因，随着他们年龄的增长，这种营养所带来的更长远的影响，我们也在拭目以待。

一所有温度的学校

回忆汉开，她是一所有温度的学校。家长能想到的和家长想不到的，汉开都想到了。这里的老师特别细致，小班化的教学让每一个孩子都得到关注；发掘每一位孩子的优点，让孩子在汉开的各项活动中发展，提升自信。在汉开，每一个孩子都有优点，都能找到让自己熠熠生辉的舞台，"我是汉开人，请看我可能"，每个孩子都可以根据自己的情况，发挥自己最大的可能，成就更好的自己，而不是在分数压力下扭曲竞争。

她关爱周末不回家的孩子，于是有了周末课程；逢着节日，孩子们还能收到来自老师的节日礼物和贺卡；遇着考试，老师贴心地准备削好的铅笔和祝福语。连中考这么重大的人生转折点，陪着孩子们备考的是专业的汉开领导和老师们，从早餐到考前辅导，从送考到考后关爱，从午餐到午休再到下午的考试，从晚餐到晚自习，尽可能保持孩子正常的作息时间，让中考期间就像平时正常在学校上课考试一样，不仅替家长承担了送考任务，而且给予孩子专业的心理辅导和帮助，让我们家长很是感激和动容，真心觉得遇到汉开真好。

汉开不是一所完美的学校，她是一所不断追求改变、追求卓越的学校，是一所不断践行"请看我可能"的学校。汉开的营养和温度是为了学子能够在未来更有竞争力，能够信步全球，学贯中西。也许没有了汉开学校和

老师的陪伴和叮嘱，孩子们少了很多的鼓励和些许的信心，但是汉开给予孩子们的营养和温度伴随着他们新的征程，在他们荣耀时、在他们失落时、在他们踌躇满志时、在他们遇到挫折时，曾经的教诲，曾经的经历，曾经的体验，会源源不断地从内心深处给予他们力量。他们也许不是最优秀的学子，但一定是有斗志的，带着汉开基因，书写他们新的可能。

在汉开，有学子们种下的班级理想树和许下的 2035 年约定，有他们青春满满的回忆，有对母校的眷恋和深情厚谊。他们总是会在放假时相约回校，去看看他们曾经的学校，又有什么新的变化，从他们熟悉的环境、熟悉的老师身上找到温暖和鼓励，像远归的游子，在眷恋中重新出发，带给汉开新的荣耀。

五周年庆典在即，汉开，别来无恙。汉开，生日快乐。

2020.4.25

（王菁涵同学现就读于中华中学。）

理念落地，家长开心

——家长谈淮安汉开

让优秀者更优秀，让平常者不平常。

每一个都重要，每一个都被需要。

这是淮安汉开书院一直在践行的理念，那么，家长的实际感觉又是如何呢？

为全面了解家长对书院的评价，除通过线上评教、事务中心反馈等途径外，书院还不定期邀请家长到书院进行面对面交流。3月19日，书院邀请了初中部2020级刘湘怡同学的外公璩成荣老师到校进行了交流，近距离地了解家长眼中的汉开、家长看到的孩子成长和变化。

璩成荣老师（2020级学生刘湘怡外公 江苏省洪泽中学退休教师）

璩老师回忆了在洪泽湖大堤上初次遇见汉开师生的情景：初识汉开，是在书院第一年校庆的时候，我在洪泽湖大堤上碰见了王院长，那时候还不认识他，就看到一个白头发的年长者，我和他简单的聊了几句，通过简短的交流初步了解了汉开的教育理念。后来我问他学生的表现怎么样，他没有回答这个问题，只是笑着指了指身后的学生说："您老自己看。"我当时觉得王院长是很自豪的。我看到孩子很有学生样，有朝气、有活力。后来我在亭子里休息的时候，有位学生递了一瓶水给我说："爷爷请喝水。"我太意外了，觉得孩子真是有教养。书院非常关注学生体能，王院长说过这样一句话让我印象非常深刻，"不能以牺牲孩子的身体健康换取成绩"。汉开的所有课程都能开全、开足。这和其他很多学校就是不一样的。

书院和刘湘怡外公还围绕以下问题进行了交流。（为简便起见，书院简称为"汉"，璩老师简称"璩"）

01

【汉】：为什么您会选择汉开？

【璩】：校长是一所学校的灵魂。汉开校长王占宝曾经是南师附中校长和深圳中学校长，有前沿的教育理念，丰富的办学经验，值得信赖。其次，汉开是非营利性民营学校，有政府支持，机制也比较灵活。可以在更大范围选拔人才，容易建立高素质教师队伍。有一流的校长，有好的机制，又有一流的教师，提高教育教学质量就有了保障。第三，适合孩子的学校才是最好的学校。刘湘怡小学时居班级中下游水平，外语数学都偏弱。因此，我们对她今后的成绩没有过高的期待，只希望她在初中三年能受到平等对待，充实而又愉快地度过 13 ～ 16 岁这个女孩非常关键的时期。综合各方面考虑，觉得汉开比较适合，因此最终选择了汉开。

02

【汉】：孩子就读汉开之后有哪些改变？对家长和家庭有什么启发？

【璩】：进入汉开后的一个多学期，孩子变化明显。懂礼貌了，见人能主动打招呼。孝顺了，知道关心大人，行李箱自己拿，如果有两个包，她会把最重的抢过去。体质大有提高，力气大了，跑步快了，耐力增强，疾病少多了。原来有过哮喘，近大半年基本没有发作。

学习有进步。上学期期中考试，道法全校第一名，各科总分居年级中等。期末考试外语被评为 A ＋，语文 A。（成绩进步非常大）

03

【汉】：从一个老教育工作者的角度来看，您觉得刘湘怡同学取得这样大的进步，有哪些原因呢？

【璩】：

（1）汉开的老师非常有亲和力。选择汉开的原因也在于此，我觉得公办学校一成不变。

（2）汉开书院的小班化教学。老师可以关注到每一个孩子。

（3）到了汉开之后我觉得预期的目标实现了，既没有吃很多的没有价值的苦，也没有过多的劳累，但是成绩进步了。汉开的教育理念，是实实在在落地的。

04

【汉】：我们很高兴刘同学您外孙女在短短的一个学期中就有看得见

的成长，刘同学现阶段的进步是您预期之中还是预期之外的呢？

【璩】：估计她会进步的，在小学的阶段能看到她是有后发优势的，我觉得她应该会进步，但是这个进步还是属于让我惊喜的。不光光是物有所值，可以说物超所值了。

孩子的进步还不止这些。从之前从未离开大人，到现在她可以独立的生活。她是独生女，在宿舍中能和室友友好相处，友爱互助。一学期下来她表现的还不错，这是我觉得收获非常大的。不亚于学习进步的收获，这个是很明显的成长。我希望她能够形成独立的人格和自律的精神，这是更重要的一点。

05

【汉】：淮安汉开书院是一所年轻的学校，正在起步初期，需要社会各界人士诚恳意见，同时家校合作的过程中也需要家长的观点和看法，邀请您对汉开发展提出宝贵建议。

【璩】：

（1）无体育不汉开。数学弱非汉开。我是教语文的，但是我特别重视数学。书院要加强数学学科建设。

（2）老师可以个别辅导、面批作业，精批。帮助学生整理数学思路。

（3）建议老师在课堂上多关注学生情绪，发挥小班化的最大优势，做好有效课堂。

（4）有的学生觉得运动量过大，会感到腿部酸痛，请体育老师合理安排运动。学校尽快落实此事。

通过和璩老师的交流，书院感到欣慰，同时也倍感压力。欣慰的是汉开人脚踏实地践行先进的教育理念，以孩子们看得见的进步赢得了家长的肯定；压力是因为随着时代的发展，家长们期待孩子们能发展得更优秀，更全面，成为适应未来社会的新人，这对书院提出了越来越高的要求，唯有不断进取，毫不懈怠，才能不负政府和人民的信任和嘱托。

潮平洪泽阔，风正好扬帆。淮安汉开书院这所年轻的学校，一定会不忘初心，奋发有为，成为洪泽人民家门口的好学校！

汉开史记

一、2016—2021 年史记

2016 年

（1）5 月 6 日

南京汉开书院举行办学发布会，5 月 6 日成为南京汉开书院校庆日。

（2）6 月 11 日

南京汉开书院举办新生录取礼。

（3）8 月 17 日

南京汉开书院获得剑桥国际考试中心认证，正式成为剑桥国际学校。

（4）9 月 1 日

南京汉开书院正式开校开学。

2017 年

（1）5 月 22 日

汉开动物园三羊两兔一犬（已打疫苗）——六位新成员在书院正式安家。

（2）5 月 25 日

我校于家祥同学代表江苏省参加了在北京举行的"全国青少年未来工程师博览与竞赛"的全国总决赛，并取得了国赛一等奖。

（3）6 月 2 日

LAMDA 国际考试中心发来的确认函，确认南京汉开书院正式成为 LAMDA 考试中心。

（4）7 月 26—28 日

第五届江苏省少年科学院院士评聘终评展示表彰暨夏令营中，南京汉开书院陈乐天同学荣获"2017 年江苏省少年科学院红领巾科学建议一等奖"并被评聘为"第五届江苏省少年科学院院士"，孙晓明老师被评为"优秀辅导教师"。

2018 年

汉开学子共获得大市级奖项 65 人次、省级奖项 49 人次，华级（全国）奖项 44 人次、世级（国际）奖项 73 人次。

（1）01 月 01 日

汉开学子陈乐天被中国少年科学院聘为"中国少年科学院小院士"；南京汉开书院获得"中国少年科学院科普教育示范基地"称号。

（2）02 月 02 日、06 月 30 日

2017-2018 学年第一学期期末七城区联考，汉开书院总分全区第一；

2017-2018 学年第二学期期末八城区联考，汉开学子继续领跑，包揽全区总分冠军、亚军、季军。

（3）03 月 19 日

汉开武术队首次参加香港国际武术节，荣获 2 个团体赛一等奖、2 块个人赛金牌。

（4）03 月 21 日

汉开为有深远影响的活动与突出贡献的团队设立汉开日——设立了汉开"武术"日、汉开"攀岩"日、汉开"OM"日。

（5）5 月 24 日

学校成立学生翻译官社团，代表学校接待了德国、美国、英国、马来西亚等国家与组织代表团。

（6）06 月 21 日

"汉开春语"教育基金在青海海南藏族自治州贵德河阴寄宿制学校落地，奖励并资助当地藏族、回族、土族、撒拉族和汉族等民族的学生。

（7）12 月 30 日

南京汉开书院承办第 32 届中国头脑奥林匹克创新大赛江苏省赛。

2019 年

（1）1 月 5 日

美国含金量最高的数学竞赛——伯克利初中数学竞赛（BmMT）在北京举行，南京汉开书院"梦之队"5 名学子首次参赛，在和全国 540 名选手、104 个代表队较量中，个人赛，5 人均取得优异成绩；团体解密赛、团体速度赛，他们更获得第五名、第十四名的好成绩；张海平老师荣获金牌教练称号；组委会还授予南京汉开书院"优秀组织单位"称号。

（2）1月22日

南京汉开书院保健室因卫生工作及食品安全工作业绩表现突出，获得南京市教育局、南京市中小学卫生保健所"先进集体"称号。

（3）1月26日、7月22日

中学部志愿者前往斯里兰卡、泰国清迈、柬埔寨开始义工之旅。这双手虽然小，也期望能以一己之力改变世界。

（4）4月15日 –16日

南京汉开书院小学部、中学部学子再次参加伦敦音乐与戏剧学院（LAMDA）举办的考试。通过率100%，中学部超40%同学获得卓越等级，超70%的同学获得优秀等级；小学部超60%的同学获得卓越等级，超90%的同学获得优秀等级。

（5）4月、10月

4月19日—21日，王占宝院长应邀参加首届"中国民办教育发展高峰论坛"；10月24日，王占宝院长应邀出席第十四届国际校长联盟大会并以《中西教育整合的力量——南京汉开书院的办学探索》为题发言。

（6）4月20日

中学部50名学子参加全球Checkpoint考试，剑桥数学均分5.5，达卓越等级；剑桥科学均分4.2，达优秀等级，更有7人获得剑桥数学、剑桥科学双满分（6.0为满分）。

（7）4月23日

深圳汉开教育咨询管理有限公司与淮安市洪泽区人民政府举行签约仪式，淮安汉开书院在淮安市洪泽区落户。

（8）5月

南京汉开书院剑桥国际课程首届学子报名全球IGCSE统考，其中，IGCSE数学通过率100%，绝大多数同学报考较难等级Extended，达A&A*率为95.8%，远超全球平均水平（35.8%）；IGCSE英语报考较难等级Extended同学通过率为76.9%，超出全球平均水平（68.9%）。

根据剑桥国际考评部公布的2018年全球数据：数学全球达A&A*率35.8%；

根据剑桥国际考评部公布的2018年全球数据：英语（第二语言）达C通过率68.9%。

（9）5月15日

南京市初中生汉语周戏剧表演大赛，南京汉开书院代表队剧目《发往天堂的短信》荣获一等奖。

（10）5月19日

南京汉开书院获得"中国学生营养与健康标准示范学校"称号；全国仅有52所学校入围，汉开书院是南京市唯一一所获此殊荣的学校。

（11）5月25日

第40届世界头脑奥林匹克决赛在美国密歇根州立大学举行，南京汉开书院OM小学队获得第7名，OM中学队获得第10名。

（12）6月、12月

期中、期末联考，南京汉开书院继续领跑；

2018/2019学年，八城区联考，初三年级七门学科总均分高出区总均分86.83分，初二年级六门学科总均分高出区总均分69.86分，初一年级五门学科总均分高出区总均分48.33分；

2019/2020学年，2017级初三学子七城区联考，勇夺均分和优分"双高"。

（13）6月26日

世界学者杯全球赛在北京举行，中学部6位小学者获得包括"个人写作金奖"、"最佳学者奖"、"达·芬奇银奖"、"团队协作奖"等10项奖项。

吴迪：个人写作Gold，团队写作Silver；马敬庭：学校最佳学者奖，团队写作Silver，辩论Silver；金煜欣：个人写作Silver，团队写作Silver；欧阳兆睿：达·芬奇Silver；鞠涵冰：写作Silver；付睿哲：团队写作Silver。

（14）6月28日

南京汉开书院公布首届学子中考成绩，市四星级高中达线率68.2%，区前10名汉开占4位。600分以上占全体考生的22.4%；校均分564.74分（不含国际课程体系学生），超市均分55.04分。

（15）7月

南京汉开书院正式获批成为南京首家西班牙语DELE等级考试中心，10月14日，书院三位西班牙语教师全部取得DELE等级考试考官资质。

（16）7月6日

第三届南京市青少年阳光体育节校园联盟攀岩联赛，南京汉开书院攀岩队，在速度赛中取得团体一等奖，在难度赛、攀石赛中共有 7 名同学取得冠、亚、季军。

（17）7 月 11 日

宁台港澳中小学科技创新教育交流活动，南京汉开书院小学 4 名 STEAM 成员荣获设计金奖、创意金奖和人工智能铜奖。

（18）8 月 5 日—9 日

全国中小学生象棋比赛，南京汉开书院小学象棋代表队荣获团体金奖。

（19）9 月 26 日

剑桥国际教师职业发展 PDQ 中心落户南京汉开书院。PDQ 中心的成功申请，是南京汉开书院继官方考点之后，又一次获得剑桥大学国际考评部的认可，也是剑桥大学国际考评部对汉开书院国际化办学及学术团队的高度肯定。PDQ 中心的成立，标志着汉开老师们以后在学校内部便可完成职业培训并获得相应证书。

（20）10 月

南京汉开书院经过学校申报、各区推荐、专家评审三个环节，从六百多所学校中脱颖而出，成功获批南京市中小学科技创新"星光基地"称号。

（21）10 月 10 日

第八届南京市小学生英语短剧比赛，南京汉开书院小学部英语剧《The Lost Treasure》荣获团体二等奖。

（22）11 月 4 日

南京汉开书院正式获批成为中国国际标准舞艺术等级认证（CCAT）注册单位中国国际标准舞艺术等级认证（CCAT）由中国舞蹈家协会与中国国际标准舞总会共同认证并盖章，支持艺术特长生国内升学考试加分，是目前国内最权威的国标舞艺术等级认证。

（23）11 月 23 日

由中学部音乐老师 Mark、徐航，ICT 老师 Adam，西班牙语老师 Lorena 合作完成的汉开英文西语版校歌《善哉，汉开！》正式发布。

（24）11 月 24 日

由 ICT 科组和姜子皓、孙大圣、李京儒、陈竑学同学合作完成的汉开英文官方网站正式发布。网址：https://hka-edu.com/

（25）12 月 21—22 日

江苏省第十二届中学生暨第四届小学生武术锦标赛在徐州沛县举行，

南京汉开书院武术队集体项目，小学集体长拳（二段）、初中集体拳术荣获一等奖；小学集体长拳（一段）、初中集体刀术荣获二等奖。

（26）12 月 21—22 日

"中国美育·绽美国际"舞蹈比赛在北京举行，李嘉欣老师带队，中学部 3 名学子参赛，纪孝谦同学获得爵士独舞金奖，邹逸楚、吴瑞珂同学获得古典双人舞金奖。

2020 年

（1）1 月 13 日

在第 33 届中国头脑奥林匹克创新大赛江苏省赛中，STEAM 课程中心学员荣获 2 个省特等奖，5 个省一等奖，并被推荐参加头脑奥林匹克中国赛、亚洲赛、欧锦赛。

（2）1 月 18 日—1 月 23 日

南京汉开书院在寒假期间组织了 23 名学生分别前往斯里兰卡的加勒 Galle、四川雅安碧峰峡大熊猫保护研究中心，进行了为期 6 天的志愿者活动。汉开旨在培养有责任感的世界公民，来自汉开的学子们，在义工旅行中奉献爱心，学会了感恩生活，学会了知足常乐，向世界盛开出了他们的社会责任与担当，让世界变得更美好。

（3）1 月 30 日—5 月 17 日

新冠疫情期间，南京汉开书院停课不停学，有序开展"线上校园"。在完成日常教学的情况下，还开展了家庭分享会、尊巴舞课程、武术操比赛、平板支撑挑战赛、艺术创作比赛、IPAD 摄影大赛等课外活动，让每一个汉开人切身力行"心中有担当，脚下有力量，在家也汉开"的良习。

（4）2 月 2 日

南京汉开书院中学部杨晶晶、谢淑平、方飞、许明月四位老师加入国际文凭组织 IBO(International Baccalaureate Organization) 教学研组织的"抗击疫情系列公益课程"，与全国各地学校老师共同开展线上课程。

（5）2 月 20 日—7 月 10 日

中学部四位学子陆续收到国际私立名校的 OFFER，并入读：

2019 级初一 8 班周熠阳同学被墨尔本 TINTERN GRAMMAR 私立中学录取，并直升 8 年级；

2019 级初一 6 班陈锦壕同学被英国 Uppingham School 私立中学录取，

并直升 9 年级；

2019 届陆伊凡、周易同学被英国排名第一的私校卡迪夫高中录取。

（6）2 月 27 日

省义务教育学生学业质量监测中心公布 2018 年 10 月全省学业质量监测成绩。南京汉开书院首届学子在语文、数学、英语三门学科评估中表现不俗，引人注目。

语文学科汉开平均分 585 分，高出本市平均分 81 分，在全市 185 所参评中学中排第 9 位；

数学学科汉开平均分 570 分，高出本市平均分 65 分，在全市 185 所参评中学中排第 10 位；

英语学科汉开平均分 608 分，高出本市平均分 85 分，在全市 185 所参评中学中排第 9 位。

（7）3 月 25 日

疫情期间，南京汉开书院举行线上直播"种下一棵理想树"活动，小学部、中学部 2019 年入学的学子和师生家长们共同参与。师生家长代表们佩戴口罩入园，完成各班级理想树的栽种。全体汉开人"云"上相聚，一起见证了他们在汉开这片沃土上播种下的理想与希望！未来，无论风吹雨打还是艳阳高照，小树和师生们定会坚定不移地与书院共成长。

（8）5 月 6 日

南京汉开书院四周年校庆日。不同以往的是，书院收集了首届学子们在校的三年岁月记忆，精心制作了《首届校友纪念册》，并分发给汉开长子长女。希望汉开学子们无论身在何处，都能不忘初心，继续勇敢地为有价值的事情去奋斗并乐在其中。

（9）6 月 14 日

在 2020 年袋鼠数学竞赛中，南京汉开书院中学部学子与全国两万多名同学比拼，最终包揽了 1 个成就奖、4 个超级金奖、9 个金奖等 6 类奖项。

（10）6 月 24 日

在剑桥国际 Checkpoint 学段结业测评中，中学部再创佳绩。8 年级科学获均分 4.3/6.0 分，超 30% 学生达世界卓越等级；剑桥数学均分达 5.8/6.0 分，62% 学生达到世界卓越等级。

（11）7 月 3 日

南京汉开书院在 4A 级风景区正式开始建设生态园校区，设有剑桥学习

中心、STEAM 课程中心、体育艺术中心、汉开先锋营地（水上运动中心，森林课程中心，素质拓展中心）。汉开建构了一个新的校园理念，把社会资源、自然资源引入到了汉开教育中，生态园校区的建设为汉开实现培养目标，提供满足学生个性化发展以及升学的需要打下了坚实的基础，让校园变得丰富、生动、灵动，让孩子们喜欢学校。因此汉开的校园不单是学园，也是乐园和家园。

（12）8 月 1 日

南京汉开书院公布 2020 届学子中考成绩。南京市 2020 年初中毕业生约 5.59 万人，汉开国内课程体系学生 213 人，其中有 103 位学生达到南京市中考前 11021 名，实现了汉开"50% 的学生，进入全市前 20%"的教育品质。中考均分 1：汉开均分 583.79 分，超市均分 74.4 分（今年南京中考总分少 14 分）；中考均分 2：市四星级高中达线率 87.8%；中考优分 1：全区 630 分以上 17 人，汉开书院 15 人；中考优分 2：芮钦程、赵泽睿、黄雨涵、廖宇凡、李东仪五位同学以优异的成绩考入南京师范大学附属中学。11 月 20 日，浦口区教育局授予汉开书院学校 2019–2020 学年教学质量特殊贡献一等奖、学生综合素质发展一等奖等 12 项荣誉证书。

（13）8 月 13 日

ICCSE 全科全球统考，中学部 2017 级同学们涉考的 12 门 IGCSE 学科中，9 门学科 A*–C 率为 100%，在全球 IGCSE 学校中排名前 10%，成为中国取得 A*–C 平均成绩最好的学校之一！

（14）8 月 20 日

汉开高中部开办，在南京汉开书院五华路校区先锋剧场为首届高一学子举行录取礼。

（15）9 月 7 日

在第三届中英 STEAM 创新大赛英国总决赛中，陈彦赫、任时进、刘承昊 3 位同学创作的"智能交通 – 单行线提示系统"作品，在近百件作品中喜获一等奖，STEAM 中心老师被评为"优秀指导教师"，南京汉开书院被评为"优秀组织单位"。

（16）10 月 18 日—11 月 1 日

无体育，不汉开。仅半个月，书院就夺得多项体育大奖。在南京市青少年阳光体育节中，汉开田径队荣获田径联赛团体一等奖；汉开啦啦操队荣获校园啦啦操总决赛二等奖；汉开女篮队荣获校园篮球 3V3 联赛一等奖。

在南京市第 22 届运动会青少部攀岩比赛中，汉开岩羊攀岩队荣获冠亚季军，更有多人获得前六名的好成绩。

（17）10 月 26 日

在第二届"草圣杯"全省少儿书画大赛中，南京汉开书院四名同学斩获两金两银奖牌；钱兴逸同学获得网络人气奖；黄静文老师和辛玥老师获得优秀指导教师奖。

（18）11 月 4 日

南京汉开书院获批为美国睿乐生 Renaissance 英语分级阅读和测评体系授权中心。中学部英语组经过多个项目考察和研讨，最终选择使用和运行美国的睿乐 Renaissance 英语分级阅读和测评体系，并推出一系列睿乐生阅读奖励机制，培养学生学习英语的兴趣。

（19）11 月 19 日

在南京市第二十六届中小学师生科技创新大赛中，刘静悦同学的作品《智能共享宠物屋》荣获一等奖，蓝雨童同学的《智能窗户》、王钰涵同学的《残疾人鼠标》荣获二等奖。

2021 年

汉开品质

明辨不惑，力行有品。创校之时，书院提出汉开品质——"世"（世界）级、"华"（中国）级、"苏"（江苏）级、"宁"（南京）级、"北"（江北）级、"浦"（浦口）级、"财"（财八路）级，这寓意着汉开人从"财"级走向"世"级的决心，记录着汉开人持续进阶的足迹，我们从大汉走来，向世界盛开！

1. "世"级

3 月 13 日—14 日，南京汉开书院学校成为 2021 年世界学者杯赛事承办地之一。7 月 15—20 日，2021 世界学者杯全球赛，汉开学子 15 人参赛。其中高年级组 11 名同学获得个人、团队 33 项大奖，低年级组 4 名同学获得个人、团队 4 项大奖。

10 月，胡雅清同学在中意建交 50 周年之际，被评为"青少年文化交流使者"。

11 月 4 日，2021 年"剑桥卓越学子"大奖揭晓，吴迪、潘谷晟、朱逸轩同学凭借卷面 100% 满分荣获 Top in the World 世界顶尖奖。

12月，2021袋鼠数学竞赛，鲁行健获得全球超级金奖，其他六名学子获得全球金奖。

截至2022年1月19日，中学二部首届99%同学跻身全球排名Top80高校，目前收到以下offer：

世界顶尖名校：剑桥大学3枚（面邀），帝国理工1枚（面邀）；

世界名校TOP20：爱丁堡大学2枚；

世界名校TOP30：香港大学2枚（1枚全奖，1枚面邀），曼彻斯特大学6枚；

世界名校TOP50：香港中文大学1枚（面邀），香港科技大学1枚（全奖），墨尔本大学3枚，悉尼大学1枚，新南威尔士大学2枚，昆士兰大学3枚；

世界名校TOP80：阿姆斯特丹大学1枚，莫纳什大学1枚，华威大学2枚，布里斯托大学2枚，格拉斯哥大学2枚，南安普顿大学4枚；

世界名校TOP100：杜伦大学1枚，利兹大学3枚，谢菲尔德大学2枚，诺丁汉大学1枚。

世界顶尖专业

南安普顿大学：电子与电气工程（电子与电气工程专业全英第一）；

华威大学：国际管理（商科管理类专业全英第二）；

埃塞克斯大学：创意制作（戏剧与微电影）（戏剧专业全英前三）；

获得奖学金人数：5人，共计人民币约158万；

2021雅思首考，汉开强势出分——均分7.5！潘谷晟同学总分8.0，听力、阅读单项满分9.0；鞠涵冰同学总分7.0，听力单项8.0；黄允彦同学总分8.0，听力、阅读单项8.5，写作单项7.5；部分学子雅思首考达6.5。

2."华"级

1月23日，2021年头脑奥林匹克创新大赛（江苏省选拔赛），汉开学子参加赛题《幽默之旅》，获省一等奖；5月23日，2021年头脑奥林匹克大赛（中国赛区）成绩揭晓，汉开学子参加赛题《超级英雄的袜子》，荣获全国一等奖。

2月3日，汉开志愿者前往云南香格里拉做义工，同学们体验了丽江风土人情，开展了丰富多彩的义工活动，满载而归；6月15日，汉开学子前往浦口区尽孝道护理院、浦口区特殊教育学校，来到两个不同年龄段特殊群体的身边，送去温暖与关爱；12月11日，HER社团主办的慈善艺术展在浦口区白马广场一楼中庭开幕，学子们为观众奉上国际化的艺术视听盛宴，慈善艺术品拍卖所得善款 18330 元均用于慈善项目。

4 月 13 日，张绍良同学设计的《一种追拉型笔帽一体式中性笔》，被国家知识产权局授予专利权，颁发《实用新型专利证书》。

6 月，全国中小学生书法比赛，小学部张智皓同学获全国绘画一等奖。

8 月，全国青少年航空航天教育模型教育竞赛，许宸同学获一等奖。

10 月 29 日，2021 中国国际标准舞（体育舞蹈）青少年锦标赛，小学部代表队受邀参赛，共获 17 枚金牌、23 枚银牌、13 枚铜牌。

11 月 24 日，2021 年澳大利亚数学思维挑战赛成绩揭晓，共计 75 位汉开学子参与此次活动。其中，1 位学子获得全国一等奖，12 位学子获得全国二等奖，24 位学子获得全国三等奖，37 位学子获得数学技能奖。

12 月 24-26 日，全国啦啦操联赛总决赛，学校派出两支啦啦操队与上百支队伍比拼，荣获全国赛前三名，获得代表中国参加国际啦啦操赛事的资格。

3. "苏"级

4 月 18 日，江苏省高中化学"吉尔多肽"杯化学竞赛，汉开学子刘赟同学获得江苏省一等奖。

5 月 17 日，第十六届初中数学文化节活动"核心素养测评"成绩揭晓，初中部 44 位学子首次参与，全部获奖。其中，10 位同学获得一等奖，26 位同学获得二等奖，8 位同学获得三等奖。

5 月 31 日，2021 年"金钥匙"科技竞赛揭晓成绩，代一博同学获得省一等奖，葛益铭同学获得省二等奖，徐嘉耀、刘益铭、唐晨曦同学获得省三等奖。

10 月 30-31 日，赵冠豪同学被聘为"第九届江苏省少年科学院院士"。其作品"用厨余垃圾饲养蚯蚓实现垃圾变有机肥"，荣获"《少年号角》杂志十佳科学建议"。

12 月 21 日，经省红十字会、省教育厅审核与考察，学校达到省级红十字示范学校创建标准，被命名为"江苏省红十字示范学校"。

4. "宁"级

2021 年南京市青少年阳光体育节汉开连获佳绩：

3 月 27 日，校园冬季体育锻炼项目竞赛，汉开田径代表队获得男子 10X1000 米第一名、女子 10X800 米第三名、团体二等奖。

4月24日—25日，校园田径联赛，汉开田径队共获得10金8银9铜的优异成绩，最终团体积分获得南京市比赛一等奖第一名；同时，李杨同学在此次200米比赛中成绩达国家二级运动员水平。

5月3日，攀岩项目中，汉开岩羊队获得全能项目6枚奖牌，取得两个第一、两个第二、两个第三、两个第五、一个第六的佳绩。

5月16日，篮球联赛中，女篮获得南京市一等奖，男篮和高中部女篮获得了南京市二等奖。小学部男子组和女子组首次参赛，均获得优胜奖。

5月30日，棋类比赛中，汉开象棋队获得A组团体冠军、B组团体亚军、C组团体亚军的优异成绩。

12月5日，街舞和体育舞蹈嘉年华，浦口区代表队南京汉开书院学校获创编舞一等奖，获小学组＆中学组规定动作一等奖。

4月24日，2021中国·南京第六届国际标准舞公开赛，汉开两支队伍与50支参赛代表队角逐。在等级赛中，共获得27金25银4铜的优异成绩。在名次赛中，汉开选手在9个项目中获得前五名的好成绩，并荣获大赛优秀组织奖。薛正奇同学更是一人独揽4项第一名。

5月17日，由南京市教育局、南京市语言文字工作委员会主办的南京市第五届初中生"汉语活动周"之经典诵读大会，初中部张梓睿同学荣获南京市一等奖。

7月5日—6日，由南京市教育局主办的攀岩联赛，汉开岩羊队在与南京市16支代表队近两百名学生比拼中，小学部、初中部均以第一名的成绩获得团体赛一等奖，在个人难度和攀石赛中，勇夺五金、两银、两铜的好成绩。

9月27日，第二届"用英语讲中国故事"活动成绩揭晓。顾嘉辕同学获南京选区初中组复赛一等奖、华东区赛优秀奖；魏子攸同学获南京选区初中组复赛二等奖；王姝晗、刘明璨同学获南京选区初中组复赛三等奖。

10月21日，第二十一届中学生作文竞赛，初中部唐子晴、詹书雅荣获南京市一等奖。

12月28日，南京汉开书院学校获评2021年度"市级节水型学校"。

5."北"级

防疫工作扎实有效

南京疫情期间，南京汉开书院学校在短时间内将封闭校园启用，准备隔离房间96间，召集教师志愿者30余人连夜工作，抢抓时间，圆满完成任务。受到主管部门的表扬。

党员干部冲锋在前，帮助老虎桥社区、四中核酸采样点高效完成工作，参加老虎桥社区夜间值守工作。志愿者工作时长 700 余小时。

6."浦"级

6月17日，南京汉开书院 STEAM 中心通过申报，南京市浦口区科技局和科协组织评审，荣获"2021年度浦口区科普教育示范基地"称号。6个示范基地名单，汉开是唯一入围的学校。

10月，高中部王思婕同学参加第二十一届浦口区中学生作文竞赛，获区一等奖。

11月，高中部陈启灵同学参加南京市第十八届中学生英语口语比赛，获市三等奖。

12月，高中部学子参加浦口区2021年高中生生物竞赛，获8个区一等奖，参加全国中学生英语能力竞赛，多位同学获高一、高二年级组一等奖。

7."财"级

5月6日，南京汉开书院学校五周年校庆日，Hi，Five! Hi，HKA!——HKA海量周边迎校庆、"致未来的自己"封存仪式、"徒步活动"、创意飞行器比赛、十四岁青春仪式等活动精彩纷呈，汉开人们共同谱写着不断超越的华章。

7月14日—16日，汉开教育骨干人员齐聚一堂召开为期三天的汉开跨越3.0干部培训会议，会议在江浦之滨，老山脚下的南京汉开书院举行。自此，为汉开3.0时代的专业而精细的准备工作正式开启！

汉开书院，慎聘良师：好老师，就是好学校，就是好教育。以下为教师年度荣誉：

田梅，2021年南京市初中数学青年教师优质课比赛一等奖。

夏维锋，2021年度南京市高中化学实验教学技能比赛一等奖。

张海平，2021年南京市初中数学青年教师教学基本功大赛一等奖。

王邦堃，获"南京市优秀团干"荣誉称号。

张园园，获"南京市学校卫生工作先进个人"荣誉称号，与唐欣冉老师一同获得南京市职工职业校医技能大赛团体二等奖。

王斌，在2021年初中体育优秀课评比活动市二等奖。

苏悦，全国校园大课间啦啦操推广先进个人。

孙胜蓝，剑桥国际考评部优秀教学案例评选一等奖。

陈蓉，全国奥林匹克英语大赛教师写作一等奖。

李加刚，获"浦口区青年岗位能手"荣誉称号。

蔡鹏程、沈丹丹，2021年浦口区小学语文青年教师基本功竞赛一等奖。

张萌、尹伊丹、钱吉，2021年南京市浦口区小学英语优质课一等奖。

吴慧，浦口区高中生物课件制作评比一等奖。

王斌，获"浦口区阳光体育先进个人"荣誉称号。

程颖，浦口区初中英语优质课评比一等奖。

唐梦姣，浦口区初三历史教师解题命题竞赛一等奖。

陈曦，浦口区校园足球教学设计一等奖。

成长，没有奇迹；但是，必有轨迹。

"踔厉奋发，各尽所能，有此成功，非偶然也。"

让我们一起向未来！

二、史记附录——汉开日

汉开"武术日"：

2018年3月19日，汉开武术队结束四天比赛，从第十六届香港国际武术节载誉而归，且在本次比赛中体现出了汉开格局思维、奋斗精神与荣誉品质。所以，南京汉开书院决定：将3月19日定为汉开"武术日"。3月19日，从此与众不同，这一天将镌刻进汉开的校史。让我们铭记，让我们庆祝。不仅仅是因为获奖，更是因为"营养"与成长。

汉开"西班牙语日"：

4月23日是世界西班牙语日，我们把它定为汉开的"西班牙语日"，让我们与世界同庆祝、共狂欢的同时，为汉开学子搭建西班牙语交流的平台，打开一扇通往新世界的大门。

汉开"攀岩日"：

2018年4月29日，汉开岩羊攀岩队戴震宇队长代表南京市队，参加江苏省第十九届运动会

青少部攀岩比赛，在比赛中不畏强手，越战越勇，最后获得 A 组速度赛冠军，汉开岩羊攀岩队也拿到南京市攀岩比赛团体第一名！个人第一名！体现出了汉开人"虽千万人，吾往矣"的勇气和气魄，更具攀岩运动的勇往直前、挑战自我、只为攀登的向上精神。

南京汉开书院决定：将 4 月 29 日定为汉开"攀岩日"。4 月 29 日，从此与众不同。

汉开"OM 日"：

2018 年 5 月 24 日，在孙晓明、孙蓉、徐昕、张玥等老师的指导下，杨楠茜、苗泽坤、朱彦屹、李京儒、高翔、孙行建、王凤翔七位同学在第 39 届世界头脑奥林匹克全球赛即兴题中获得 94.5 高分，达到世界冠军水平，遂确定 5 月 24 日为汉开"OM 日"。

汉开"数学竞赛日"：

2019 年 1 月，加州伯克利数学竞赛，汉开梦之队（吴彦哲、周易、殷浩然、刘星宇、吴抒恒；指导老师：张海平）取得团队解谜第五、团队速度第14 的好成绩，其中吴彦哲同学在 540 名参赛选手个人积分榜上排行第十；

2019 年 9 月澳大利亚数学竞赛：孙智轩同学获卓越奖，周易及胡茜岚两位同学获一等奖；2019 年 11 月美国数学竞赛 8 级（AMC8)，潘谷晟获得了全球前 1%（Honor Roll of Disctinction），鞠寒冰、朱逸轩、孙刘一、张琳茝获得了全球前 5%（Honor Roll）的好成绩；

2020 年 9 月，2020 年鲁行健同学获澳大利亚数学竞赛满分成就奖，杜茂成同学获澳大利亚数学竞赛一等奖；

π 是世界上公认的数学常数，书院将 3 月 14 日（数学节 / 圆周率日）设为汉开"数学竞赛日"，不仅仅因为获奖，更是"营养"与成长，希望汉开学子体验数学之美，乐在其中！

汉开"中考质量进阶日"：

2020年中考成绩揭榜：

汉开50%的学生，进入全市前20%（2020年南京市初中毕业生约5.59万人，汉开考生213人，其中103位学生达到南京市中考前11021名）；

校均分583.79分，超市均74.4分；

市四星级高中达线率87.8%；

全区630分以上17人，汉开15人；

市前四所高中达线人数35人，市前8所高中（不含民办）达线人数78人；

学科特长生（数学、物理、化学及生物）9人；

2020届教学质量提升之教学质量特殊贡献奖、学生综合素质发展奖、8门学科教学先进学科奖（语数英物化政史体）均获一等奖。

实力与微笑，汉开的风貌。功夫在平时，结果无悬念。故将每年6月11日定为汉开"中考质量进阶日"，为即将走进中考考场的汉开学子加油壮行！

汉开"英语风采日"：

词汇是语言学习的基石，学生在词汇比拼中巩固词汇并通力协作，最终实现语言的交际功能。书院为促进英文环境的创立，为学生搭建丰富交流平台，特将6月25日（中学部）/12月24日（小学部）定为汉开"英语风采日"。

汉开"作文日"：

南京汉开书院齐诺涵、王润珏等同学代表浦口区参加南京市十八届中学生作文竞赛均获得一

等奖，齐诺涵获得省赛资格，并斩获省一等奖。2019年10月28日王姝月、陈思诺等同学亦在南京市作文竞赛中获得市一等奖，王姝月同学获得"七彩语文杯"作文省赛二等奖。汉开学生用笔抒写青春与梦想，表达生命的思考与感悟，体现了汉开人责任与担当，彰显了汉开学子"思考力""学术力""创造力"的特质。

10月28日——汉开"作文日"的设立，是为创造力的表达，更是为精神特质的彰显。

汉开"象棋日"：

在2019年举办的全国中小学生象棋比赛中，汉开书院队在85支参赛队中，进入前三名，获得团体金奖。此项赛事为全国重要的象棋赛事之一，参赛学校众多。书院象棋队在斩获区级和市级的各类冠军之后，第一次在国家级比赛中获得金奖。为纪念此次成绩的取得，特将10月15日定为汉开"象棋日"。

汉开"田径日"：

在马力老师的指导下，李杨、何文博、张钊嘉、刘庆延、邓戈五位同学在2020年南京市青少年阳光体育节校园田径总决赛中获得1金、1银、1铜、2个第四、1个第五、2个第八和团体一等奖，遂确定10月17日为汉开"田径日"。

汉开"篮球日"：

在陈曦、马力老师的指导下，姬嘉怡、程庆雯、王雨萱、顾嘉辕四位同学在2020年南京市青少年阳光体育节校园篮球3V3联赛中获得初中女子组一等奖，遂确定11月1日为汉开"篮球日"。